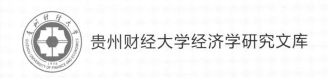
贵州财经大学经济学研究文库

利润率下降趋势逆转的重新解释：分工、劳动挤压与经济失衡

鲁保林 / 著

中国社会科学出版社

图书在版编目（CIP）数据

利润率下降趋势逆转的重新解释：分工、劳动挤压与经济失衡/
鲁保林著. —北京：中国社会科学出版社，2019.12
ISBN 978 - 7 - 5203 - 1150 - 2

Ⅰ.①利…　Ⅱ.①鲁…　Ⅲ.①利润率下降趋势的规律—研究
Ⅳ.①F014.392

中国版本图书馆 CIP 数据核字（2017）第 239083 号

出　版　人	赵剑英
责任编辑	卢小生
责任校对	周晓东
责任印制	王　超

出　　　版	中国社会科学出版社
社　　　址	北京鼓楼西大街甲 158 号
邮　　　编	100720
网　　　址	http：//www.csspw.cn
发 行 部	010 - 84083685
门 市 部	010 - 84029450
经　　　销	新华书店及其他书店

印　　　刷	北京明恒达印务有限公司
装　　　订	廊坊市广阳区广增装订厂
版　　　次	2019 年 12 月第 1 版
印　　　次	2019 年 12 月第 1 次印刷

开　　　本	710×1000　1/16
印　　　张	18.5
插　　　页	2
字　　　数	276 千字
定　　　价	98.00 元

凡购买中国社会科学出版社图书，如有质量问题请与本社营销中心联系调换
电话：010 - 84083683

前　言

　　利润率下降规律理论自提出至今已有一百多年，学界围绕这个问题的研究和争论此起彼伏、交锋激烈，即便是在马克思主义经济学者之间，也长期存在分歧。在马克思主义经济分析史上，约瑟夫·吉尔曼是利润率经验研究的开拓者，而置盐定理则直接挑战了关于利润率下降理论的一般认知，在学界引发的争论最为激烈。在利润率下降理论模型构建和实证检验方面做出开拓性研究的学者有托马斯·韦斯科普夫、爱德华·沃尔夫等。韦斯科普夫的实证研究开创了利润率实证分析的新范式，激发了许多研究者的兴趣和灵感。我国学者郭家麟、陈彪如在20世纪60年代初已经译介了吉尔曼的相关研究成果，但这一主题当时在我国学界并未受到较多关注，也未形成研究热潮。进入80年代以后，国内学者就利润率下降规律问题进行了不懈的学术探索，并且取得了丰硕的研究成果。

　　对于一般利润率下降规律，学界仍然存在许多模糊不清的理解，有些非难和指责已经偏离了马克思的基本命题。本书在解读马克思文本的基础上，提出了利润率下降规律的五个命题，即利润率是全社会的平均利润率、利润率下降的动力源于资本有机构成上升的趋势、利润率下降表现为一种趋势和重力、利润率下降是资本主义社会基本矛盾的集中反映，以及利润率下降规律表明资本是在对立中运动的。

　　利润率是资本积累的刺激和动力，一套有效的积累体制可以保证资本利润率的稳定增长。美国经济利润率在20世纪60年代中期发生向下转折，导致资本积累和经济增长减速，经济运行也从长期繁荣转向长期萧条。"滞胀"危机迫使垄断资产阶级及其代理人调整旧的制度形式，重建资本积累的外部条件。在经历了70年代的"滞胀"危机之后，发达资本主义国家在冲突、危机和调整变革中确立了新的积累体制，开启了一个新的积累周期。新自由主义时代的积累体制在形式和规模上发生了金融化和全球化转型。在这一阶段，垄断资本借助金融化对经济关系进行全面渗透，借助全球化向更大范围拓展。80 年代后所形成的全球分工格局是"核心"国家大力发展金融业，生产金融产品；"边缘""半边缘"国家从事实体经济，生产实物产品。本书把当代发达资本主义的积累体制概括为全球化金融化的新自由主义积累体制。当代资本主义积累的全球化和金融化表明，资本的毛细血管不仅可以遍布全球，汲取全球生产的剩余价值，而且可以渗透至经济、社会以及政治运行的方方面面，全方位汲取剩余价值。由此一来，全球化金融化的新自由主义积累体制更加增强了垄断资本的力量。

新自由主义时代见证了资本力量的崛起和劳工力量的衰退。全球化、金融化与新自由主义政策对劳工构成了三重挤压，从而导致劳动挤压和劳动份额的萎缩，劳动挤压是新自由主义时期利润率上升的直接原因。全球化金融化的新自由主义积累体制改变了生产资本和金融资本的区域分工，从而也改变了生产过剩的形式。从过剩的形态和分布区域来看，这一积累方式使生产过剩在发展中国家集中表现为实体经济的产能过剩，在发达国家则异化为虚拟经济的过度繁荣。全球化金融化积累体制固然有利于增强资本的权力，并在一定时期内推动了中心国家利润率的回升，但也导致了更为严重的结构失衡，并导致剩余价值生产和实现的矛盾在更大范围和更广区域里不断发酵并激化。特别是在普通民众收入增长滞缓的背景下，透支消费、债务增长和资产投机曾一度成为拉动经济增长的重要引擎。因此，这种建立在债务消费、虚拟经济，以及国内国际经济关系都已经严重失衡之上的积累体制必然是不可持续的。

20 世纪 80 年代的"里根革命"和"撒切尔新政"被称为"供给革命"，"供给革命"确实为英美两国克服"滞胀"危机发挥了积极作用。站在资本的立场来看，"里根革命"和"撒切尔新政"取得了成功，但是，站在劳动的立场以及一个国家经济社会的长远发展来看，它们只能算作失败的样板，因为"里根革命"和"撒切尔新政"的供给主义政策实践导致了资本与劳动、生产与消费、政府与市场、公平与效率以及全球经济的严重失衡。

我国实体经济发展的困境可以追溯至20世纪90年代中后期，当时政府推进的一系列战略举措如淘汰落后过剩产能、扩大政府支出、收缩公有部门以及融入全球分工体系等，改善了投资和增长的外部条件，优化了资源配置效率，增强了社会运行的动力。但是，由于相应的平衡机制还没能及时健全起来，社会出现了很多不平衡现象。2008年国际金融危机以来，由于发达国家经济复苏迟缓，我国始终难以摆脱外需严重萎缩的困扰，同时国内经济结构失衡在经济周期下滑阶段开始产生了负反馈效应。内需不振，外需萎缩，导致实体经济的发展状况一步步走向恶化，经济增长面临前所未有的困难和挑战。关于当前结构性产能过剩的形成机制，学界的认识可以简要地概括为"政府干预过度→供给侧调整滞后→供求出现错位→结构性产能过剩"。我们认为，结构性产能过剩的症结在于低端产品的有效需求不足和高端产品供给能力不足。总体来看，当前产能过剩仍属相对过剩，它由国内外需求急剧萎缩引发，且受国内有效消费需求难以提升的制约。

治理当前我国的产能过剩应从供需两侧同时发力，调节供求关系。一方面，增加有效供给，适应和引领需求结构转型；另一方面，扩大有效需求，支撑和带动供给能力提升。马克思《政治经济学批判（1857—1858年手稿）》为治理产能过剩提供了宝贵的思想资源，有待于进一步挖掘。包括：第一，努力为富余产能扩大市场需求。第二，对外进行资本和商品输出，积极开拓新兴市场。第三，发展劳动分工和科技创新，培养消费和投资新增长点。第四，促进人的全面自由发展。

由于国内经济失衡尚未得到根本改善，结构性产能过剩及其衍生的劳动过剩和资本过剩等问题解决起来困难重重。显然，从根本上解决上述问题，我国需要以新发展理念为指引，进一步深化改革，重塑新的发展模式。包括：在发展目标上更好地体现社会主义本质，扩大公平正义，促进共同富裕；在发展动力上更加注重"多轮驱动"，充分调动中央与地方、国有企业与民营企业的积极性，打造政府与市场"双引擎"；在发展形式上更加注重平衡发展，和谐发展，动态调整投资与消费、实体经济与虚拟经济的关系，把更多的资本投向中西部地区和农村地区，缩小贫富差距以提升居民消费水平；在国际上倡导合作共赢的发展模式，联合发展中国家和地区推动国际经济秩序朝着更加公平合理的方向发展。当前全球经济正处于重大技术创新酝酿期、经济关系调整阵痛期和市场争夺白热化时期，我国能否率先杀出这"三重门"，从根本上化解产能过剩问题，短期看关系到几年后能否顺利实现全面小康社会建设，中期看关系到能否成功实现产业升级和经济发展方式的转型，长期看则关系到我们能否为人类社会制度的探索提供更好的中国方案。

目　录

第一章 利润率下降规律的五个命题

利润率下降规律是马克思在《资本论》第三卷重点阐述的理论。马克思以辩证唯物主义和历史唯物主义审视资本主义生产方式的运行机制及其内在矛盾，在理性分析和总结古典经济学优秀思想成果的基础上，破解了利润率下降规律之谜。马克思指出，"由于这个规律对资本主义生产极其重要，因此可以说，它是一个秘密，亚当·斯密以来的全部政治经济学一直围绕着这个秘密的解决兜圈子"。① 而且，在《政治经济学批判（1857—1858 年手稿）》中，马克思还特别指出：这一规律虽然十分简单，可是直到现在还没有人能理解，更没有被自觉地表述出来。② 利润率下降规律理论自提出至今已有一百多年，学界围绕该问题的研究和争论此起彼伏、交锋激烈。20 世纪以来，西方学界出现了四次争论高潮。在我们看来，马克思的"这一规律虽然十分简单，可是直到现在还没有人能理解"的看法依然适用于当代，对于一般利润率下降规律，学界仍然存在许多模糊不清的理解，有些非难和指责更是偏离了马克思的基本命题。笔者研读马克思的文本并结合后来学者的研究，提出了利润率下降规律的五个命题和共识，以期为进一步研究提供线索和奠定基础。

---

① 《资本论》第三卷，人民出版社 1975 年版，第 238 页。
② 《马克思恩格斯全集》第 46 卷（下），人民出版社 1980 年版，第 267 页。

第一节　利润率是全社会的平均利润率

一　一般利润率的本质

一般利润率的本质，就是把社会总资本作为一个整体来看的利润率，它是剩余价值总额与社会总资本的比率。[①] 按照这个一般利润率归于一定量资本的利润，就是平均利润。商品的成本价格，加上生产这个商品所使用的资本的年平均利润中根据这个商品的周转条件归于它的那部分，就是这个商品的生产价格。在这里，区分一般利润率和个别利润率具有重要的理论意义。实际上，可以从个别利润率和一般利润率的差别出发，去解释资本家采用新技术的动机所在。根据马克思的观点，当新技术刚刚被采用时，同一部门内率先采用新技术的资本家，由于劳动生产力提高了，相应地，其商品的个别价值下降，也就是说，商品可以卖得更便宜，但是，全社会的劳动生产力没有变化，社会必要劳动时间没有变化，此时商品仍然按照社会价值出售，商品的价值量也不会发生变化。不过，由于率先采用先进技术的资本家，其生产商品的个别劳动时间低于社会必要劳动时间，商品的个别价值低于社会价值，但仍然按社会价值销售，或者即便是低于社会价值，但只要高于个别价值，都会赚取一个差额，这个差额就叫超额剩余价值。所以，率先采用新技术、新方法、新工艺的资本家通常可以获得超额利润，他"比同行业的其余资本家，可以在一个工作日中占有更大的部分作为剩余劳动"[②]，那么在其资本有机构成很高的时候，他的利润率也比较高。

但是，价值由劳动时间决定的规律，既会使采用新方法的资本家感觉到，他必须以低于商品的社会价值来出售自己的商品，又会作为竞争的强制规律，迫使他的竞争对手也采用新的生产方式，即"竞争

---

① 陈信主编：《〈资本论〉学习与研究》，东北财经大学出版社2004年版，第200页。
② 《资本论》第一卷，人民出版社1975年版，第354页。

会使他的生产方法普遍化，使它服从普遍的规律"。① 一旦新技术在部门内以及相关部门广泛地扩散，新的生产方式被普遍采用，那时比较便宜地生产出来的商品的个别价值和它的社会价值之间的差额就会消失，资本家的超额利润率也随之消失，那些率先采用新技术的资本家也就只能获得平均利润。资本家追逐超额利润的过程和最终结局也反映了单个资本家的理性与资本家阶级的集体非理性。技术进步、生产力提高、剩余价值增加在单个资本家看来是理性的"选择"，尽管它可以让率先采用新技术的企业获得暂时超额利润，但是，从整个资本家阶级的利益来看，结局并不理想，因为它导致了整体利润率的下降，让所有企业都陷入了利润率下降的灾难和轮回。

二　一般利润率形成过程中的两个转化

（一）剩余价值向利润"观念"上的转化

剩余价值是利润的原型。马克思在《资本论》中揭示了商品价值的质和量。从质的规定性讲，它是凝结在商品中的无差别的一般人类劳动或抽象劳动；从量的规定性讲，它是生产商品耗费的社会必要劳动时间。决定商品价值量的社会必要劳动时间随着劳动生产力的发展而变化。价值是由抽象劳动创造的，为此，马克思创造性地提出了劳动二重性学说，劳动二重性是理解政治经济学的枢纽。马克思指出，生产商品耗费的劳动既有具体劳动又有抽象劳动的属性。具体劳动是异质的，创造商品的使用价值；抽象劳动是同质的，形成了商品的价值，是商品价值的唯一源泉。依据劳动二重性学说，马克思进一步发现，资本主义生产过程也有二重性，进而揭示了资本剥削雇佣劳动的秘密。资本主义生产过程的二重性是指资本主义生产过程是劳动过程和价值增殖过程的统一。从劳动过程来看，工人的具体劳动和生产资料相结合创造出新的使用价值并转移生产资料的旧价值，但是，资本主义生产过程并不单纯是创造使用价值的劳动过程，因为构成资本主义生产本质特征的并不是生产使用价值，资本家之所以生产使用价值，仅仅是因为使用价值是价值的物质载体，资本主义的生产目的是

---

① 《资本论》第三卷，人民出版社1975年版，第294页。

生产剩余价值，所以，资本主义生产过程还表现为劳动过程和价值增殖过程的统一。在价值增殖过程中，工人的抽象劳动在创造劳动力价值等价物的同时，又创造了剩余价值。在价值和剩余价值的生产过程中，机器设备等生产资料本身是活劳动的吸收器，是生产剩余价值的必要条件，但不创造价值，所以，新价值全部是由雇佣生产工人的抽象劳动创造的，雇佣工人的活劳动是创造价值的唯一源泉。至此，我们可以清晰地看出，价值增殖的源泉是雇佣工人的剩余劳动，在资本主义直接生产过程中，劳动力商品的实际消费即劳动力创造的新价值大于劳动力本身的价值，其差额形成剩余价值，但是，这一部分价值被资本家无偿占有了。

资本主义生产目的决定了资本家要不断地将剩余价值转化为资本，以扩大生产规模，获取更多的剩余价值，这就是资本积累的过程。在资本积累过程中，投入的资本不仅在规模上会不断增大，而且在结构上也会发生变化，资本结构的变化主要表现为资本构成的变化。马克思认为，资本家的预付资本在结构上可以划分为两个部分：一部分作为购买生产资料的资本，另一部分作为购买劳动力的资本。依据马克思对剩余价值源泉的分析，生产资本的不同组成部分在剩余价值生产中执行的职能完全不同。以生产资料形式存在的这部分资本在价值增殖过程中只是借助于工人的具体劳动，在消费自己使用价值的同时，把自己原有的价值转移到新产品中去，但转移的价值量不会增殖，只是变换了它的物质形态①，故这部分资本称为不变资本。不变资本是生产过程中活劳动的吸收器和传导体②，是价值形成不可缺少的物质条件。以劳动力形式存在的这部分资本，其价值在生产中不是通过转移来保存，而是由雇佣工人的劳动再生产出来，雇佣工人的抽象劳动不仅能创造出自身价值的等价物，而且会创造出大于自身价

---

① 刘诗白主编：《马克思主义政治经济学原理》第三版，西南财经大学出版社 2008 年版，第 57 页。

② 不变资本中的"原材料是新的活劳动的吸收器，生产工具和机器设备是劳动的传导体"。参见魏埙《价值理论——资本主义经济理论体系的基础》，《政治经济学评论》2005 年第 1 期。

值的价值而发生量的变化，进而成为剩余价值的唯一源泉。换句话说，在生产过程中，活劳动创造了劳动力价值的等价物和剩余价值。由于花费在工人身上的这一部分资本在生产过程中发生了价值增殖，故称为可变资本。由此可见，剩余价值不是由全部资本带来的，而只是由可变资本所推动的活劳动创造的，劳动力的使用在资本主义生产过程中创造了剩余价值。"不变资本与可变资本的划分进一步揭露了剩余价值的来源，说明了剩余价值形成的实际过程。"① 马克思指出："不变资本和可变资本的区分提供了一把解决政治经济学上最复杂问题的钥匙，为确定劳动力的剥削程度提供了前提。"② 资本家对雇佣工人的剥削程度由剩余价值率来准确刻画，剩余价值率既可以用剩余价值与可变资本比率来表示，也可以用剩余劳动与必要劳动比率来表示。基于不变资本与可变资本的划分以及剩余价值是由可变资本带来的，可以把商品的价值划分为三个组成部分：不变资本消耗掉的价值 c③、可变资本 v，以及剩余价值 m，其中，v + m 表示活劳动所创造的新价值。

在商品价值三个组成部分中，c + v 作为生产商品的资本耗费部分，用来补偿商品生产所消耗的生产资料价值和所耗费的劳动力价值，这一部分构成商品的成本价格，是不变资本价值和可变资本价值的转化形式，商品的成本价格不同于商品的价值，后者等于前者加上剩余价值。剩余价值本来是可变资本的一个超过额，但在 c + v 转化为成本价格后，剩余价值就表现为成本价格的超过额，成本价格概念使剩余价值表现为成本以上的余额，即商品生产中耗费掉的资本价值的增加额。实际上，不管剩余价值来自何处，它总是一个超过全部预付资本即商品生产使用的全部资本的余额，此时，在资本家的观念中，全部预付资本成为剩余价值的源泉。可变资本和不变资本的界限

---

① 牟振基等主编：《〈资本论〉专题研究与讲解》，吉林人民出版社 1988 年版，第 95 页。

② 同上书，第 96 页。

③ 如果不变资本的价值一次性转移到新产品中，则预付的不变资本价值和耗费掉的不变资本价值相等。

模糊了，当从观念上把剩余价值看作全部预付资本的产物时，剩余价值就转化为利润形态。"剩余价值，作为全部预付资本的这样一种观念上的产物，取得了利润这个转化形式。"[①] 资本在一定周转时间内所创造的剩余价值，如果用在生产开始前就已存在的资本的总价值来计量，便获得利润的形式……利润无非是剩余价值的另一种形式，从资本的观点来说是更加发展的形式。剩余价值在这里已经被看作是在生产过程中用资本本身而不是用劳动换来的东西了。因此，资本就表现为资本，表现为预先存在的价值，这一价值通过自身过程的媒介作用而同作为被设定的，被生产出来的价值的自身发生关系，而由这个资本设定的价值就叫作利润。[②] 利润或者剩余价值与总资本可以计算一个比率，即 $\dfrac{m}{C}$，其中，C 表示总资本，这样就得到一个与剩余价值率不同的利润率，即 $\dfrac{m}{C} = \dfrac{m}{c+v}$。这里，"剩余价值是按照为生产它而预付的总资本的价值计算的，总资本在这个生产中一部分完全被消费掉，一部分只是被使用了。"[③] 这里的 C 不仅包括商品生产过程中消耗掉的不变资本，还包括那些参与了商品生产过程但并未消耗掉的不变资本。资本家实际获利的程度并不是决定于利润和可变资本的比率，而是决定于利润和总资本的比率，利润率表示全部预付资本的增殖程度。

（二）竞争导致部门利润率向一般利润率的实际转化

部门利润率向一般利润率的实际转化是一个个别资本利润率平均化的过程。马克思指出："一般利润率是由各特殊生产部门利润率的平均化而形成。"[④] 这种"平均化"的背后是资本的竞争和供求机制在起作用，竞争和供求机制推动资本在部门间流动，最终形成了一般利润率。

---

① 《资本论》第三卷，人民出版社 1975 年版，第 44 页。
② 《马克思恩格斯全集》第 46 卷（下），人民出版社 1980 年版，第 283 页。
③ 《资本论》第三卷，人民出版社 1975 年版，第 54 页。
④ 同上书，第 263 页。

资本主义各不同生产部门，即使剩余价值率相同以及商品都按价值出售，但是，不同生产部门的等量资本由于资本有机构成存在差别，"它们所推动的活劳动不等，因而所创造的剩余价值从而利润也不等，所以，它们的利润率，即剩余价值和总资本的百分比也就不同"。① 这种资本价值相等，但是，利润率不等的状况可以用表 1 - 1 来说明。

表 1 - 1　　　　　　　　资本有机构成与部门利润率的差别

部门	不变资本 （c）	可变资本 （v）	有机构成	剩余价值率（%）	剩余价值（m）	部门利润率 （P）（%）
A	70	30	2.33	100	30	30
B	80	20	4.00	100	20	20
C	90	10	9.00	100	10	10

这里，我们假设价值构成反映了技术构成的变化，那么价值构成就表示有机构成。从表 1 - 1 可以看出，资本有机构成最低的生产部门利润率 A 最高，资本有机构成最高的生产部门 C 利润率最低。不过，资本是一种社会权力，"每个资本家都按照他在社会总资本中占有的份额而分享这种权力"。② 资本的现实运动和发展趋势要求资本不管投入到哪个部门，均可获得相等的利润率，因此，拥有较低利润率的资本必然同拥有较高利润率的资本展开争夺有利投资场所的竞争。当资本的流动不受任何阻碍时，资本就从利润率较低的生产部门抽出并转入另一个利润率较高的生产部门。这样，资本在不同生产部门之间持续流出和流入，导致价格和价值发生偏离，引起利润率上升和下降的运动，这种运动会或多或少地互相平衡，占统治地位的个别利润率最终会趋向平均化。由此可见，一般利润率的形成是部门之间竞争

① 《资本论》第三卷，人民出版社 1975 年版，第 167 页。
② 同上书，第 218 页。

的必然结果，竞争机制的作用结果导致各个不同的生产部门都拥有大致相同的平均利润率。根据上表可得，一般利润率等于全社会的剩余价值与全社会的总资本之比，即：

$$p = \frac{\sum m}{\sum c + \sum v} = \frac{30 + 20 + 10}{70 + 30 + 80 + 20 + 90 + 10} = 20\%$$

在利润率实证研究中，由于全社会剩余价值和全社会总资本的计算有一定难度，所以学者常常使用的是剩余价值的组成部分之一——产业利润，资本也使用产业资本，这样计算出来的利润率肯定与马克思的一般利润率有很多差别。不过，马克思在《资本论》第三卷特别强调了要把剩余价值和它组成的部分区分开来，而且这种区分对于揭示一般利润率下降规律之谜具有重要的意义。马克思写道："以往的一切政治经济学……它们从来没有把剩余价值和利润区别开来，没有在纯粹的形式上说明过利润本身，把它和它的彼此独立的各个组成部分——产业利润、商业利润、利息、地租——区别开来；它们从来没有彻底分析过资本有机构成的差别，因而从来没有彻底分析过一般利润率的形成，——那末，它们从来不能解决这个谜这一点，就不再是什么谜了。"[1] 此处，解开利润率下降之谜还要分析资本有机构成的差别，因为正是部门资本有机构成的差别导致了部门利润率不等，但是，竞争的压力下，部门利润率要趋同。

如果在资本积累过程中，个别生产部门的有机构成发生了改变，而总资本有机构成没有发生改变，那么个别资本的利润率会发生变化，但是不会影响总的利润率水平。也就是说，"尽管生产方式不断地每天发生变革，总资本中时而这个时而那个或大或小的部分，在一定时期内，会在那些组成部分保持某个既定的平均比例的基础上继续积累，结果在资本增长的同时，并没有发生任何有机的变化，因而也没有出现利润率下降的原因"。[2]

① 《资本论》第三卷，人民出版社 1975 年版，第 238 页。
② 《马克思恩格斯文集》第七卷，人民出版社 2009 年版，第 292 页。

第二节　利润率下降的动力源于资本有机构成提高的趋势

在 1862 年马克思写给恩格斯的一封信中，马克思写道：由于考虑到了资本的有机构成，许多一向似乎存在的矛盾和问题都消失了。[①]一般利润率趋向下降理论必须以科学的资本有机构成学说为理论前提。

一　资本的技术构成、价值构成与有机构成

马克思根据生产资本的不同部分在剩余价值生产中所起的不同作用，把资本划分为不变资本与可变资本。[②] 这一划分是创立资本有机构成学说的理论前提。不变资本与可变资本的比例称为资本价值构成，在马克思看来，资本有机构成同资本价值构成相关，但又不能完全等同于资本价值构成，主要看它是否反映了资本技术构成的变化，只有当价值构成真实地反映了技术构成的变化时，价值构成才可以被看作有机构成。在经验研究中，我们常常直接以资本价值构成代替资本有机构成，已经偏离了这一概念的初衷。沃尔夫（1979）[③] 提出过一个资本有机构成的计算公式，可以分离技术构成和其他变量的影响。

$$资本价值构成 \ \sigma = \frac{c}{v} = \frac{\lambda_2(kx)}{(\lambda_1 w)n} = \tau\left(\frac{\lambda_2}{\lambda_1 w}\right)$$

式中，w 表示单个工人的必要生活资料量或实际工资；λ_1 表示生活资料部类单位产品的劳动量（价值量）；λ_2 表示生产资料部类单位产品的劳动量（价值量），所以，$\lambda_1 w$ 表示单个工人的劳动力价值或必

---

① 《马克思恩格斯全集》第 30 卷，人民出版社 1974 年版，第 269 页。

② 牟振基等主编：《〈资本论〉专题研究与讲解》，吉林人民出版社 1988 年版，第 95 页。

③ Edward N. Wolff, "The Rate of Surplus Value, the Organic Composition, and the General Rate of Profit in the U. S. Economy, 1947 – 1967", *The American Economic Review*, Vol. 69, No. 3, 1979, pp. 329 – 341.

要劳动；kx 表示所用的各种生产资料量；n 表示雇用的工人人数；$\tau = \dfrac{kx}{n}$ 表示技术构成。只有当 $\dfrac{\lambda_2}{\lambda_1 w}$ 保持不变时，资本价值构成才表示资本有机构成。

资本有机构成分为单个资本有机构成、部门有机构成和社会资本有机构成，在阐述一般利润率下降规律时，马克思所说的资本有机构成是第三种有机构成。"在同一生产方式的基础上，在不同生产部门中，资本划分为不变部分和可变部分的比例是不同的。在同一生产部门内，这一比例是随着生产过程的技术基础和社会结合的变化而变化的。"①

二 资本有机构成上升导致利润率下降

一般利润率下降应该基于剩余价值生产和剩余价值实现的矛盾统一来理解。在长期内，随着资本有机构成的上升，剩余价值的生产和实现都会遇到障碍。

（一）资本技术构成上升削弱了创造剩余价值的活劳动基础

即使撇开剩余价值的实现问题不谈，剩余价值的生产会随着劳动生产力的发展而受到侵蚀。在资本主义社会，发展劳动生产力的目的是为了缩短工人的必要劳动时间，延长工人的剩余劳动时间，从而获取更多的剩余价值。无止境地追逐剩余价值的内在冲动和外在竞争的加剧迫使资本家对劳动过程的技术条件和社会条件不断革新，以提高劳动生产力。马克思说，资本主义生产方式的一般基础一经奠定下来，在积累过程中就会出现一个时刻，那时社会劳动生产率的发展就会成为积累的最强有力杠杆。"劳动生产率的增长，表现为劳动的量比它所推动的生产资料的量相对减少，或者说，表现为劳动过程的主观因素的量比它的客观因素的量相对减少。"② 可见，劳动生产率的提高与资本技术构成上升是同一过程的两个不同方面。

随着资本积累的发展和技术进步的推进，生产中使用的活劳动的

---

① 《资本论》第一卷，人民出版社1975年版，第340页。
② 同上书，第683页。

量，同它所推动的物化劳动的量相比相对减少。由于活劳动是剩余价值的唯一源泉，活劳动的减少必定会削弱整个资本主义生产系统创造新价值以及剩余价值的能力，减少活劳动中对象化为剩余价值的无酬部分，自然而然这个无酬部分和预付总资本的比率即一般利润率肯定会逐渐下降。马克思的利润率公式也可写作：

$$p = \frac{M}{C+V} = \frac{nm}{C+nv}$$

式中，M 表示剩余价值总量，m 表示单个工人创造的剩余价值，n 表示工人数量。根据劳动价值论，雇佣工人的劳动是剩余价值 m 的唯一源泉。然而，随着资本技术构成的上升，生产过程中使用的雇佣工人比重相对降低，n 的减少必然最终导致 nv 即 V 的降低。一方面，V 的降低可以节省生产成本，有助于提高利润率；另一方面，工人人数的减少从根本上削弱了资本主义系统本身创造剩余价值的能力，这意味着 M 和 p 的增量必定随着资本积累递减。即使劳动强度提高，或者人力资本投资增加，劳动复杂程度上升，单个工人创造价值的能力提升，也就是说，m 增大，但是，由于 n 的减少，终究会导致 nm 相对于资本而下降。从数学上看，当 n 趋近于 0 时，分子趋近于 0，利润率也趋近于 0，正如马克思指出的那样："两个每天劳动 12 小时的工人，即使可以只靠空气生活，根本不必为自己劳动，他们所提供的剩余价值量也不能和 24 个每天只劳动 2 小时的工人所提供的剩余价值量相等。"[1]所以，马克思说："利润率下降，不是因为对工人的剥削少了，而是因为所使用的劳动同所使用的资本相比少了。"[2]

（二）资本技术构成提高削弱了剩余价值的实现能力

随着劳动生产率的提高，虽然剩余价值的生产能力会不断增长，但是，剩余价值的实现条件却遭到了破坏。因为资本技术构成提高意味着同一资本对劳动力的需求会相对地减少。而劳动力的供给却在绝对增长，由此必然产生相对过剩人口，即超过资本增殖的平均需要的

---

① 《资本论》第三卷，人民出版社 2004 年版，第 276 页。
② 同上书，第 274 页。

过剩的工人人口。马克思指出，直接剥削的条件只受社会生产力发展的限制，而实现这种剥削的条件却受不同生产部门的比例和社会消费力的限制，而且这个消费力还受到追求积累的欲望的限制，受到扩大资本和扩大剩余价值生产规模欲望的限制。随着资本主义生产规模的扩大，生产的进一步扩张对有效需求的依赖程度就越来越高。尽管资本家可以利用现代科技生产出越来越多的产品和服务，但是，社会有效需求的规模和增速却无法同步增长。因为资本替代劳动所导致的相对过剩人口增加，以及资本过剩导致的资本家之间的无序竞争和生产比例的破坏，使剩余价值的实现困难重重。而且，利润率下降压力越大，资本家越要努力提高劳动剥削程度，增加剩余价值的生产，这种"利润率下降—提高剥削程度—利润率再下降"的循环不但没有彻底缓解剩余价值实现的困境，反而使剩余价值的实现问题更加恶化。所以，在马克思看来，"资本过剩和日益增加的人口过剩结合在一起是完全不矛盾的；因为在二者结合在一起的时候，所生产的剩余价值的量虽然会增加，但是生产剩余价值的条件和实现这个剩余价值的条件之间的矛盾，正好因此而日益增长"。①

（三）资本有机构成提高决定了剩余价值创造的多少

技术进步，劳动生产力的发展，进而单个劳动者所推动的生产资料数量越来越多，是一切社会制度共有的经济现象，它反映了生产力的进步、人类征服自然和利用自然力的深度及范围的提高。但是，资本有机构成作为价值范畴，是资本主义经济关系中生产资料和劳动力关系的特殊规定。既然占有货币和抽象财富是资本主义生产方式的绝对规律和最高目的，这必然意味着资本家会源源不断地把剩余价值用于资本积累以扩大再生产，积累的结果是可变资本占总资本的比例越来越小。另外，生产资料的资本主义私人占有制决定了雇佣劳动者的工资只能在狭隘的范围之内运动，实际工资增长受制于相对过剩人口

---

① 《资本论》第三卷，人民出版社 1975 年版，第 273 页。

的规律而不可能达到威胁到资本积累的地步。[①] 从资本主义制度发展的历史进程来看，随着资本积累的发展和劳动生产率上升，资本有机构成不断提高。正是通过对资本有机构成的研究，马克思发现，资本积累的增长和由此引起的资本有机构成持续提高必然要导致一般利润率趋于下降。[②]

$$定义利润率 \; p = \frac{\sum m}{\sum c + \sum v} = \frac{\sum m / \sum v}{1 + \sum c / \sum v} = \frac{m'}{1 + q}$$

因为 $m' > 0$，$q > 0$，由利润率的定义有：

$$\frac{\partial p}{\partial m'} = \frac{1}{1 + q} > 0$$

$$\frac{\partial p}{\partial q} = \frac{m'}{-(1 + q)^2} < 0$$

式中，q 表示有机构成，m' 表示剩余价值率，从上述公式中可以看出，有机构成和剩余价值率共同决定利润率的变动趋势，但是，前者是利润率下降的基础力量。在此问题上，陈恕祥的看法非常深刻，那就是"有机构成的高低决定一定量总资本所包含的价值的唯一源泉的大小不等，决定这个总资本生产的新价值的多少，而剩余价值率只是通过决定新价值的分割而影响利润率，并且这种分割受社会经济关系制约不能是任意的，那就很明显，有机构成是决定利润率的基础"。[③]

如果对上述利润率定义式取全微分，就可以更加精确地刻画资本有机构成、剩余价值率和利润率之间的关系。有：

$$dp = \frac{\partial p}{\partial m'} dm' + \frac{\partial p}{\partial q} dq = \frac{dm'}{1 + q} - \frac{m' dq}{(1 + q)^2}$$

要使 dp 小于 0，必须使 $\dfrac{dm'}{1 + q} < \dfrac{m' dq}{(1 + q)^2}$，进一步换算可得到：

① 鲁保林、赵磊、林浦：《一般利润率下降的趋势：本质与表象》，《当代经济研究》2011 年第 6 期。

② 陈信主编：《〈资本论〉学习与研究》，东北财经大学出版社 2004 年版，第 40 页。

③ 公式的推导参考了陈恕祥《论一般利润率下降规律》，武汉大学出版社 1995 年版，第 42—43 页，以及李博《体系积累周期的比较及对中国经济发展的影响研究——基于世界体系的马克思主义视角》，博士学位论文，西南财经大学，2012 年，第 114 页。

$$\frac{dm'}{m'}\left(1 + \frac{1}{1+q}\right) < \frac{dq}{q}$$

也就是说，利润率动态取决于剩余价值率增长率和资本有机构成增长率的大小。当剩余价值率增长率乘以 $\left(1 + \dfrac{1}{1+q}\right)$ 后还小于资本有机构成增长率时，利润率增长率为负数，即利润率趋向下降，该公式更加精确地表示出了利润率下降规律成立的条件。[①]

不过，即使剩余价值率提高到使利润率上升的地步，在这个高剩余价值率下，有机构成提高还会导致利润率下降。[②] 总之，剩余价值率上升不会取消利润率下降规律，而会使一般规律作为一种趋势来发生作用。这是接下来我们要探讨的问题。

第三节　利润率下降表现为一种趋势和重力

一　利润率下降表现为一种趋势

马克思说，一般利润率下降规律"不是以这个绝对的形式而是以不断下降的趋势表现出来"。[③] "这个规律只是作为一种趋势发生作用；它的作用，只有在一定情况下，并且经过一个长的时期，才会清楚地显示出来。"[④] 为什么利润率不是表现为直线下降形态，主要是因为有某些起反作用的影响在发生作用，来阻碍、延缓并且部分抵销一般规律的作用。具体来说，包括以下六个方面的反作用因素。

第一，剥削程度提高。剥削程度提高也就是提高剩余价值率，资本家可以采取延长工作日或者增加劳动强度等手段使剩余价值率提高，这样就能够在不增加预付资本的情形下榨取更多的剩余劳动和剩余价值。考虑到使剩余价值率提高的同一些原因，趋向于使一定量资

---

① 陈恕祥：《论一般利润率下降规律》，武汉大学出版社 1995 年版，第 146、147 页。
② 同上。
③ 《资本论》第三卷，人民出版社 1975 年版，第 237 页。
④ 同上书，第 266 页。

本所使用的劳动力减少，所以说同一些原因趋向于使利润率降低，同时又使这种降低的运动延缓下来。不过，马克思认为，靠提高劳动剥削程度来补偿工人人数或可变资本量的减少能够阻碍利润率下降，但是不能制止它下降。所以，马克思认为：利润率下降不是因为劳动生产率降低了，而是因为劳动生产率提高了。利润率下降不是因为对工人的剥削减轻了，而是因为对工人的剥削加重了，不管这是由于绝对剩余时间增加，还是——在国家对此进行阻挠时——由于资本主义生产的本质必然要使劳动的相对价值降低，从而使相对剩余时间增加。①另外，剩余价值率越高，资本由于生产力提高而榨取的剩余价值增量就越少，也就是说，剩余价值随着劳动生产力的提高而将以递减的速度增加。由于相对剩余价值的增长随着劳动生产力提高而降低，因而生产力越发展，用提高剩余价值率的办法来补偿资本有机构成提高对利润率的负向作用的可能性也变得越小。

第二，工资被压低到劳动力价值以下。在工人所生产的新价值量一定的条件下，工资被压低到劳动力价值以下，会影响已经生产出来的新价值在资本与劳动之间的分配比例，劳动所占的比重下降，资本所占的比重会相应地提高，资本比重的上升会延缓利润率下降的步伐，甚至在一定时候也会推动利润率上升。

第三，不变资本各要素变得便宜。劳动生产力的提高会使不变资本的各组成要素价值发生贬值，不变资本价值量的减少会通过延缓资本有机构成提高速率去延缓一般利润率下降速度。如果某些"生产部门的产品既不直接也不间接加入工人的消费或加入工人的生活资料的生产条件"②，那么该部门生产效率的提高，进而"这些生产部门的商品变得便宜，既不能增加相对剩余价值，也不能使劳动力变得便宜。（当然，在所有这些部门，不变资本变得便宜，在对工人的剥削不变时，会提高利润率。）"③ 另外，现有资本（它的物质要素）随着

① 《马克思恩格斯全集》第 26 卷（Ⅱ），人民出版社 1973 年版，第 498 页。
② 《马克思恩格斯文集》第七卷，人民出版社 2009 年版，第 294 页。
③ 同上。

工业发展而发生的贬值，也会阻碍利润率下降。①

第四，相对过剩人口。相对过剩人口的发展，一方面会迫使在业工人过度劳动，在这种情况下，单位时间内生产的价值和剩余价值量都会增加；另一方面失业的压力会削弱在业工人与资本家的谈判能力，资本家甚至可以借机解雇工人或者降低工人的工资和福利待遇，这种情况在经济低迷时期会表现得更为突出。在经济周期的萧条阶段，人口过剩特别严重，雇佣劳动的收入往往增长非常缓慢，甚至是处于停滞状态。所以说，相对过剩人口的扩大或缩小会通过影响新价值在资本与劳动之间的分配比例而影响利润率，当相对过剩人口扩大时，劳动份额下降，资本所占的份额就会相应地提高，利润率下降的步伐减慢。

第五，对外贸易。通过对外贸易，可以输入比国内更为廉价的设备和原材料以及其他生活资料。一方面，廉价的设备和原材料可以使不变资本的要素变得便宜，降低不变资本价值；另一方面，生活资料的便宜，可以降低可变资本价值，总成本的下降具有抑制平均利润率下降的作用。另外，资本通过对外投资，可以利用他国的廉价劳动力以及生产生活资料，攫取更多剩余价值。

第六，股份资本增加。"股份资本类似生息资本，因为这种资本虽然投在大生产企业上，但是在扣除一切费用之后，这种资本只会提供或大或小的利息，即所谓股息。"② "像铁路之类的规模极大的企业，不变资本占的比例异常巨大，它们不提供平均利润率，只提供它的一部分，即利息。否则，一般利润率就会降得更低。但是，资本在股份形式上的巨大的聚集，在这里也找到了直接的活动场所。"③ 根据马克思的观点，这些股份资本不会参加一般利润率的平均化过程，它们没有从具有较低构成的资本的生产部门取得剩余价值，从而暂时缓

---

① 胡钧、沈尤佳：《资本生产的总过程：利润率趋向下降的规律》，《改革与战略》2013 年第 8 期。

② 牛文俊：《战后美国长期利润率变动研究》，博士学位论文，南开大学，2009 年，第 78 页。

③ 《马克思恩格斯文集》第七卷，人民出版社 2009 年版，第 292 页。

和了一般利润率下降。如果它们参加进来，平均利润率就会下降得更厉害。从理论上说，如果把它们计算进去，那么得到的利润率小于表面上存在的并且实际上对资本家起决定作用的利润率，因为恰好在这些企业内，不变资本与可变资本相比最大。

马克思在《资本论》第三卷引用琼斯的话时写道："尽管利润率下降，积累的欲望和能力仍然会增加。"① 为什么积累的欲望和能力仍然会增加呢？马克思给出了六点理由，其中的前三种情形可以看作利润率下降的抵消因素："第一，由于相对过剩人口增加。第二，由于随着劳动生产率的提高，同一个交换价值所代表的使用价值量，即资本的物质要素的量会增加。"② 因为"劳动生产力的发展间接促使现有资本价值增加……增加了使用价值的数量和种类，而这些使用价值体现同一交换价值，并形成资本的物质实体，物质要素，即那些直接构成不变资本和至少间接构成可变资本的物品。用同一资本和同一劳动会创造出更多的可以转化为资本的物品，而不管它们的交换价值如何。这些物品可以用来吮吸追加劳动，从而也可以用来吮吸追加的剩余劳动，由此形成追加资本。资本所能支配的劳动量，不是取决于资本的价值，而是取决于构成资本的原料和辅助材料、机器和固定资本要素以及生活资料的数量，而不管这些物品的价值如何。只要所使用的劳动的量由此增加了，因而剩余劳动的量也由此增加了，再生产出来的资本的价值和新加入资本的剩余价值也就增加了。"③ "第三，由于生产部门会多样化。"④ 在《资本论》第三卷第十三章指出，当马克思阐述资本主义生产和积累的"使社会资本的绝对利润量日益增加，使它的利润率日益下降"时，接着说："这里完全撇开了下述情况：随着资本主义生产以及与之相适应的社会劳动生产力的发展，随着生产部门以及产品的多样化，同一个价值量所代表的使用价值量和享受品的量会不断增加。"生产部门多样化包含着产品创新，马克思

① 《马克思恩格斯文集》第七卷，人民出版社 2009 年版，第 295 页。
② 同上。
③ 同上书，第 277 页。
④ 同上书，第 295 页。

也曾强调这一因素对利润率趋势的抵消作用。利润率的下降也可以通过建立这样一些新的生产部门来加以阻止，在这些部门中，同资本相比需要更多的直接劳动，或者说，劳动生产力即资本生产力还不发达。（也可以通过垄断。）① "新的生产部门，特别是生产奢侈品的部门，这些生产部门把其他生产部门中常常由于不变资本占优势而被游离的上述相对过剩人口作为基础，而这些生产部门本身又建立在活劳动要素占优势的基础之上，只是逐渐地走上其他生产部门所走过的路。……可变资本在总资本中占有相当大的比重，工资则低于平均水平，结果这些生产部门的剩余价值率和剩余价值量都非常高。因为一般利润率是由各特殊生产部门利润率的平均化而形成的，所以，造成利润率下降趋势的同一些原因，在这里又会产生一种和这种趋势相反的对抗力量，或多或少地抵消这种趋势的作用。"②

经济危机也是抵消利润率下降的因素，甚至是最大的抵消因素。在经济危机中，如果遭受损失的资本家退出生产，而另外一些资本家从廉价购买他们的厂房、设备和原料中受益，就会缓解利润率下降的压力。危机正是通过创造这样的条件而延缓利润率的下降。③ 笔者认为，利润率下降的压力尽管可以通过剥削程度的提高、压低劳动力的价值等消极手段加以缓解，但是往往会引起劳资之间的激烈冲突，并非长效之策，而对外投资、产品创新这些积极的手段可以经常使用以缓解盈利危机。当各种矛盾的深化加剧并最终引发经济危机时，危机此时就可以发挥双重效应，一方面，危机破坏了现实的生产力，甚至使得经济水平往后倒退；另一方面，经济危机，特别是一场巨大的经济危机也能消除过剩的资本、产能、产品，以及虚拟经济的泡沫价值，而且经济萧条期也是重大技术创新的酝酿期、经济结构转换和经济关系调整的阵痛期。因此，从这几个方面来看，经济危机对于资本家来说，既是灾难，也很可能是资本得以重新修复、利润率下降暂时

---

① 《马克思恩格斯全集》第 46 卷（下），人民出版社 1980 年版，第 270 页。
② 《马克思恩格斯文集》第七卷，人民出版社 2009 年版，第 263—264 页。
③ 胡钧、沈尤佳：《资本生产的总过程：利润率趋向下降的规律》，《改革与战略》2013 年第 8 期。

可以得以缓解的窗口期。

尽管反作用因素会阻碍、延缓并且部分抵消一般利润率的下降，但是，这些因素不会取消这个规律，只会减弱它的作用，也不排除在某些时期，反作用力量很大，扭转了利润率下降的态势。法因和哈里斯认为，利润率下降规律必须被理解为一种趋势，它不是预见利润率实际下降幅度的规律。这个规律，从广义上说，应该是"平均利润率趋向下降及其起反作用的各种因素的规律"，利润率的实际运动依赖于趋势和实际起反作用的因素之间的复杂关系，这个规律作用的结果必须是利润率趋向下降规律和起反作用的各种因素之间各种复杂矛盾的结果。这种结果有时是经济危机，有时是利润率的实际下降，利润率趋向下降只能通过从它跟起反作用的因素相互联系中产生出来的结果才显示出来。利润率趋向下降规律只是一种抽象，而不是一种经验趋势。①

马克思在《资本论》第三卷第十五章中反复强调，造成利润率下降趋势的同一些原因，又会产生一种和这种趋势相反的对抗力量，或多或少地抵消这种趋势的作用。② 而且马克思还提到"互相矛盾的趋势和现象"，"互相对抗的因素同时发生互相对抗的作用"，"各种互相对抗的因素之间的冲突"。③ 从文本意义来看，像法因和哈里斯那样，把利润率下降规律解读成"平均利润率趋向下降及其起反作用的各种因素的规律"似乎并不为过，但是，如果可以做出这样解读的话，另一种解读也是可能的，即"平均利润率趋向上升及其起反作用的各种因素的规律"。如此一来，马克思所阐述的这个规律似乎就成了一个任人打扮的小姑娘。赵峰提出，一般利润率下降规律发挥作用并不与在一段时期，甚至相当长的时期内实际的一般利润率上升的动态相矛盾，这种上升是资本主义生产关系调整以后适应生产力发展的结果，是起反作用的那些因素发挥作用的结果，实际一般利润率的波

---

① ［英］法因、哈里斯：《重读〈资本论〉》，魏埙等译，山东人民出版社 1993 年版，第 60—64 页。

② 《马克思恩格斯文集》第七卷，人民出版社 2009 年版，第 263、264、266 页。

③ 同上书，第 277 页。

动是规律的表现形式，实际一般利润率上升的时期是资本主义经济的繁荣阶段，而下降的时期是资本主义危机阶段。[①]

笔者认同赵峰的见解，并在他的基础上发展出一种不同的思路。我们认为，在考察实际一般利润率的波动时，仅仅比较两个时段或两个时点利润率的高低，来作为判断利润率下降趋势是否存在的依据，显得有些武断，并不能以理服人，因为利润率的趋势究竟是上升还是下降，很可能依赖于你所选择的区间是哪一段，不同的研究者因为选择的区间有别，往往会得出有差别的结论。由此，笔者提出，利润率的经验研究要置于一定的前提之下，这个前提条件除实证本身所必需的统计资料要充分、统计数据的质量要有保证、计量方法要科学之外，还应有一个考察区间或者时段的选择问题。如何选择这一时段呢？既然利润率趋向下降规律，似乎越长越好，而且马克思也说，这个规律的作用"只有在一定情况下，并且经过一个长的时期，才会清楚地显示出来"。[②] 我们认为，资本主义的发展具有阶段性，这个阶段性表现为一个又一个的长波，经济长波是指资本主义经济发展中存在的持续时间为 50 年左右的长期波动，康德拉季耶夫等将每一轮经济长波划分为上升期与下降期两阶段，而范·杜因等将其划分为繁荣、衰退、萧条和复苏四个阶段。由于每个长波周期内的平均利润率下降规律的实际表现形式应置于长波周期内来认识和把握，利润率的下降和停滞主要出现在一轮经济长波的衰退和萧条阶段，利润率的回升和增长主要出现在长波的复苏和繁荣阶段。

二 利润率下降表现为一种压力

一般利润率下降作为一个深深嵌入在资本主义生产关系中的规律，显然不是一个简单的数学公式 $p = \dfrac{\sum m}{\sum c + \sum v} = \dfrac{m'}{1 + q}$ 所包含的两个变量的相互运动所能容纳和反映出来的。跳出数学公式的约束，我们就能够比较清晰地抓住其中的奥秘所在。资本是一种异化了的权

---

① 赵峰：《资本主义经济增长的逻辑》，经济科学出版社 2009 年版，第 139、140 页。

② 《资本论》第三卷，人民出版社 1975 年版，第 266 页。

力，资本主义生产关系决定了劳动生产力的发展不是为了满足生产和
社会需要，而仅仅是资本增殖的手段和工具。劳动生产力的日益发展
在资本主义生产制度下的特有表现形式之一便是一般利润率日益下降
的趋势，这是生产力被异化后的表现，更是一直颠倒的表现。它仿佛
是悬挂在资本家阶级头上的"达摩克利斯之剑"，使资产阶级感到惴
惴不安。利润率下降并非时刻存在，但是，利润率下降的压力就如同
地球的重力一样，尽管在很多时候我们没有感觉到它的作用，但并不
意味着它消失了。利润率下降还会导致资本和人口的双重过剩，资本
过剩会引起三个方面的后果：（1）大资产阶级削减产量，让一部分资
本或设备闲置，产能利用率降低。（2）一部分中小资本无利可图，被
迫走上投机的道路，过度投机往往会引起再生产过程的过度扩张，但
是同时会扰乱生产和再生产过程的正常运行。（3）资本过剩引起资本
之间的激烈竞争，每一个资本家都力图缩小利润率下降给自己带来的
损失，图谋把灾难转嫁给竞争对手。不难预见，无序竞争会使社会再
生产的比例更加失调，特别是如果竞争采取的是价格战，那么剩余价
值量就越发不能实现。人口过剩也会把一部分工人抛进劳动后备军的
队伍，失业率上升，失业工人只能靠领取政府的失业保险或补贴维持
生计，较低的失业补助将恶化工人的消费水平，使生产过剩问题变得
更加严重。

　　为应对利润率下降，资本家加强对在业工人的剥削，如果采取的
手段是增加在业工人的劳动强度或（和）削减工资水平，这不仅是消
费水平下降的问题，还可能会把工资降低到劳动力价值之下，影响劳
动力的正常再生产。在利润率趋向下降的重压之下，资本家必然要试
图通过加速资本积累和发展生产力以获得更多的利润量来抵补利润率
下降的损失，然而，资本家为加快资本积累所采取的措施往往会引起
资本有机构成的进一步提高，这必然会加剧利润率的进一步下降。

　　陈恕祥认为，反作用力量实际上是资本家为应对利润率下降的威
胁所采取的抵抗措施。"既然生产力的提高决定资本有机构成提高，
从而利润率下降为总的趋势，全体资本家提高利润率的努力实际上是

在抵抗这种趋势。"①

<h1 style="text-align:center">第四节　利润率下降是资本主义社会
基本矛盾的集中反映</h1>

有学者提出，利润率趋向下降规律之所以引起如此长久、广泛的争论，根本原因在于相关研究对剩余劳动对象化过程与结果的混淆，即对资本有机构成中质的变化的遮蔽。利润率下降规律决定了资本积累，进而驱动了生产力提高的最终结论。马克思不是为了说明下降本身，而是要说明由利润率下降趋势驱动的历史上升运动。② 这种见解看起来似乎有些道理，但是很难经得起推敲，从本质上看，已经偏离了这个规律的基本轨道。首先，在《资本论》及其手稿中，马克思主要论证了资本主义条件下生产力的提高如何导致利润率下降，而不是相反。其次，马克思阐述这一规律的目的也不是"由利润率下降趋势驱动的历史上升运动"，而是利润率下降与资本主义危机等问题的关系，为了揭示资本主义的历史局限性。这个就是接下来我们着重要加以阐述的问题。

一般利润率下降是资本主义内在矛盾的基本表现形式。③ 利润率下降趋势引起和加深了资本主义的一系列矛盾。随着利润率下降趋势和反作用因素之间的冲突，这个规律的内在矛盾不断展开、激化和衍生并表现为三对不同的矛盾：剩余价值生产和实现之间的矛盾、生产扩大和价值增殖之间的矛盾以及人口过剩和资本过剩之间的矛盾。④ 这些矛盾的展开和深化最终会导致社会再生产过程发生混乱和停滞，

---

① 陈恕祥：《论一般利润率下降规律》，武汉大学出版社 1995 年版，第 146、147 页。

② 宁殿霞：《破解〈21 世纪资本论〉之谜——皮凯蒂对马克思的误解及其辩证》，《当代经济研究》2015 年第 8 期。

③ 逄锦聚等主编：《政治经济学》，高等教育出版社 2009 年版，第 213 页。

④ 孙立冰：《论利润率趋向下降的规律及与资本主义经济危机的内在联系》，《当代经济研究》2009 年第 12 期。

诱发经济危机。陈恕祥教授曾指出，利润率下降规律的内部矛盾的展开，就是资本主义生产方式内部矛盾在动态上的展开。[①]

一　剩余价值生产和实现之间的矛盾

剩余价值生产和实现构成相互交错的资本循环过程。资本循环框架可以由 M—C—C′—M′ 来代表，其循环过程可以分为三步：第一步是剩余价值生产准备阶段。用货币资本（M）与生产资料（C）交换，但是其中价值不发生改变。第二步是剩余价值生产过程，即生产资料转化为新的商品（C′）的过程，由于存在剩余价值，这会使新的商品的价值大于生产资料的价值。第三步是最终产品与货币交换过程（M′）。[②] 关于第三个环节，马克思曾指出："随着表现为利润率下降的过程的发展，这样生产出来的剩余价值的总量会惊人地膨胀起来。现在开始了过程的第二个行为。总商品量，即总产品，无论是补偿不变资本和可变资本的部分，还是代表剩余价值的部分，都必须卖掉。"[③] 但是，马克思指出，直接剥削的条件和实现这种剥削的条件不仅在时间和空间上是分开的，而且在概念上也是分开的。资本的宏观运动过程是由生产环节与实现环节组成的，从再生产视角看，这些生产环节与实现环节形成连续交错的生产—实现链条。在生产—实现链条中，剩余价值生产环节要求通过各种办法缩短必要劳动时间，延长剩余劳动时间，相对（甚至绝对）降低工人的实际工资，增加利润；而剩余价值实现环节则要求增加工人的实际工资，提高社会消费力，使投资和利润迅速回流到资本家手中。这两个条件显然是矛盾的。[④] 剩余价值实现困难致使流通时间延长，使一定时间内所能创造的剩余价值减少，——这或是因为再生产［周期］的次数减少了，或是因为生产过程中经常使用的资本量缩减了。在两种情况下，预先存在的价

---

① 陈恕祥：《论一般利润率下降规律》，武汉大学出版社 1995 年版，第 147 页。

② ［美］大卫·科茨、童珊：《利润率、资本循环与经济危机》，《海派经济学》2012 年第 4 期。

③ 《资本论》第三卷，人民出版社 1975 年版，第 272 页。

④ 丁为民：《新自由主义体制下经济增长的矛盾与危机——对当前金融危机的再思考》，《经济学动态》2009 年第 3 期。

值都没有减少，而是价值增长的速度减慢了。[①]

二 生产扩大和价值增殖之间的矛盾

资本及其自行增殖是资本主义生产的动机和目的，这是由生产资料的资本主义私人占有制决定的。资本主义生产方式的独有特征就是把现有的资本价值用作最大可能增殖这个价值的手段。它用来达到这个目的的方法就是不断地发展劳动生产力，增加资本积累。马克思指出：劳动生产力的发展——首先是剩余劳动的创造——是资本的价值增加或资本的价值增殖的必要条件。因此，资本作为无限制地追求发财致富的欲望，力图无限制地提高劳动生产力并且使之成为现实。[②]劳动社会生产力的发展，一方面表现在已经积累起来的生产资本的绝对量上，表现为生产的扩大，生产的社会化程度不断提高；另一方面表现在购买生活资料的可变资本部分同总资本相比相对缩小，即表现为一定量资本的再生产和增殖，为进行大量生产所必需的活劳动的相对缩小。投在工人上的资本部分缩小意味着雇佣工人的收入份额越来越小和消费能力不断萎缩，如此一来，资本价值的保存和增殖只能在一定的限制以内运动。

劳动社会生产力的发展会"降低利润率，使现有资本贬值，靠牺牲已经生产出来的生产力来发展劳动生产力"。[③] 这一过程体现了手段——社会生产力无条件的发展与现有资本增殖这个有限的目的之间的矛盾。"资本要尽量减少自己所雇用的工人人数即减少转化为劳动力的可变资本部分的趋势……是同资本要生产尽可能多的剩余价值量的另一趋势相矛盾的。"[④] 所以，马克思说："资本主义生产的真正限制是资本自身。"[⑤]

三 人口过剩和资本过剩之间的矛盾

资本过剩和相对过剩人口是资本过度积累的必然结果，也是它的

---

① 《马克思恩格斯全集》第 46 卷（下），人民出版社 1980 年版，第 216 页。
② 《马克思恩格斯全集》第 46 卷（上），人民出版社 1979 年版，第 306 页。
③ 《资本论》第三卷，人民出版社 1975 年版，第 278 页。
④ 《资本论》第一卷，人民出版社 1975 年版，第 339 页。
⑤ 《资本论》第三卷，人民出版社 1975 年版，第 278 页。

原因。资本的这种过剩是由引起相对过剩人口的同一情况产生的。如果利润率下降也伴随利润量的大幅下降，则一部分中小资本家将无利可图，从而表现为多余的、不能正常发挥职能的资本。马克思指出，资本过剩的实质是指那种利润率的下降不会由利润量的增加得到补偿的资本的过剩，或者是指那种以信用形式交给大产业部门的指挥人去支配的资本的过剩。"资本的生产过剩，仅仅是指可以作为资本执行职能即可以用来按一定剥削程度剥削劳动的生产资料——劳动资料和生活资料——的生产过剩。"① 当增加以后的资本同增加以前的资本相比只生产一样多或者更少的利润时，就会发生资本的绝对生产过剩。资本的绝对生产过剩不是生产资料的绝对生产过剩，它只是在下面这个意义上说的生产资料的生产过剩，也就是说，生产资料应当作为资本执行职能，从而应当同随着自己的量的增加而增加的价值成比例地增殖这个价值，生产追加价值。由于利润率趋向下降，追加资本不能成比例地增大利润量，只能生产相同或者更少的利润量，这时资本是过多了。"相对过剩人口和相对过剩资本的产生，表明资本主义生产关系和生产力矛盾的加深，前者限制了后者的发展。"②

利润率下降趋势和反作用趋势之间的冲突引起和加剧上述三对矛盾。这些矛盾"时而主要在空间上并行地发生作用，时而主要在时间上相继地发生作用"③，它们相互交织、相互作用、相互破坏，导致产能过剩、商品过剩、资本过剩和人口过剩，导致生产过程的阻滞和经济运行条件的恶化。这对资本主义发展又是一个悖论，因为固定资本不被利用，就丧失它的使用价值，没有把它的价值转移到产品上去。因此，在我们这里所考察的意义上，固定资本发展的程度越高，生产过程的连续性或再生产过程的不断进行，就越成为以资本为基础的生产方式的外在的强制性条件。④ 当各种矛盾的积累达到一定程度，内

---

① 《资本论》第三卷，人民出版社 1975 年版，第 285 页。

② 魏埙：《价值理论——资本主义经济理论体系的基础》，《政治经济学评论》2005 年第 1 期。

③ 《马克思恩格斯文集》第七卷，人民出版社 2009 年版，第 277 页。

④ 《马克思恩格斯全集》第 46 卷（下），人民出版社 1980 年版，第 216 页。

部的能量释放必然会引发社会再生产过程的中断，并进一步发展成为整个社会的经济动荡，"各种互相对抗的因素之间的冲突周期性地在危机中表现出来"。①

第五节 利润率下降规律表明资本
是在对立中运动的

在资本主义社会，市场调节是一种事后和被动的调节方式，分散决策、分散生产，缺乏一个中央协调机构。"全部生产的联系是作为盲目的规律强加于生产当事人，而不是作为由他们的集体的理性所把握、从而受这种理性支配的规律来使生产过程服从于他们的共同的控制。"② 正因为生产当事人缺乏"集体的理性"来把握利润率下降规律，他们不得不被动地承受利润率下降带来的压力、冲突和危机。

一 资本的真正限制在于自身

利润率是资本主义生产的刺激、积累的条件和动力，只有那些生产出来并能够提供利润的东西才会被生产。利润和利润率是资本主义生产的目的和促进资本主义生产发展的根本因素，资本主义生产与资本主义积累是同一过程，资本主义社会的根本矛盾在资本运行的现象形态上恰恰表现为利润率趋于下降的规律。③ 一方面，科学技术在生产中的应用，资本技术构成和有机构成的不断提高，表明社会生产力具有无限扩大的趋势和潜力。另一方面，生产力发展在资本主义制度下却颠倒地表现为：创造价值的活劳动被不创造价值的物化劳动所排挤和代替，剩余价值的创造根基被破坏，资本利润率趋于下降。因而，资本保值增殖的基本手段，即科学技术在生产过程中的应用，与资本积累的目的和愿望发生了根本性的冲突。所以，从这个意义上

---

① 《马克思恩格斯文集》第七卷，人民出版社 2009 年版，第 277 页。
② 同上书，第 286 页。
③ 谢富胜、李安、朱安东：《马克思主义危机理论和 1975—2008 年美国经济的利润率》，《中国社会科学》2010 年第 5 期。

说，资本积累"只能在一定的限制以内运动"。这一矛盾说明，社会
生产力无条件的发展与资本主义生产关系的狭隘基础是相互冲突的。
"资本要尽量减少自己所雇用的工人人数即减少转化为劳动力的可变
资本部分的趋势……是同资本要生产尽可能多的剩余价值量的另一趋
势相矛盾的。"① 所以，马克思说："资本主义生产的真正限制是资本
自身。"②

二　破坏现有的生产力

利润率下降导致资本生产过剩，引起资本之间的破坏性竞争。资
本过剩、生产停滞，会使工人阶级的一部分失业，由此使就业的一部
分处于这样一种境地：他们只好让工资下降，甚至下降到平均水平以
下。在竞争过程中，遭受最严重破坏的是股票债券之类的具有价值属
性的资本，即资本价值。当它预期的收入减少时，将会立即贬值。现
有货币会闲置下来，不再执行资本的职能。市场上的一部分商品只有
通过价格的猛烈下降，才能完成其流通过程和再生产过程，这就是商
品的普遍过剩。同样，固定资本的要素也会或多或少地贬值。价格的
普遍下降导致再生产过程陷入停滞和混乱。这种混乱和停滞，会削弱
货币支付手段职能，会在许多地方破坏一定期限内的支付债务的锁
链，而在当信用制度由此崩溃时，情况会变得更加严重，并可能引起
强烈的危机、突然的强制贬值，以及再生产过程的实际的停滞和混
乱，从而引起再生产的实际的缩小。"这会部分地影响到资本的物质
实体；这就是说，一部分生产资料即一部分固定资本和流动资本会不
执行资本的职能，不起资本的作用；已经开始生产的一部分企业会停
工。虽然就这方面来说，时间会对一切生产资料（土地例外）起侵蚀
和毁坏作用，但是在这里，由于职能停滞，生产资料所受到的实际破
坏会大得多。然而这方面的主要影响是：这些生产资料会不再起生产
资料的作用；它们作为生产资料的职能在一个或长或短的时期内会遭

---

① 《资本论》第一卷，人民出版社 1975 年版，第 339 页。
② 《资本论》第三卷，人民出版社 1975 年版，第 278 页。

到破坏。"① 不过，"不变资本要素的贬值，本身就是一个会使利润率提高的要素。所使用的不变资本的量同可变资本相比相对增加，但是这个量的价值可能下降。已经发生的生产停滞，为生产在资本主义界限内以后的扩大准备好了条件。这样，周期会重新通过。由于职能停滞而贬值的资本的一部分，会重新获得它原有的价值"。② 在任何情况下，都是由于资本被闲置下来，甚至被毁灭，才恢复原有的平衡，使资本的正常的自行增殖的条件得到修复。工资下降、资本贬值，以及由于价格下降引起新技术的采用又会促使利润率提高，再生产过程的条件得以重新创造。因此，在资本主义社会，社会生产力的发展还表现在"降低利润率，使现有资本贬值，靠牺牲已经生产出来的生产力来发展劳动生产力"。③

资本保值增殖的基本手段与资本主义社会的生产目的——追逐剩余价值既相互依存，但又相互矛盾。如果不改变生产目的，资本主义就始终难逃"手段和目的"相对抗的"死结"。要么重塑社会的生产目的，使之符合人的发展需要，要么继续遭受利润率下降和周期性经济危机的困扰。尽管缓和利润率重压的手段可以不断变换花样，但是，资本主义终究逃不出"资本的限制"，而必须不断地通过债务危机、信用危机、金融危机、经济危机等"破坏性创造"的方式来克服这种限制，也就是说，通过破坏现有的生产力来创造生产力进一步发展的条件。

骆桢认为④，有机构成提高导致利润率下降规律能否发挥作用，取决于生产关系是否适应并推动生产力持续发展。也就是说，并不是生产力越进步，利润率反而越低，而是生产力持续进步的时候利润率下降规律会得到抑制，生产力发展受阻时，则利润率下降作为现实的规律会进一步激化矛盾。

---

① 《马克思恩格斯文集》第七卷，人民出版社 2009 年版，第 282—283 页。
② 同上书，第 284 页。
③ 《资本论》第三卷，人民出版社 1975 年版，第 278 页。
④ 骆桢：《有机构成提高导致利润率下降的条件及其背后的矛盾关系》，《当代经济研究》2016 年第 8 期。

三 资本主义不是发展生产力和财富创造的绝对形式

资本主义生产力的发展意味着工人时刻面临着被排斥在生产过程之外的风险。资本有机构成的提高必然会游离出一部分工人，造成相对过剩人口，由于社会财富的积累和新的产业部门并不能充分吸纳过剩人口，那么随着社会财富的增长，必定有更多的劳动者会流向劳动力的蓄水池。"一方面，在积累进程中形成的追加资本，同它自己的量比较起来，会越来越少地吸引工人。另一方面，周期地按新的构成再生产出来的旧资本，会越来越多地排斥它以前所雇用的工人。"① 在资本积累进程中，如果吸纳进来的工人绝对人数减少，就会断绝很多人的活路，那么一场周期性危机和社会革命就不可避免。"这种危机是由于工人人口中时而这个部分时而那个部分在他们原来的就业方式上成为过剩所引起的。"② 这就意味着资本主义生产绝不是发展生产力和生产财富的绝对形式，而是一种异化形式。巴兰在《增长的政治经济学》中指出，由于生产设施的不协调，损失了一部分社会产值③，而这"在合理的计划经济下……即使不能做到完全避免，也能够大大减轻"。④ 更为重要的也是带来损失更大的是由于有效需求不足所造成的失业，它"既影响到可加以充分利用的人力，也影响到可加以充分利用的生产设备，而且它还闲置了很大部分可能获得的人力和物力资源"。⑤ 尽管在不同国家、不同时期，失业的数量不尽相同，"但它一直使总产值大大低于一个合理地组织起来的社会所可能达到的水平"。而且，我们还要注意，"失业所产生的影响也不是任何一种计算生产量损失的方法所能够充分表示的"。因为目前"没有人能对这样的一种情况做出估计，即如果千百万失业者的力量、工作才能、禀赋能被

---

① 《资本论》第一卷，人民出版社 1975 年版，第 689 页。
② 《马克思恩格斯文集》第七卷，人民出版社 2009 年版，第 293 页。
③ 〔美〕保罗·巴兰：《增长的政治经济学》，蔡中兴、杨宇光译，商务印书馆 2000 年版，第 124 页。
④ 同上书，第 125 页。
⑤ 同上。

用之于生产目的的话，给社会能带来多大的福利"。①

四 资本主义生产是在对立中运动的

资本要占有剩余劳动时间，但是，在追逐剩余劳动时间的过程中，资本总是在对立中运动的。资本本身是处于过程中的矛盾，因为它竭力把劳动时间缩减到最低限度，另一方面又使劳动时间成为财富的唯一尺度和源泉。因此，资本缩减必要劳动时间形式的劳动时间，以便增加剩余劳动时间形式的劳动时间；因此，越来越使剩余劳动时间成为必要劳动时间的条件——生死攸关的问题。一方面，资本调动科学和自然界的一切力量，同样也调动社会结合和社会交往的力量，以便使财富的创造不取决于（相对地）耗费在这种创造上的劳动时间。另一方面，资本想用劳动时间去衡量这样创造出来的巨大的社会力量，并把这些力量限制在为了把已经创造的价值作为价值来保存所需要的限度之内。②

资本主义生产方式是一种异化了的生产方式，例如，科技本质上来源于物质生产活动的实践，是劳动群众的体力和智力的结晶，其和劳动者本应天然地结合起来，使劳动者从那种繁重的体力劳动和脑力劳动中解放出来，去从事更多的艺术和科学创造活动，然而现实的情形却是：技术进步虽然为社会创造了巨额的财富，但是并未解放财富的生产者，生产者反而要受"智力"的束缚，这种"二律悖反"在资本主义制度框架内是无法解决的，资本的本性决定着其把技术进步作为加强对劳动者剥削的手段。③ 巴兰在《增长的政治经济学》中指出，由于"被庞大企业王国的腐朽、堕落、愚昧机器所消磨掉的人力资源以及普通男女在他们的成长和发展上因连续地置身于大企业的产品、宣传和推销活动之中而受到的扭曲和摧残"④，造成了资源的浪

---

① ［美］保罗·巴兰：《增长的政治经济学》，蔡中兴、杨宇光译，商务印书馆 2000 年版，第 127 页。

② 《马克思恩格斯全集》第 46 卷（下），人民出版社 1980 年版，第 219 页。

③ 鲁保林、赵磊：《转变经济发展方式：三个命题》，《马克思主义研究》2011 年第 1 期。

④ ［美］保罗·巴兰：《增长的政治经济学》，蔡中兴、杨宇光译，商务印书馆 2000 年版，第 123 页。

费。同时，科学研究的利润导向导致一部分社会福利的损失。"如果大企业的科学研究和开发不受制于利润导向的企业管理或军备导向的政府管理所可能获得的社会福利。"①

"闲暇时间与人的全面发展有着密切联系，它实质上是对人类自身动物性生存的超越，是人类全面发展自身潜能的空间和前提。"② 因为"闲暇时间"是"从事较高级活动的时间"，是"使个人得到充分发展的时间"③，是"个人受教育的时间，发展智力的时间，履行社会职能的时间，进行社交活动的时间，自由运用体力和智力的时间，以至于星期日的休息时间"。④ 生产力的不断提高是剩余时间或者闲暇时间的技术基础，一个社会所赢得的这种绝对的剩余时间与资本主义生产无关。但是，"生产力的发展，只是在它增加工人阶级的剩余劳动时间，而不是减少物质生产的一般劳动时间的时候，对资本主义生产才是重要的"。⑤ 由此可以看到："资本主义生产的限制，是工人的剩余时间。……资本主义生产是在对立中运动的。"⑥

五　资本主义生产不是绝对的生产方式

"利润率的波动是资本积累内在限制的松紧程度的表现，而利润率的下降是资本主义内在的多重社会经济矛盾加剧的集中体现。与利润率下降相联系的矛盾成为马克思论述的中心。"⑦ 作为"资本主义所内在的多重社会经济矛盾加剧的集中体现"，利润率下降规律刻画了资本主义生产方式的局限性。具体表现在以下两个方面。

第一，劳动生产力发展和利润率下降出现对抗。资本主义生产方式的"历史使命是无所顾忌地按照几何级数推动人类劳动的生产率的

---

① ［美］保罗·巴兰：《增长的政治经济学》，蔡中兴、杨宇光译，商务印书馆 2000年版，第 123 页。

② 许崇正：《论马克思可持续发展经济思想》，《海派经济学》2008 年第 4 期。

③ 《马克思恩格斯全集》第 46 卷（下），人民出版社 1980 年版，第 225 页。

④ 《资本论》第一卷，人民出版社 1975 年版，第 294 页。

⑤ 《马克思恩格斯文集》第七卷，人民出版社 2009 年版，第 293 页。

⑥ 同上。

⑦ 谢富胜、汪家腾：《马克思放弃利润率趋于下降理论了吗——MEGA2 Ⅱ 出版后引发的新争论》，《当代经济研究》2014 年第 8 期。

发展"。① 劳动生产力的发展却导致利润率下降，在某一点上，它要和劳动生产力本身的发展发生最强烈的对抗，阻碍生产力的进一步发展，这种对抗必须不断地通过危机来克服。"如果它像这里所说的那样，阻碍生产率的发展，它就背叛了这个使命。它由此只是再一次证明，它正在衰老，越来越过时了。"②

第二，生产在利润的生产和实现要求停顿时停顿。按照马克思的说法，"生产的扩大或缩小，不是取决于生产和社会需要即社会地发展了的人的需要之间的关系，而是……取决于……一定水平的利润率。因此，当生产扩大到在另一个前提下还显得远为不足的程度时，对资本主义生产的限制已经出现了。资本主义生产不是在需要的满足要求停顿时停顿，而是在利润的生产和实现要求停顿时停顿"。③

利润下降趋势是资本主义生产关系制约生产力发展的明显表现。在这里，各种异化、矛盾的发展以及危机、冲突都充分显露了资本主义生产方式内在局限性。它说明"资本主义生产不是绝对的生产方式，而只是一种历史的、和物质生产条件的某个有限的发展时期相适应的生产方式"。④

---

① 《马克思恩格斯文集》第七卷，人民出版社 2009 年版，第 292 页。
② 同上。
③ 同上书，第 287—288 页。
④ 同上书，第 289 页。

第二章 文献综述

第一节 国外利润率下降规律论争史

平均利润率趋向下降规律是马克思主义经济学研究中经久不衰的理论难题。马克思认为，一般利润率趋向下降规律是现代政治经济学最重要的规律，是理解最困难的关系的最本质的规律。但是，自《资本论》第三卷出版的一百多年来，国内外学者关于这个规律的论争一直存在，不同观点、方法和结论众说纷纭，莫衷一是，即便是在马克思主义经济学者之间，也长期存在分歧。这里，我们主要考察20世纪50年代后的争论情况。

一 第二次世界大战后至20世纪70年代中期

（一）吉尔曼之争

在马克思主义经济分析史上，美国学者约瑟夫·吉尔曼（Joseph M. Gillman，1957）[①] 是利润率经验研究的开拓者。他在1957年出版的《论利润率的下降》一书中，利用美国的数据对资本有机构成、剩余价值率和利润率进行了检验。吉尔曼之后，利润率下降规律的理论推演和实证检验日渐增多，并逐渐引入了计量分析方法。吉尔曼对利润率趋势的考察时间跨度比较长，从1849年一直到1952年，前后差不多有一百多年的时间。又因为当时可以利用的原始数据有限，他的

---

① 转引自高峰《资本积累理论与现代资本主义》，南开大学出版社1991年版，第92页。

研究对象只限于在当时属于美国主导产业的制造业部门。吉尔曼分别采用固定资本和固定资本加存货作为分母，并利用"扣除生产工人工资和折旧以后的增加值"作为分子，测算了 1880—1952 年美国制造业的两种存量形式的利润率，他的测算公式分别为：

固定资本存量利润率 =（增加值 – 生产工人工资 – 折旧）/固定资本

计入存货的存量利润率 =（增加值 – 生产工人工资 – 折旧）/（固定资本 + 存货）

他的研究表明，利润率在 1880—1921 年下降，1921—1929 年上升，1929—1933 年下降，1933—1947 年上升。1921 年之后，除大萧条那段时间外，利润率变动主要呈现稳定和上升趋势（见图 2 – 1），与马克思的预测出现了不一致。吉尔曼得出结论，即利润率下降规律在垄断资本主义时期失效了。

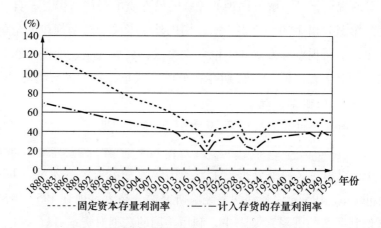

图 2 – 1　美国制造业存量利润率（1880—1952）

资料来源：李亚伟、孟捷：《如何在经验研究中界定利润率——基于现代马克思主义文献的分析》，《中国人民大学学报》2015 年第 6 期。

关于这部著作，莫里斯·多布（Maurice Dobb, 1959）评论道，吉尔曼的工作是富有挑战性的开拓性研究，应该作为认真讨论的主题，并且他希望有人能够沿着相似的路线做更加深入的研究。① 当然，还有不少学者对吉尔曼的结论提出了质疑。安东尼奥·皮凯蒂认为，靠统计资料对利润率下降的原因进行规律性衡量是极端困难的，凡是要验证这个规律，就必须是从整个社会来考虑而不是个别部门。米克认为，在现实世界中，马克思模型所推测的趋势不一定会出现，因为它实际涉及的过程的复杂性，这种模型本身只不过强调一下主要的决定因素及其相互作用的情形。要是做未来预测，那就得假设：（1）模型中的假定要符合世界现实；（2）模型中抽象掉的次要决定因素不起显著的作用。但是，"如果我们搜集的统计资料事实上不能表明利润率的下降趋势，也用不着太失望。马克思模型对当前时代的主要价值有两方面：一是它提供了一个概念体系，使我们能够有效地考察有关利润率动态的一些问题。二是它为我们启示了一个极端重要的事实，那就是利润率的变动不仅决定于技术条件，而且决定于这些技术条件与社会条件之间的相互作用"。②

梅赫娜德·德赛（M. Desai）怀疑吉尔曼所用数据资料的精确性。"使用国民收入统计和普查资料包含很多衡量上的问题，从主流经济学的观点上会使验证工作复杂化。"③ 亨利·丹尼斯（Henri Denis）在一篇名为《利润率与国民收入》文章中说，吉尔曼用投资系数（总投资对国民收入的比率）作为解释美国利润率下降的主要因素是完全正确的，但不够全面。一般来说，利润率下降现象不能用单一的原因来解释，而必须从资本主义经济中的三个基本趋势来说明，即实际工资的增长趋势、资本系数的上升趋势以及投资率的下降趋势。在他看来，随着资本主义的发展，工人需要的增加，阶级力量对比的变化和劳工市场情况的改善，实际工资上涨了。在一定的技术知识水平下，

---

① Maurice Dobb, "The Falling Rate of Profit", *Science & Society*, Vol. 23, No. 2, Spring, 1959, pp. 97 – 103.

② 陈彪如：《吉尔曼〈利润率的下降〉一书评论综述》，《现代外国哲学社会科学（文摘）》1961 年第 4 期。

③ 高峰：《资本积累理论与现代资本主义：理论的和实证的分析》，社会科学文献出版社 2014 年版，第 90 页。

实际工资的上涨总要引起资本系数的上升，而市场的限制将会降低资本主义社会的投资率，并减少资本家在国民收入中所占的份额，反而促使平均利润率下降。在资本主义发展的不同时期，上述三种趋势的潜在力量显然是各不相同的。这说明尽管有足够的统计资料，也难以解释这种发展的一定阶段。[1]

吉尔曼的贡献除首先对马克思的经济学变量进行实证之外，还在于他开创了利润率实证研究的新思路，那就是把剩余价值的实现问题考虑进来并且修正了马克思的模型。对此，我国学者孟捷教授做了如此评论："单纯从方法论角度来看，吉尔曼最先把利润率下降置于剩余价值生产和剩余价值实现的矛盾架构下来分析，而不像马克思那样仅从剩余价值生产条件的变化（资本有机构成增长）解释利润率下降。而且，在他的解释中还默认在垄断资本主义条件下，利润率下降是和再生产失衡（或非充分就业的均衡）联系在一起的。"[2]

考虑到剩余价值实现问题对利润率的影响，约瑟夫·吉尔曼（1957）[3] 在其专著《论利润率的下降》中提出一个新的利润率公式：

$$r = \frac{s-u}{c}$$

将这个公式简单变形后，可得：

$$r = \frac{s-u}{c}\left(\frac{s}{v} - \frac{u}{v}\right) \Big/ \left(\frac{c}{v}\right)$$

式中，s 代表可以实现的总剩余价值；c 代表总资本；v 代表生产工人的工资；u 代表非生产支出，包括非生产工人的薪金和工资，以及税收和政府债务等；$s-u$ 表示实现的净剩余价值。利润率不仅取决于资本有机构成和剩余价值率，而且依赖于 $\frac{u}{v}$，即非生产性支出和生产性工人工资总额的比率。吉尔曼认为，在自由竞争资本主义时期，

① 陈彪如：《吉尔曼〈利润率的下降〉一书评论综述》，《现代外国哲学社会科学（文摘）》1961 年第 4 期。

② 孟捷：《非均衡与平均利润率的变化——一个马克思主义分析框架》，《世界经济》2016 年第 6 期。

③ 转引自陈恕祥《论一般利润率下降规律》，武汉大学出版社 1995 年版，第 15 页。

各种销售和管理成本以及税收等开支很少，u 在剩余价值实现中是一个可以相对忽略的因素，利润率下降的原因在于资本有机构成提高；而在垄断资本主义时期，由于新技术的迅速采用，不变资本的构成要素越来越便宜，资本有机构成也因此而相对稳定。[①] 在垄断资本主义时期，资本主义生产总过程出现了两个新特征：第一，仪表化以及电力对蒸汽动力的替代等技术变革，提升了劳动生产率，却没有带来不变资本的大规模相对增加。第二，产业合并和垄断，一方面增加了企业的规模和复杂性，提高了企业的监管费用；另一方面促使企业之间进行垄断竞争，包括互相之间抢夺顾客和一起抢夺顾客的美元等，造成销售、广告和促销等流通费用提高。[②] 第一个新特征意味着资本有机构成的提高趋势可能会减缓；第二个特征意味着剩余价值的实现更加困难，实现剩余价值所需的开支增长。在吉尔曼看来，垄断资本主义时期，剩余价值实现的困难使 u 的不断增长具有必然性，因为随着日益加强的工业集中和垄断的不断扩张，销售、广告和各种管理费用不断膨胀，这些费用属于非生产性开支 u，就整个经济而言，u 的增长会不断侵蚀资本获得的剩余价值，这意味着可以实现的净剩余价值即 $s-u$ 日趋萎缩，由此造成了实际利润率 $\dfrac{s-u}{c}$ 的下降。根据这一公式，吉尔曼又计算了存量净利润率，他以使用工具和机械的工人作为生产性工人，对应统计数据中的"生产工人"，相对地将其他雇员作为非生产性工人。非生产性支出包括非生产性工人的薪金、其他的监管支出以及销售和广告等支出。由此得到的存量净利润率计算公式可以表示为：

存量净利润率 =（增加值 - 生产工人工资 - 折旧 - 非生产性支出）/（固定资本 + 存货）

---

① 吉尔曼的实证研究表明，1919 年以前，资本有机构成迅速提高；1919 年以后，资本有机构成在波动中下降。剩余价值率在 1880—1929 年趋于上升，1929—1947 年趋于下降，之后无明显变化趋势。

② 李亚伟、孟捷：《如何在经验研究中界定利润率——基于现代马克思主义文献的分析》，《中国人民大学学报》2015 年第 6 期。

吉尔曼的经验分析也表明，在垄断资本主义时期，$\frac{u}{v}$ 的增长快于 $\frac{c}{v}$ 的增长，同时，资本有机构成 $\frac{c}{v}$ 保持相对稳定，因此，1919 年后利润率的下降是由于 $\frac{u}{v}$ 而不是资本有机构成 $\frac{c}{v}$ 的提高造成的。因此，垄断资本主义时期利润率下降的根源主要是与剩余价值的实现问题尖锐化和非生产性开支的巨大增长相关。

莫里斯肯定了吉尔曼的研究成果。他认为，在垄断资本主义的条件下，剩余价值的生产和实现之间的矛盾更加深化，垄断资本家为了克服这个矛盾而大量增加销售和广告等费用，企图通过这种非生产支出来阻止利润率的下降。但是，这种非生产支出与资本家的个人消费不同，它在资本家的账簿上是要从利润中扣除的，而且垄断的力量越强，潜在的剩余价值和实现的剩余价值差距增大，用于扩大实现条件的广告和销售费用相对就越多，这就降低了利润。因此，垄断资本主义消灭不了利润率下降的规律，正如它不能消灭地心引力的定律一样。[①]

有许多学者表示了不同的看法。巴兰断言，在总需求不足的条件下，非生产性开支可能会通过使更多已经生产出来的剩余价值得到实现而增加利润。[②] 罗宾逊夫人认为，吉尔曼"对资本有机构成的定义是混乱的"。同时她指出，"吉尔曼所说的非生产支出的增长会降低利润率的说法是颠倒是非"，因为非生产支出提高而不是降低了利润率，广告费用是支付给广告业者的，赋税收入也被花掉了，从收入中开支的钱最后又回到资本家的口袋里，利润差额扩大到足以包括这些费用，而生产工人却须和非生产工人共同享有他们的产品。[③] 德赛认为，

① 陈彪如：《吉尔曼〈利润率的下降〉一书评论综述》，《现代外国哲学社会科学（文摘）》1961 年第 4 期。

② ［英］M. C. 霍华德等：《马克思主义经济学史：1929—1990》，顾海良等译，中央编译出版社 2003 年版，第 141 页。

③ 转引自陈彪如《吉尔曼〈利润率的下降〉一书评论综述》，《现代外国哲学社会科学（文摘）》1961 年第 4 期。

吉尔曼对非生产开支的处理显得有些武断，似乎在用一种有利于马克思的方法去整理数据……利润率下降趋势规律，既未详细和清楚地得到证明，也未证明不存在。[①] 吉尔曼的观点，特别是在方法论上，受到保罗·马蒂克的严厉批评。在马蒂克看来，利润率下降问题只能从理论方面进行讨论，而吉尔曼却企图从理论和历史统计两个方面来研究它。按照马克思的理论，甚至假定在不存在实现问题时，利润率也会下降。这是一个生产扩张和价值扩张问题，而不是一个价值实现问题。剩余价值实现是一个具体的市场条件问题，而不是一个抽象的价值分析问题。但是，吉尔曼却从抽象的价值分析滑向具体的生产和分配关系，或者反过来，而没有意识到这种做法是不能允许的。他没有注意到，他对竞争资本主义和垄断资本主义的区分同利润率趋向下降没有关系，因为后者涉及的是总资本，假定对资本发展的所有阶段都有效，而不考虑垄断和竞争问题。[②]

（二）置盐定理及其争论

在利润率下降理论史中，置盐定理一定会被写上浓墨重彩的一笔。由于其结论直接挑战甚至颠覆了关于利润率下降理论的一般认知，所以，在学界引发的争论最为激烈，至今仍是学界关注的主题。置盐信雄（Okishio, Nobuo, 1961）在《技术变革与利润率》一文中提出，除非实际工资率有足够高的上升，否则资本家引进的技术创新不会降低一般利润率。具体来说，基本品行业的技术创新会提高一般利润率，而非基本品行业的创新对一般利润率水平没有影响。置盐的观点被学界称为置盐定理。根据这一定理，置盐信雄推论出，利润率趋向下降的规律并不是马克思体系大厦赖以存在的基石，试图从规律中演绎出危机理论的努力注定会失败。[③] 置盐在理论推导过程中还提出了技术创新的"成本准则"，即资本家是否引入一项新技术并不取

---

①　朱钟棣：《西方学者对马克思主义经济理论的研究》，上海人民出版社 1991 年版，第 211 页。

②　高峰：《资本积累理论与现代资本主义：理论的和实证的分析》，社会科学文献出版社 2014 年版，第 263—264 页。

③　［日］置盐信雄：《技术变革与利润率》，《教学与研究》2010 年第 7 期。

决于其是否能提高劳动生产率，而是取决于其能否降低生产成本。在资本主义经济中，资本家遵循的是"成本准则"而非"生产率准则"，新技术必须降低生产成本，但不一定必然提高劳动生产率。置盐定理的数学表达如下：[①]

假定技术进步前社会处于均衡状态，设 p^0 为生产价格向量，r^0 为平均利润率，A^0 为投入系数矩阵，b 为实物工资向量，L^0 为劳动投入向量，则经济系统表示为：

$$p^0 = (1 + r^0) p^0 (A^0 + L^0)$$

假设基本品行业引入了一个新技术，即 $p^0 = (1 + r^0) p^0 (A^0 + L^0)$，该技术进步满足用当前价格向量 p^0 衡量，第 i 部门的成本下降，即：

$$p^0 = (A_i^1 + bL_i^1) < p^0 (A_i^0 + bL_i^0)$$

从而 i 部门暂时获得超额利润。置盐定理保证，若新技术引入后经济会达成新的一般均衡，即：

$$p^1 = (1 + r^1) p^1 (A^1 + bL^1)$$

则对于技术变化前后的平均利润率必有 $r^1 > r^0$。

置盐定理在马克思主义经济学界引起轩然大波，尽管受到不少批判，但也得到了著名马克思主义学者如约翰·罗默、鲍尔斯等人的支持。罗默证明，如果技术进步能够降低成本，那么经济系统的均衡利润率就会上升。[②] 如果实际工资保持不变，则作为理性的、竞争性技术创新的结果，利润率不会下降。[③] 如果在降低成本的、劳动节约型技术变化条件下，实际工资提高导致部门内工人的劳动报酬所占相对份额不变，那么利润率将下降。[④] 萨缪尔·鲍尔斯（Samuel Bowles）对置盐定理进行了简单的证明：基于置盐定理的假设，只要商品的生产价格和交换价格相同，并且工资集不受影响，没有哪一种技术模型

---

① 裴宏、李帮喜：《置盐定理反驳了利润率趋向下降规律吗?》，《政治经济学评论》2016 年第 2 期。
② ［美］约翰·罗默：《马克思主义经济理论的分析基础》，汪立鑫、张文璡、周悦敏译，上海人民出版社 2007 年版，第 104 页。
③ 同上书，第 144 页。
④ 同上书，第 156 页。

会产生更低的利润率。[1] 霍华德和金（M. C. Howard，John E. King，1985）认为，有理性的资本家不会采用使利润率下降的技术进步，只有在技术进步的同时实际工资提高了，利润率才能下降。[2]

对于置盐定理，不少学者对其进行了批判，主要包括以下八个方面。

第一，置盐定理没有区分利润边际和利润率。安瓦尔·谢赫（Anwar Shaikh，1978）[3] 提出，测量利润率有两种方法：一种是成本利润边际，另一种是利润率。前者是利润量同生产中消耗的资本的比率（利润量同成本价格的比率），为两个流量之比；后者是利润量与预付资本的比率，为流量与存量之比。显然，置盐所要阐明的是技术选择会提高给定实际工资水平下的平均利润边际，不过，利润率却是下降的。劳动过程的机械化意味着固定资本存量增加，每单位产出所需的预付资本存量增加。同时，这也是单位成本价格（每单位产出所使用的资本流量）降低的主要手段。也就是说，尽管每单位产出生产成本降低了，但是，每单位产出的投资成本增加了。在1980年写作的另一篇文献中，安瓦尔·谢赫进一步阐述了高利润边际和低利润率并存的缘由：竞争迫使资本家采用降低成本价格的生产方法，在给定价格水平下，较低的成本价格意味着较高的利润边际。因此，竞争迫使每一个资本家都采用可以带来较高的利润边际的生产方法，即使这种生产方法会降低他们的过渡利润率。而且，如果这种过渡利润率更低，一旦新的生产方法占据主要地位，新的一般利润率也会更低。[4]

---

[1] Bowles, S. , "Technical Change and the Profit Rate: A Simple Proof of the Okishio Theorem", *Cambridge Journal of Economics*, Vol. 5, No. 2, 1981, pp. 183 – 186.

[2] 朱钟棣：《西方学者对马克思主义经济理论的研究》，上海人民出版社1991年版，第232页。

[3] Anwar Shaikh, "Political Economy and Capitalism: Notes on Dobb's Theory of Crisis", *Cambridge Journal of Economics*, Vol. 2, No. 2, 1978, pp. 233 – 251.

[4] Anwar Shaikh, "Marxian Competition Versus Perfect Competition: Further Comments on the So – called Choice of Technique", *Cambridge Journal of Economics*, Vol. 4, No. 1, 1980, pp. 75 – 83.

第二，置盐定理忽略了私人利润率和社会利润率的差别。托马斯·迈尔（Thomas R. Micheal, 1988）[1] 指出，马克思利润率下降趋势理论是基于私人利润率和社会利润率区分的基础之上的，受到更高私人利润率的刺激，公司投资、采用新的机械化程度更高的技术，领先者相对于竞争对手享有一个暂时的成本优势，能够攫取更多的剩余价值。因此，一旦领先者采用新技术，其利润率就会上升，但是，随着新技术在整个行业内扩散，它们较低的资本生产率（更高程度的机械化）会减少社会回报，一定会减少先前领先者的利润率。欧内斯特·曼德尔（Ernest Mandel, 1983）指出，当新技术刚刚被采用时，率先使用新技术的资本家会获得超额利润，在这一点上，置盐是正确的。但是，随着过度积累的影响和商品的价格降低，超额利润率会逐步消失，那些率先采用新技术的资本家将只能获得平均利润，但是，这个平均利润率要比过程刚开始时低。从方法论角度来看，置盐属于个体主义的分析方法，马克思属于整体主义的分析方法。[2]

第三，置盐定理没有考虑固定资本和联合生产问题。固定资本在马克思的利润率下降理论推理过程有基础性作用。在马克思看来，资本主义的技术进步意味着使用大量的机器去替代手工劳动，固定资本不断增大，并因此造成资本有机构成提高和利润率的不断下降。[3] 乔斯·阿尔贝罗、约瑟夫·佩尔斯基和安瓦尔·谢赫（Jose Alberro and Joseph Persky, 1981; Anwar Shaikh, 1978, 1980）等认为，置盐定理没有考虑到固定资本的影响，其阐明的是一个降低资本"流量"成本的技术进步，将引致用流量资本核算的利润率上升。[4] 但是，资本主义经济的技术进步需要引入大量的固定资本，这些固定资本的引入将降低用存量核算的利润率。降低成本的技术革新虽然会提高前者但同

---

[1] Thomas R. Micheal, "The Two – Stage Decline in U. S. Nonfinancial Corporate Profitability, 1948 – 1986 ", *Review of Radical Political Economics*, Vol. 20, No. 4, 1988, pp. 1 – 22.

[2] 朱钟棣：《西方学者对马克思主义经济理论的研究》，上海人民出版社1991年版，第235页。

[3] 李帮喜、王生升、裴宏：《置盐定理与利润率趋向下降规律：数理结构、争论与反思》，《清华大学学报》（哲学社会科学版）2016年第4期。

[4] 同上。

时会降低后者，因此，马克思的理论和置盐定理并不矛盾。谢赫引用了 Schefold（1976）的观点，Schefold 在置盐的框架下证明，若存在固定资本，则技术进步引进的机械化将导致最大利润率的下降。[①] 安瓦尔·谢赫（1980）[②] 指出，如果忽略固定资本，成本准则和生产率准则是一样的。不过，罗默坚持认为，即使存在固定资本，在其他因素不变即实际工资和剩余价值率不变时，技术创新仍然会导致资本家的利润率上升。[③] 萨尔瓦多里（Salvadori，1981）用一个数例说明，在联合生产时，若经济系统方程 pB（$1+\pi$）pM 有解 M 和 B 分别为投入和产出系数矩阵（π 为平均利润率），则技术进步可能导致造成利润率下降，而非置盐及罗默所主张的利润率上升或不变。[④]

第四，置盐的分析方法抽象掉了阶级关系的作用。詹斯·克里斯琴森（Jens Christiansen，1976）指出，"假定技术选择是由资本家基于利润标准做出的"方法论是错误的，它忽视了一个更为根本的问题，就是这些选择是怎样由社会力量的历史发展形成的？马克思社会理论的全部观点是理解这些力量的决定因素，而不是对基于数学关系的真实现实世界作预测，前者只有通过在对范畴和所含关系正确理论概念化的基础上，对资本主义积累过程做出具体的历史唯物主义分析才能达到。[⑤]

安瓦尔·谢赫（1978）[⑥] 也指出，置盐的错误在于其假设技术进

① 同上；高峰：《资本积累理论与现代资本主义理论的和实证的分析》，社会科学文献出版社 2014 年版，第 253 页。

② Anwar Shaikh, "Marxian Competition Versus Perfect Competition: Further Comments on the So-called Choice of Technique", *Cambridge Journal of Economics*, Vol. 4, No. 1, 1980, pp. 75 – 83.

③ ［美］约翰·罗默：《马克思主义经济理论的分析基础》，汪立鑫、张文瑾、周悦敏译，上海人民出版社 2007 年版，第 129 页。

④ 李帮喜、王生升、裴宏：《置盐定理与利润率趋向下降规律：数理结构、争论与反思》，《清华大学学报》（哲学社会科学版）2016 年第 4 期。

⑤ Jens Christiansen, "Marx and the Falling Rate of Profit", *The American Economic Review*, Vol. 66, No. 2, 1976, pp. 20 – 26；陈恕祥：《论一般利润率下降规律》，武汉大学出版社 1995 年版，第 230 页。

⑥ Anwar Shaikh, "An Introduction to the History of Crisis Theories", in Union for Radical Political Economics ed., *US Capitalism in Crisis*, New York: Economics Education Project of the Union for Radical Political Economics, 1978, pp. 234 – 235.

步仅仅是资本家的选择，而马克思早就指出，在资本主义经济中，竞争迫使资本家选择降低单位成本的技术，甚至这意味着更低的利润率。无论谁首先做出这种行动，其产品的价格都会低于其他的资本家。那么其他资本家的唯一选择是，要么得到比以前更低的利润率，要么得不到利润。安瓦尔·谢赫还认为，为了更好地控制劳动过程，资本家愿意采用需要大量固定资本的自动化技术，通过"去技能化"来弱化工人在工资谈判中的地位以减轻工资上涨压力并提高效率。可见，"实际工资不变"得以实现，正是由于采用了"成本增加"的技术。从这一点来看，置盐定理的这两个假设是不相容的，一个成立需要另一个不能成立。①

第五，置盐定理的前提假设不符合现实。首先，不变实物工资品向量和新均衡的形成不能得到保证。置盐信雄在后来的研究中认为，这两个前提假设在资本主义竞争中，都不能得到保证。置盐信雄（2000）的最后结论是：在资本积累过程中，实际工资会发生变化；并且如果没有技术变革，资本家之间的竞争最终不会导致一个新的均衡。② 塞克戴斯（K. K. Theckedath，2001）③ 认为，在一个比较长的时期内，置盐定理关于实际工资不变的前提条件是错误的。马克思曾指出，劳动者的必需品需要取决于一个社会的文明化程度，这种需要随着资本主义发展而扩大。其次，保罗·考克肖特认为，置盐定理的约束条件——"不同产业的利润率相同"也是不切实际的。④ 威克斯（J. Weeks）曾经指出，现实中，经常是不同的相互间具有不同生产效率的资本，在耗费不同成本价格基础上销售产品而获得不同的利润

① 骆桢：《对"置盐定理"的批判性考察》，《经济学动态》2010 年第 6 期。

② 李帮喜、王生升、裴宏：《置盐定理与利润率趋向下降规律：数理结构、争论与反思》，《清华大学学报》（哲学社会科学版）2016 年第 4 期。

③ K. K. Theckedath, "Once Again on the Falling Rate of Profit", *Social Scientist*, Vol. 29, No. 5&6, 2001, pp. 75–81.

④ 保罗·考克肖特：《为马克思利润率下降理论辩护》，《当代经济研究》2013 年第 8 期。

率。这种状况与置盐定理所设定的均衡的前提条件并不一致。① 最后，置盐定理的假设条件在现实中不可能发生，因为未来生产率提高不会降低现在的生产成本。生产率提高会导致未来投资成本的削减，但不会使个别资本家从当前投资中获利，因为资本家对现有机器的支付并不会减少。事实上，技术创新越快，生产率增长越快，机器就越容易遭受"自然贬值"而过时，这必然对利润率产生越来越大的压力。不过，如果遭受损失的资本家退出生产，另外一些资本家廉价购买他们的厂房、设备和原料，并从中受益，这就会缓解利润率下降的压力。经济危机正是通过创造这样的条件而延缓利润率下降的。②

第六，利润率计算必须是时际（或跨期）的。克里曼（Kliman，1996；1997）提出了一个新的"分期单一体系解释"（Temporal Single System Interpretation，TSSI）的分析框架来反驳置盐定理。其思路是：置盐定理成立的前提是市场实现了均衡价格，此时投入价格等于产出价格。但是，在实际中未必会实现均衡价格，产出价格不能保证等于投入价格。此时，利润率的计算必须是时际（或跨期）的。在 TSSI 的公式中，利润率不仅由投入系数影响，还必须由上一期的价格、劳动投入向量、产出向量等多个历史变量共同确定。而 TSSI 的均衡价格则是由上述确定的利润率及历史成本共同确定。在该框架下，他证明技术进步必然会造成利润率的下降。但学界对这一框架本身的有效性仍有争议。中谷（Nakatani，2005）认为，TSSI 关于利润率的定义有几个缺陷：首先，在 TSSI 中，劳动价值中的死劳动部分是按历史成本计算的，这违反了马克思的原意，因为当技术发生变化的时候，新的劳动价值应当按照新的技术下再生产该商品所必需的劳动时间确定，而不是按照历史成本来确定。其次，TSSI 所计算的利润率只是账面利润率。由于这种利润率是用历史成本而非再生产成本来核算利

---

① J. Weeks, "Equilibrium Uneven Development and the Tendency of the Rate of Profit to Fall", *Capital & Class*, Vol. 6, No. 1, Spring, 1982, pp. 62 – 77. 转引自薛宇峰《"置盐定理"批判》，中华外国经济学说研究会第二十次学术年会，北京师范大学珠海分校，2012 年 12 月。

② 胡钧、沈尤佳：《资本生产的总过程：利润率趋向下降的规律》，《改革与战略》2013 年第 8 期。

润，所以，它并没有真实地反映投资收益水平，那么，也就无法通过这个利润率来评估资本家的投资决策。同时，TSSI 计算的利润率也并不能保证马克思基本定理的成立。Rieu（2009）在深入研究了 TSSI 对置盐定理的反驳后提出，这些反驳不仅依赖于对均衡价格和利润率的重新定义，而且其有效性还依赖于关于劳动生产率和价格的时间路径的外生假设。①

第七，新发明不可预期。乔斯·阿尔贝罗和约瑟夫·佩尔斯基（1979）提出了"新发明出现不可预期论"。他们认为，新发明因带来高的预期利润率而被采用，但一旦采用后，新添的机器设备的使用期限并不如预期的那样长，在未到更新之前，就因未能预料到的更新的技术发明而被废弃，因而原来预期的高利润率并没有实现。一次新发明的出现到下一次新发明出现的间隔时间越来越短，这种不断出现的新发明，造成预期利润率的不断提高而实际利润率的不断下降。罗默对此观点进行了批判，他认为，实际利润率的这种不断降低是以资本家不能预期未来更新的技术发明为条件的。这种不能预料，从短期来看似有可能。但在长期过程中，资本家就会纠正自己的预期，从而减少因新发明的出现而造成的实际利润损失。②

第八，置盐与马克思讨论的不是同一个问题。马克思关注的是整个经济体总的资本积累动态：如果资本以一定的比率进行积累，会出现什么状况。根据马克思的看法，这种积累的资本会涌向不同的实业领域，并与那些领域的既有资本进行竞争。最终，过多的资本积累瓦解了资本积累的目的本身。而置盐则把这种争论转变成一个不同的问题，即个别资本家对技术的最佳选择。③

---

① 李帮喜、王生升、裴宏：《置盐定理与利润率趋向下降规律：数理结构、争论与反思》，《清华大学学报》（哲学社会科学版）2016 年第 4 期。
② 朱钟棣：《西方学者对马克思主义经济理论的研究》，上海人民出版社 1991 年版，第 231 页。
③ ［英］保罗·考克肖特、李亚伟：《为马克思利润率下降理论辩护》，《当代经济研究》2013 年第 8 期。

二　20 世纪 70 年代后期至 20 世纪末

（一）韦斯科普夫之争

20 世纪 70 年代末，在利润率下降理论模型构建和实证检验方面做出开拓性研究的学者还有爱德华·沃尔夫、托马斯·韦斯科普夫等人。托马斯·韦斯科普夫（Thomas E. Weisskopf, 1979）[①] 认为，马克思主义危机理论可以分为提高有机构成流派、劳工实力增强流派和实现的失败流派三个基本流派，之所以做出此种划分，其依据是它们用以解释平均利润率下降的机制各不相同。第一个流派侧重技术变化和资本有机构成的状态，第二个流派侧重阶级斗争和资本与劳动的收入分配，第三个流派侧重产品全部价值的实现问题。那么，如何把这三种因素纳入同一分析框架中呢？韦斯科普夫把马克思的利润率公式 $p = \dfrac{m}{c+v}$，巧妙地"修正"为 $r = \dfrac{\pi}{K} = \dfrac{\pi}{Y} \times \dfrac{Y}{Z} \times \dfrac{Z}{K}$。

式中，K 表示资本总量，包括固定资本和库存；π 表示利润量，包括纳税前的净资本收入（公司利润加净利息）；Y 表示实际产量或收入，$Y = \pi + W$，W 包括全部雇员报酬；Z 表示潜在产量或收入。利润率 r 的变动归于利润份额 $r = \dfrac{\pi}{Y}$、产能利用率 $\dfrac{Y}{Z}$ 和产能资本比 $\dfrac{Z}{K}$ 三项因素的变化，其中，$\dfrac{Z}{K}$ 的下降反映了第一个流派的侧重点，$\dfrac{\pi}{Y}$ 的下降反映了第二个流派的侧重点，$\dfrac{Y}{Z}$ 的下降反映了第三个流派的侧重点。在建立了新的利润率模型后，韦斯科普夫选取美国非金融公司部门（NFCB）作为考察的对象，NFCB 部门占美国国内生产总值的 60%，包含全部重要的私营厂商，并且包含最有生机的产业，足以代表美国经济。他把整个考察区间划分为 5 个小周期，每个小周期又分为扩张初期、扩张后期和收缩期三个阶段。研究表明：利润率在周期 2 和周期 3 之间趋于下降，在周期 3 和周期 4 之间上升，然后又下降到周期 5。非金融公司部门利润率以每年 1.2% 的速度下降，造成利润率下降

① Thomas E. Weisskopf, "Marxian Crisis Theory and the Rate of Profit in the Postwar U. S. Economy", *Cambridge Journal of Economics*, Vol. 3, No. 4, 1979, pp. 341 – 378.

的主要原因是实际工资份额的上升，而资本有机构成在战后并未表现出长期的趋势。因为战后美国的低失业率使工人谈判能力增强，不过，这种增强主要是守势的，工人阶级并未成功地使实际工资与生产率的增长相一致，它只是比资本家更为成功一些地自我防卫抵御了贸易条件的长期恶化。韦斯科普夫的实证研究开创了利润率实证分析的新范式，并且激发了许多后来研究者的兴趣和灵感。

当然，韦斯科普夫的研究也受到了一些学者的批判，这里主要介绍两位学者的批判和韦斯利普夫的回应。

1. 芒利的批判和韦斯科普夫的回应

芒利针对韦斯科普夫的劳工实力概念及其衡量指标提出了三点意见：

第一，芒利认为，韦斯科普夫以名义工资份额衡量劳工实力是不准确的，劳工实力是一个多元化概念，既包括取得更高的工资、更高的实际消费以及更好工作条件的能力，还包括对政府和公众的影响力。考虑到劳工实力的复杂性，任何对它的单一定义都可能在某些方面存在缺陷，仅用名义变量来定义更是如此。在通货膨胀期间，工人的名义工资可能增加，但实际购买力可能不变甚至下降，所以，有必要以实际变量来衡量劳工实力。

第二，韦斯科普夫用来衡量攻势劳工实力的指标即实际工资份额看起来与劳工的福利状况联系最为密切，但是，代表生产率的$\bar{y}^*$不是一个衡量劳工实力显而易见的指标，只有实际工资率$\bar{w}^*$才是一个衡量劳工实力的显而易见的指标。

第三，芒利认为，韦斯科普夫所定义的守势劳工实力及其衡量指标p_w/p_y所代表的仅仅是名义工资份额和实际工资份额之间的差别而已，并不能构成一种特殊类型的劳工实力。[1]

韦斯科普夫对芒利的第二点批评做了如下回应：

（1）芒利关于工作场所民主化导致生产率上升的例子与他对劳工

---

[1] 转引自孟捷、李亚伟《韦斯科普夫对利润率动态的研究及其局限》，《当代经济研究》2014 年第 1 期。

实力的解释并不矛盾。如果工作场所民主化导致生产率的提高超过实际工资的提高，劳工实力就被减弱。只有当工作场所民主化导致实际工资增速超过生产率增速时，才意味着劳工实力的增强。

（2）在经济周期 B 阶段，伴随实际产出的增长，会追加雇用新的工人。韦斯科普夫承认，这些新工人因缺乏必要的培训和技能，的确会导致劳动生产率的增长减速。但与此同时，这些新雇员的工资也比原有的工人要低。综合来看，即从新增雇员对实际工资份额的影响来看，新增雇员给生产率增长带来的负面影响可能因其低工资而大致抵消。

（3）韦斯科普夫承认，在 B 阶段囤积熟练工人的现象不能用劳工实力增强来解释，也承认在 B 阶段对生产工人和支薪雇员的囤积都比 A 阶段和 C 阶段更为普遍，囤积的生产工人不能由被解雇的支薪雇员所抵消。韦斯科普夫认为，他在 B 阶段低估了产能利用效应，在 A 阶段和 C 阶段高估了这一效应。

面对芒利的批评，韦斯科普夫将衡量整体劳工实力的指标由名义工资份额改为实际工资份额，并对攻势劳工实力和守势劳工实力做了重新界定。

2. 莫斯里的批判和韦斯科普夫的回应

莫斯里（F. Moseley）认为，韦斯科普夫在估算战后美国经济利润份额时未区分生产劳动和非生产劳动，因此，利润份额不是对剩余价值率有意义的估算。的确，马克思意义上的可变资本和剩余价值范畴与现行国民统计账户中的劳动报酬和利润是不同的。非生产劳动雇员报酬 U 应当包含在剩余价值中，而不是作为可变资本对待，当区分了生产劳动和非生产劳动后，工资 W 就等于可变资本 V 与非生产性资本 U 之和，利润 π 等于剩余价值 S 与非生产性资本 U 之差。这样，剩余价值率可以表示为 $\dfrac{\pi + U}{W - U}$，利润—工资比可以表示为 $\dfrac{\pi}{W}$，利润份额表示为 $\dfrac{\pi}{W + \pi}$，后两个变量的变动趋势基本是一致的。[①]

---

① 转引自孟捷、李亚伟《韦斯科普夫对利润率动态的研究及其局限》，《当代经济研究》2014 年第 1 期。

进一步地，利润—工资比$\frac{\pi}{W}$可以展开为：

$$\frac{\Pi}{W} = \frac{S-U}{V+U} = \frac{S/V - U/V}{1 + U/V}$$

利润—工资比$\frac{\pi}{W}$和剩余价值率S/V以及U/V都有关系，S/V的下降和U/V的上升都会导致利润—工资比$\frac{\pi}{W}$的下降。莫斯里的实证研究表明，S/V在1949—1975年增长了15%，而非生产性资本与可变资本比U/V在此期间从0.57增加到0.94，增长了65%，到1975年，美国资本主义企业几乎要把一半的工资支付给非生产性雇员，因此，利润—工资比的下降直接来源于非生产性资本与可变资本比U/V的大幅上升。

1949—1975年，三个变量的趋势大致如图2-2所示。

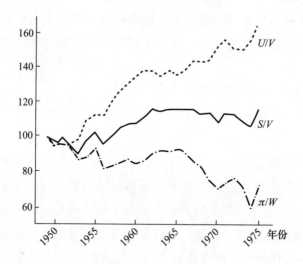

图2-2 三个变量的趋势（1949—1975）（1949=100）

资料来源：Moseley, F., "The Rate of Surplus Value in the Postwar US Economy: A Critique of Weisskopf's Estimates", *Cambridge Journal of Economics*, Vol. 9, No. 1, 1985, pp. 57-79。

那么，为什么非生产性资本与可变资本比U/V在此期间上升幅度会如此之大呢？莫斯里进一步探究了其中的原因，因为：

$$U/V = \frac{L_u}{L_p} \times \frac{U_a}{V_a}$$

式中，L_u 表示非生产雇员的数量，L_p 表示生产工人的数量，U_a 表示非生产雇员的平均工资，V_a 表示生产工人的平均工资。U/V 上升的原因有两种：一种是 $\frac{L_u}{L_p}$ 的上升，另一种是 $\frac{U_a}{V_a}$ 的上升。1949—1975年，$\frac{U_a}{V_a}$ 下降了 2%，而 $\frac{L_u}{L_p}$ 上升了 68%，U/V 上升了 65%。研究表明，非生产雇员在此期间增长了一倍以上，而生产工人只增长了 30%，故导致 $\frac{L_u}{L_p}$ 大幅度上升。所以，战后美国经济利润—工资比率的下降，进而利润份额的下降，主要是由于 $\frac{L_u}{L_p}$ 的大幅增加所致。

1949—1975 年，非生产性劳动与生产性劳动比率的变化情况大致如图 2-3 所示。

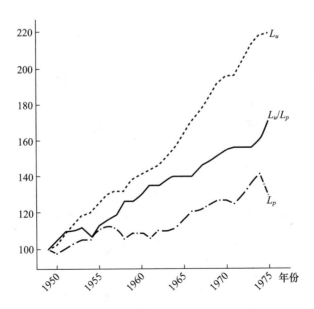

图 2-3　非生产性劳动与生产性劳动比率（1949—1975）（1949 = 100）

资料来源：Moseley, F., "The Rate of Surplus Value in the Postwar US Economy: A Critique of Weisskopf's Estimates", *Cambridge Journal of Economics*, Vol. 9, No. 1, 1985, pp. 57-79。

韦斯科普夫对莫斯里的批评做了如下回应：

第一，他没有把利润份额，更准确地说，利润—工资比作为剩余价值率的替代变量，他的主要目标是分析美国经济的利润率动态。韦斯科普夫认为，与难以观测的剩余价值率相比，利润份额对资本家以及资本主义的经济绩效有着更为直接的影响。他的工作主要是想表明各种各样的马克思主义危机理论如何能够转换成可以检验战后美国利润率下降趋势的变量。

第二，莫斯里的非生产与生产性资本比 U/V 的计算结果值得怀疑。莫斯里用 U/V 以及 $\frac{L_u}{L_p}$ 的上升推导出利润份额的下降，证据仅仅包括核算方程中相关变量的时间序列数据，但根据核算关系并不能得出任何因果关系。莫斯里的数据虽然确定与他的假设即 $\frac{L_u}{L_p}$ 是利润份额下降的根本原因相一致，但同样可能也有更复杂的因果关系链条在起作用。

韦斯科普夫认为，首先应该更仔细地考察 $\frac{L_u}{L_p}$ 上升的原因。一种可能是非生产劳动对生产劳动的替代正在发生，主要是为了避免生产工人工资相对于其他成本和价格上升的趋势。另一种可能是发生这种替代是为了回应生产工人在生产过程中对监管越来越多的挑战。因为从管理层视角看，它使非生产雇员对生产工人更高程度的监督和控制成为必要。不过，无论发生哪种情况，$\frac{L_u}{L_p}$ 的上升都不能被视为"根本原因"，这就需要寻找生产工人工资或其斗争性上升趋势背后的原因。一个非常可信的原因在于，由于劳动后备军的耗竭，生产工人的权力相对于管理层而言增强了，这样，莫斯里关于 $\frac{L_u}{L_p}$ 上升的证明就完全与我的以及他的假设相一致。[1]

---

[1] Weisskopf, T. E., "The Rate of Surplus Value in the Postwar U. S. Economy: A Response to Moseley's Critique", *Cambridge Journal of Economics*, Vol. 9, No. 1, 1985, pp. 81 – 84.

（二）沃尔夫与莫斯里之争

自吉尔曼开创了利润率下降理论的实证研究先河之后，不断有学者使用统计资料对马克思的指标进行验证，爱德华·沃尔夫是其中比较有创见的一位学者。沃尔夫（Edward N. Wolff, 1979, 1986）的经验研究结论有三点比较突出：一是没有经验数据支持马克思的利润率下降规律；二是利润率的下降源于利润份额的下降；三是资本有机构成保持稳定。

沃尔夫（1979）[1] 使用美国的投入产出表计算了 1947 年、1958 年、1963 年和 1967 年这四年的剩余价值率、资本技术构成、资本有机构成和价值利润率。根据他的估算，1947—1967 年，剩余价值率上升了 11%，有机构成提高了 5%，技术构成提高了 67%，资本有机构成和剩余价值率的变动趋势与马克思的预测是一致的。不过，利润率却与马克思的预测相反，在他所分析的样本期间里，剩余价值率的提高快于资本有机构成的提高，因而导致价值利润率上升了 7%。[2] 沃尔夫计算了按生产价格计算的一般利润率和按价值计算的价值利润率，两者在 1947—1958 年下降，1958—1963 年上升，1963—1967 年略有增加。[3]

根据他的估算，1947—1976 年资本有机构成下降了 9 个百分点，技术构成则持续提高，提高了 88%。为何两种资本构成变动方向相反？沃尔夫的解释如下：技术构成和有机构成分别由不同的因素决定：资本技术构成取决于生产的物质需要，独立于劳动价值和实际工资变量；而资本有机构成是技术构成、相对劳动价值和实际工资综合作用的结果。因此，两者背离是显然的。资本有机构成之所以保持相对稳定，是因为技术构成的提高被 1967—1972 年不变资本价值和剩余价值率的大幅下降抵消了。尽管价值利润率在此期间下降了，但

[1]　Edward N. Wolff, "The Rate of Surplus Value, the Organic Composition, and the General Rate of Profit in the U. S. Economy, 1947 – 1967", The American Economic Review, Vol. 69, No. 3, 1979, pp. 329 – 341.

[2]　朱钟棣：《当代国外马克思主义经济理论研究》，人民出版社 2004 年版，第 145 页。

[3]　陈恕祥：《论一般利润率下降规律》，武汉大学出版社 1995 年版，第 139 页。

是，其下降的主要原因是剩余价值率的急剧下降，而非资本有机构成的提高。① 因此，沃尔夫的经验结论并不支持资本有机构成提高导致利润率下降的命题。

沃尔夫（1979）的文献同时证明了利润率下降源于利润份额的下降。② 在写作于 1986 年的文献中，他将利润份额下降，即工资份额③增加，归因于 20 世纪 60 年代中期以来生产率突然和大幅度地下降。④为了更清晰地表述这一思想，可以对工资份额 $\dfrac{W}{Y}$ 进行数学分解：

$$\frac{W}{Y} = \frac{w}{y} \times \frac{P_x}{P_y} = \frac{W/L}{Y/L} \times \frac{P_x}{P_y}$$

式中，W 表示名义工资，Y 表示名义产出，w 和 y 分别表示实际工资和实际产出，L 表示工人人数，P_x 表示工资品价格水平，P_y 表示最终产品的价格水平。根据沃尔夫的估算，1947—1967 年，无论是名义工资还是实际工资份额都没有变化，然而，1967—1976 年，虽然相对价格水平 $\dfrac{P_w}{P_y}$ 保持不变，但是，劳动生产率 $\dfrac{y}{L}$ 却相对于平均实际工资率 $\dfrac{w}{L}$ 大幅度下滑。沃尔夫的实证分析表明：尽管劳动生产率在 1947—1958 年平均年均增长率为 2.2%，1958—1967 年上升至了 3.1%，但是，在 1967—1976 年却跌落到 0.4%。因此，沃尔夫认为，名义（实际）工资份额增加的主要原因是 20 世纪 60 年代中期以后生产率的突然下降，而资本家对劳动生产率下降做出的反应是削减劳动报酬的增长率，但是，劳动报酬降低的速度仍然不够快。至于生产率为何出现了下降？沃尔夫将其归结为一系列偶然因素综合作用的结果，包括能

---

① Edward N. Wolff, "The Productivity Slowdown and the Fall in the U. S. Rate of Profit, 1947 – 1976", *Review of Radical Political Economics*, Vol. 18, No. 1&2, 1986, pp. 87 – 109.

② Edward N. Wolff, "The Rate of Surplus Value, the Organic Composition, and the General Rate of Profit in the U. S. Economy, 1947 – 1967", *The American Economic Review*, Vol. 69, No. 3, 1979, pp. 329 – 341.

③ 工资份额和利润份额之和等于 1。

④ Edward N. Wolff, "The Productivity Slowdown and the Fall in the U. S. Rate of Profit, 1947 – 1976", *Review of Radical Political Economics*, Vol. 18, No. 1&2, 1986, pp. 87 – 109.

源价格水平上升、劳动力快速增加、研发支出下降，其他原因还包括劳资双方的摩擦增多、工人的动力减弱等。

不过，弗雷德·莫斯里（Fred Moseley，1988）[①] 对沃尔夫的结论提出了质疑。他指出，沃尔夫的概念与马克思相比，存在许多差别，其中最重要的差别就是沃尔夫没有区分生产劳动与非生产劳动。而根据马克思的劳动价值论和剩余价值理论，只有生产性劳动，才会创造剩余价值，非生产性劳动不会创造剩余价值，因此，不变资本和可变资本只包括投入生产性劳动中的资本，不包括那些投入到以下两类劳动中的资本：（1）流通领域的劳动，或者说与商品的售卖有关的活动，包括销售、购买，广告、法律咨询等。（2）监管领域的劳动，或者说与控制生产工人的劳动有关的劳动，包括管理、监管、记录等劳动。投入到流通领域和监管领域的劳动，尽管对于资本主义生产是必需的，但并不会增加商品的价值。但是，沃尔夫并没有进行这样的区分。沃尔夫把不变资本定义为资本主义企业，包括流通和监管部门在内，所使用的建筑、设备和原料的现价值，可变资本的定义也是如此。

在厘清生产性劳动和非生产性劳动概念基础上，莫斯里对美国的各个行业进行分类、归并，然后重新估算了 1947—1976 年美国经济的剩余价值率、资本有机构成和一般利润率，他的研究结论与沃尔夫的结论大相径庭。莫斯里的实证研究表明：资本有机构成从 1947 年的 3.46 提高到 1976 年的 4.88，提高了 41%；剩余价值率从 1947 年的 1.4 提高到 1976 年的 1.66，提高了 19%（见图 2－4 和图2－5）；由于资本有机构成的提高快于剩余价值率的提高，所以，利润率在差不多 30 年的时间里下降了 15%，利润率的变化趋势与马克思理论的预测一致。[②]

莫斯里认为，由于对生产性和非生产性资本的处理不同，造成他和沃尔夫在资本有机构成变化趋势判断上产生了 44% 的差异，在剩余

[①]　Fred Moseley, "The Rate of Surplus Value, the Organic Composition, and the General Rate of Profit in the U. S. Economy, 1947－1967: A Critique and Update of Wolff's Estimates", *The American Economic Review*, Vol. 78, No. 1, 1988, pp. 298－303.

[②]　朱钟棣：《当代国外马克思主义经济理论研究》，人民出版社 2004 年版，第 145 页。

价值率变化趋势上产生了 85% 的差异。①

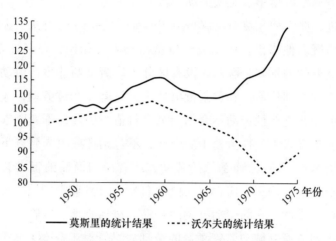

图 2 - 4　美国资本有机构成的变化趋势（1947—1976）

资料来源：朱钟棣：《当代国外马克思主义经济理论研究》，人民出版社 2004 年版，第 149 页。

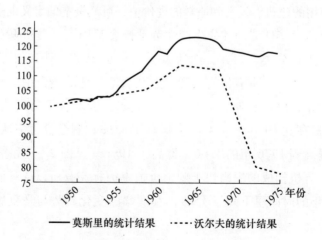

图 2 - 5　美国剩余价值率变化趋势（1947—1976）

资料来源：朱钟棣：《当代国外马克思主义经济理论研究》，人民出版社 2004 年版，第 150 页。

---

①　Fred Moseley, "The Rate of Surplus Value, the Organic Composition, and the General Rate of Profit in the U. S. Economy, 1947 - 1967: A Critique and Update of Wolff's Estimates", *The American Economic Review*, Vol. 78, No. 1, 1988, pp. 298 - 303.

沃尔夫在回应莫斯里批判的论文中提出了四点意见。[①] 第一，莫斯里在计算不变资本和可变资本时排除了政府部门，这是不恰当的。因为政府部门提供许多类似于私人生产部门那样的产品和服务。第二，莫斯里使用的是国民收入账户数据，而他使用的是投入产出表中的数据，并且转换成了马克思的劳动价值量，变量进行这样处理更接近于马克思最初的想法。第三，他的不变资本包括流动资本（投入产出表中的中间投入）和固定资本，莫斯里的不变资本是固定资本和企业拥有的存货之和。如果周转时间是一年，两者原则上是一致的。如果不是一年，莫斯里的做法更可取。第四，莫斯里把工资税记为可变资本，而他自己算作剩余价值。

沃尔夫的剩余价值和可变资本是指包含在剩余产品中的劳动量和包含在工资货物中的劳动量。为了估算剩余价值率，必须首先估算包含在剩余产品和工资货物中的劳动量。沃尔夫的计算包括两个步骤：第一步，按价格项计算出剩余价值率的"价格类似物"；第二步，借助劳动系数矢量把剩余价值率的"价格类似物"转换为用劳动量衡量的剩余价值率。

针对沃尔夫的观点和处理方法，莫斯里认为，抽象劳动是商品价值的"实体"，货币是商品价值的"必然的现象形式"。抽象劳动是直接观察不到的，资本主义企业中能够直接观察和计算的劳动是实际的具体形态的劳动，它们具有不同的技能水平和劳动强度。因此，生产商品所需要的实际劳动量通常不等同于包括在商品中的抽象劳动量，也不是后者可靠的近似值。莫斯里对沃尔夫的研究结果也表示怀疑。他指出，沃尔夫在推算劳动系数矢量时，没有考虑不同的劳动技能和劳动强度，没有把实际劳动转换为相等的抽象劳动量，因此，沃尔夫的数据不能看作关于抽象劳动量的可靠估算。[②]

[①] Edward N. Wolff, "The Rate of Surplus Value, the Organic Composition, and the General Rate of Profit in the U. S. Economy, 1947 – 1967: Reply", *The American Economic Review*, Vol. 78, No. 1, 1988, pp. 304 – 306.

[②] 高峰：《资本积累理论与现代资本主义理论的和实证的分析》，社会科学文献出版社 2014 年版，第 283—284 页。

弗雷德·莫斯里（1990）[①] 指出，生产率在 1965 年以后的确大幅下降了，生产率下降对剩余价值率有负效应，对资本有机构成有正效应，两者综合在一起，对利润率产生的是负效应。但是，1947—1977年，利润率下降的最重要原因不是生产率下降，而是非生产性资本相较于可变资本比率的增加，生产率下降也起了作用，但对利润率的影响很小。安瓦尔·谢赫（1987）指出，正是资本盈利能力的下降间接地导致生产率下降，因为生产率下降直接起因于资本积累率下降，而积累率下降的根源在于获利能力下降。[②]

莫斯里（1990）[③] 把传统的或一般意义上的利润率改写成：

$$r = \frac{\pi}{K} - \frac{S - U_f}{C + U_s}$$

式中，U_f 表示非生产性工人的工资（也包括少部分非生产性建筑物、设备和原材料方面的支出），U_s 表示非生产性建筑物和设备的资本存量，C 表示不变资本，S 表示剩余价值。

对 $r = \dfrac{\pi}{K} - \dfrac{S - U_f}{C + U_s}$ 进一步变换可得：

$$r = \frac{\pi}{K} - \frac{S - U_f}{C + U_s} = \frac{(S/V - U_f/V)}{(C/V + U_s/V)}$$

可见，利润率高低除受资本有机构成 C/V 和剩余价值率 S/V 的作用外，还受 $\dfrac{U_f}{V}$ 与 $\dfrac{U_s}{V}$ 的影响。根据上述公式，莫斯里计算了 1947—1977年美国的利润率以及各种影响因素的贡献。计算结果表明，对利润率下降作用最大的因素是非生产性资本与可变资本比率的增加。这一比率增加的主要原因是非生产性劳动者的数量相对于生产性劳动者的数

[①] Fred Moseley, "The Decline of the Rate of Profit in the Postwar U. S. Economy: An Alternative Marxian Explanation", *Review of Radical Political Economics*, Vol. 22, No. 2&3, 1990, pp. 17 –37.

[②] Shaikh, A., "The Falling Rate of Profit and the Economic Crisis in the US", Robert Cherry ed., *The Imperiled Economy*, New York: Union for Radical Political Economics, 1987, p. 122.

[③] Fred Moseley, "The Decline of the Rate of Profit in the Postwar U. S. Economy: An Alternative Marxian Explanation", *Review of Radical Political Economics*, Vol. 22, No. 2&3, 1990, pp. 17 –37.

量大幅度增加，这使剩余价值中有一个较大的部分用于支付非生产性劳动成本。关于非生产性劳动支出上升的原因，莫斯里（1997）[①] 认为，非生产性劳动领域主要包括流通领域和监管领域，流通领域劳动增加较多的原因在于这个领域的劳动生产率增加得比较慢，像购买和销售这类劳动，很难实行机械化。监管领域劳动增加的原因在于企业规模变大、工会成员增加以及管理层试图增加对生产性工人的控制等。莫斯里的实证分析显示，虽然 1975—1994 年美国利润率有所恢复，但是，恢复的程度很有限，只恢复到战后高峰期的 70% 多一点（0.16∶0.22），致使利润率回升缓慢的主要原因是非生产性劳动成本增加，因为非生产性劳动成本已经占剩余价值总量的 62%。[②]

可见，由于引入非生产性支出这一变量，莫斯里的分析不仅可以解释利润率为何会下降，而且还能够解释 20 世纪 70 年代中期到 90 年代中期 20 多年的时间里，利润率为何复苏缓慢。一些学者把战后的利润率下将归于工资增加，这只能解释利润率的下降，却无法解释在 70 年代后，当出现高失业和低工资的情形下，利润率没有得到完全恢复的根源。我们认为，非生产性成本日益增加是资本主义经济利润率下降的反应。正是由于受到了利润率下降的压力，资本家才不得不扩大流通和监管方面的支出，尽管流通和监管支出有利于加快剩余价值的生产，有利于扩大产品的销路，从而有利于商品资本转化为货币资本，但同时也产生了大量的非生产性成本，减少了产业资本家的利润所得。非生产性劳动成本的增加虽然会影响产业资本的保留利润，但不会影响当期的一般利润，因为整个社会生产性部门创造的剩余价值没有减少。当然，非生产性支出增加会减少生产性部门积累，从而也削弱了生产性部门创造新价值的能力。

（三）莱伯曼和分期单一体系解释学派的争论

马克思提出的利润率下降规律是在质疑中不断发展的，学者分为

---

① Fred Moseley, "The Rate of Profit and the Future of Capitalism", *Review of Radical Political Economics*, Vol. 29, No. 4, 1997, pp. 23 – 41.

② Ibid. .

利润率上升和利润率下降两个阵营不断地进行争论。

有的学者以置盐定理为依据，认为利润率有上升趋势，而分期单一体系学派（The School of Temporal Single Systerm，TSS）学者依旧坚持马克思的观点，认为利润率是下降的。例如，克里曼、弗里曼（A. Freeman）和卡尔切迪（G. Carchedi）等人。所谓"分期"是指根据时间序列中不同的时期来分别确定各时期商品价值的方法。所谓"单一体系"是指国外马克思经济理论研究者针对萨缪尔森 1971 年提出的马克思的价值体系和生产价格体系是两个体系的论点，重新用一个体系来分析资本主义经济问题。①

克里曼在 1996 年的论文"A value – theoretic critique of the Okishio theorem"中试图为马克思利润率下降规律进行辩护。克里曼认为，马克思的盈利能力表示在资本主义生产中，由榨取出来的剩余劳动所增大的死劳动的累积程度，而在置盐定理中，至少在均衡中利润率表示的是物质生产率的程度。置盐定理对利润率下降定理的反驳是基于这种差异而不是竞争。它的"底线"仅仅是给定固定实际工资，利润最大化企业采用新技术来提高自己的盈利能力，且如此富有成效，这不可能最终降低总利润率。置盐定理无疑是一个里程碑，但是，它潜在地混淆了价值生产和使用价值生产，给定价值由劳动时间确定以及用历史成本估价资本，在持续的机械化条件下，利润率连续倾向于系统地偏离"物质利润率"，当后者上升时，利润率会下降。事实上，如果对活劳动的剥削不能随着经济的成长而上升，利润率将趋近于 0。②

莱伯曼概括了 TSS 学派的观点，他认为，TSS 学派的文献在非平衡条件下看待价值，价格也是内在的非静态。技术变化包含机械化程度的上升，所以，即使实际工资不变，也会降低利润率。由于资本存量在其历史（特定时间）成本，而不是在其重置成本（包括生产力改进）影响利润率，所以，这个论点未能抓住主要资本的地位，因为

---

① 朱钟棣：《当代国外马克思主义经济理论研究》，人民出版社 2004 年版，第 128 页。

② A. Kliman，"A Value – theoretic Critique of the Okishio Theorem"，http：//copejour-nal. com/wp – content/uploads/2015/12/Kliman – A – Value – Theoretic – Critique – of – the – Okishio – Theorem. pdf.

成功的积累首先取决于获得使用最先进的生产力水平。事实上，TSS
认为，边际公司的利润率下降会走向破产，因此，不能为利润率下降
趋势建立一个一般的理论。[1] 接着，莱伯曼用数字验证了利润率不断
上升的观点。

　　弗里曼[2]指出，从数学上说，利润率下降还是不下降的分歧，来
自价值是被动态地定义为各时期的价值，还是被静态地下定义。弗里
曼强调莱伯曼的价值定义与 TSS 学派的不同。莱伯曼用的是边际价
值，在活劳动不存在时，价值为 0；而在产出停止增长时，边际价值
可以趋于无穷大。可见，这样的价值定义是不切实际的。接着，弗里
曼批评了莱伯曼认为实物形式存在的流动资本不影响利润率的观点。
莱伯曼的利润率公式根本没有考虑流动资本的存在对利润率的影响。
作为批判，弗里曼着重指出，流动资本的存在会降低利润率，他在对
资本积累造成利润率下降规律的证明中说，TSS 学派并不认为利润率
不管生产力如何提高一直在下降。TSS 学派要说明的是：只要资本积
累按某种过程进行，利润率就在下降。他的模型推导表明，当某一时
期被用于再投资的价值在已积累资本价值中的比例大于活劳动时，会
使利润率下降。

　　邓肯·弗利（Duncan Foley）承认，以往克里曼用国民收入账户
讨论价值问题时忽略了市场上价值变化的因素。弗利得出结论说，不
断的技术进步会使货币表示的利润率低于实物表示的利润率。但与此
同时，弗利认为，两种利润率并不随着时间的推移而逐渐变得不一
致。作为对马克思技术进步和利润率变动关系讨论的总结，弗利认
为，马克思讨论利润率下降时，重点分析了作为技术进步结果的变
化，尽管马克思肯定意识到现有资本发生贬值的重要性，特别是在危
机时期。[3]

---

　　[1]　Laibman, David, "Okishio and His Critics: Historical Cost versus Replacement Cost",
http://copejournal.com/wp – content/uploads/2015/12/Laibman – Okishio – and – His – Critics –
Historical – Cost Vs. Replacement – Cost – 1997. pdf.

　　[2]　转引自朱钟棣《当代国外马克思主义经济理论研究》，人民出版社 2004 年版，第 137 页。

　　[3]　同上书，第 143 页。

（四）布伦纳之争

罗伯特·布伦纳（Robert Brenner，1998）① 在《新左派评论》发表了《全球动荡的经济学：一个关于1950—1998年世界经济的专题报告》。《新左派评论》杂志的编辑称：布伦纳的工作是独一无二和原创的马克思主义，其令人信服地展示了如何使用马克思的理论遗产去阐释危机问题。在解释当代全球经济的运动规律方面，他是一个成功的马克思主义者。该文一发表就在马克思主义经济学界掀起轩然大波。

首先，我们概括一下布伦纳的主要观点。国际竞争是布伦纳解释战后美国利润率演变所倚重的核心范畴，具体来说，20世纪下半叶以来，美国制造业利润率在国际竞争日益加剧的压力下迅速下降。20世纪60年代末和70年代初，日本和西欧国家的低成本企业纷纷加入市场，全球经济竞争程度加剧，把战后繁荣拖入衰退。这种情形造成资本主义体系内的生产能力过剩和生产过剩以及制造业利润率下降，这两者是发达资本主义国家整体盈利能力下降的主要原因。②

这样一种过度的国际竞争来自全球范围内的生产能力过剩，新企业间的过度竞争使它们最终接受在采用新技术前的利润水平，老企业由于处于竞争劣势，也失去了在原有成本上加价的能力，这两种情况结合在一起，使制造业企业缺乏加价能力，只能不断降价。布伦纳指出："在国际制造业生产能力过剩和生产过剩的条件下，生产商不能将成本加到价格上去，这被如下事实所证实：在1965—1973年，西方七大国非制造业利润率总共只下降了19%，而同期制造业利润率总共下降了25.5%，尽管同期非制造业产品成本比制造业产品成本增长快得多。"③ 当名义工资不变时，产品价格下降就意味着工人实际工资

① Robert Brenner, "The Economics of Global Turbulence: A Special Report on the World Economy, 1950–1998", *New Left Review*, No. 229, 1998, pp. 1–264.

② ［美］罗伯特·布伦纳：《繁荣还是危机——为世界经济把脉》，《政治经济学评论》2002年第1期。

③ 转引自刘元琪《资本主义发展的萧条性长波产生的根源——西方马克思主义经济学近期有关争论综述》，《国外理论动态》2003年第6期。

的提高，而实际工资的提高又进一步挤压了制造业的利润率水平。因此，国际竞争和产品价格下降所导致的实际工资提高是布伦纳解释利润率下降时所考虑的两个重要机制。①

布伦纳的研究发现，1973—1990年，西方七大国制造业年均增长率较1950—1973年要低35%，其中1980—1990年年均增长率较1950—1973年低50%……1973—1990年，西方七大国制造业年均劳动生产力较1950—1973年低30%。由于劳动生产力和利润率下降，实际工资被压低和下调程度远远超过人均产出的下降程度。"1973—1990年，西方七大国平均失业率为6.5%，是1950—1973年平均失业率3.1%的两倍多。由于产出和需求下降，国际贸易增长率也下降。1973—1990年，世界贸易年均增长率约为3.9%，而1950—1973年间相应数据为7.1%。发达资本主义世界遭受一系列周期性萧条，其程度实际上比20世纪30年代以来它所遭受的所有危机要深重和长久得多。"②

为什么过度竞争和过剩产能持续长达25年，而制造业利润率还没有完全恢复呢？布伦纳给出了几点解释：（1）没有足够数量的高成本企业退出制造业。因为：（a）这些企业都有高固定资本成本，它们都是沉没成本，它们的流动资本仍然可以赚取利润；（b）它们将失去在本行业内已经积累的"无形资产"。（2）面对国外低成本制造企业的竞争，美国大型制造企业选择的不是退出，而是用更低的成本以及开发更新的技术，这样一来，就加剧了产能过剩问题。（3）从20世纪80年代开始，亚洲新兴工业化经济体如韩国、中国台湾等进入制造业的关键行业（钢铁、汽车等），进一步加剧了产能过剩问题。布伦纳认为，他的理论相对于利润挤压理论有一个决定性优势，因为他的理论不但可以解释利润率为什么下降，而且可以解释20多年来利

---

① 朱钟棣：《国外马克思主义经济学新探》，上海人民出版社2007年版，第141—142页。

② 转引自刘元琪《资本主义发展的萧条性长波产生的根源——西方马克思主义经济学近期有关争论综述》，《国外理论动态》2003年第6期。

润率为什么一直没有全面恢复。①

莫斯里认为，布伦纳的解释是非马克思主义的，尽管他也同意利润率下降的一个重要原因是 20 世纪 60 年代中期以来德国和日本制造业的激烈竞争所造成的产能过剩。但是，在莫斯里看来，布伦纳的理论似乎是基于如下隐含的假设：一般利润率是由个别部门利润率的加权平均（制造业和非制造业）来决定。制造业和非制造业的利润率是在一般利润率形成之前，并且独立于一般利润率而决定。然而，马克思的理论假定却是与之相反的过程，一般利润率是在部门利润率之前，并且独立于部门利润率而决定，它取决于整个经济的总体特征（主要是经济中的剩余劳动总量）。根据马克思的观点，布伦纳所说的利润率下降是指制造业部门垄断利润的损失，而非一般利润率下降。在布伦纳看来，利润率取决于经济中的竞争程度。在马克思看来，个别部门竞争或垄断程度只会影响总利润在部门间的分配，不会影响剩余价值的量或一般利润率。②

福斯特批评了布伦纳的观点，认为他的观点和资产阶级主流经济学并无二致。布伦纳用竞争解释资本主义，而马克思主义经济学的本质特征之一是除了关注竞争现象，还要考察生产过程中的雇佣劳动与剥削，并将之视为资本主义的根本特征。③

福斯特（John Bellamy Foster, 1999）认为，布伦纳轻视了资本主义的生产关系和剥削，因而轻视了阶级斗争的作用。而问题的根源在于从直接生产者那里攫取剩余产品的方式：在剥削和阶级的现实中，竞争并非资本主义的本质，而是资本主义基本规律得以实现的方式。布伦纳由于关注竞争或过度竞争，而忽视了关键的问题——资本积累。盈利或资本积累危机并不能通过对市场或竞争的分析来给予充分

---

① Fred Moseley, "The Decline of the Rate of Profit in the Postwar US Economy: A Comment on Brenner", *Working Paper*, Mount Holyoke College, http://www.mtholyoke.edu/~fmoseley/HM.html.

② Ibid..

③ 刘元琪：《资本主义发展的萧条性长波产生的根源——西方马克思主义经济学近期有关争论综述》，《国外理论动态》2003 年第 6 期。

的解释。

同时，由于布伦纳淡化了阶级斗争以及资本的积聚和资本集中这样的垂直关系，他也很少关注中心—外围理论框架下的帝国主义关系。他的分析很少涉及非洲、拉丁非洲以及亚洲的外围地区。从某种意义上说，作为旨在讨论半个多世纪以来资本主义世界经济危机的理论工作，这是一个明显的遗漏。①

福斯特认为，垄断仍然是当代资本主义的根本趋势，而且如今的垄断正超越国界向全球扩展。垄断并不限于一国之内，资本倾向于超越民族国家界限进行积聚和集中。尽管当代资本主义矛盾不能简单地解释为根源于资本积聚和资本集中，但是，那种认为对资本积累及其危机的分析可以无视垄断趋势的看法，无疑是愚蠢的，因为垄断已明显地改变了资本运动的规律。布伦纳的分析不断地谈到价格总体水平的下降，在过去1/4多的世纪中，尽管存在不断增长的巨大的过剩生产能力，但是，通货紧缩却一直不是资本的主要问题，真正的价格竞争一直受到极大程度的抑制，这表明存在极大程度的垄断。如果垄断大量存在，那么垄断资本就可以很大程度地控制竞争和价格，而不致出现因过度竞争而带来产品价格和利润率的大规模下降。②

面对福斯特的批评，布伦纳在《每月评论》1999年12月做了回应，他的反驳包括垄断和雇佣劳动：（1）垄断不是当代资本主义发展的趋势。首先，世界市场日益开放。战后的一个较短时期内，像汽车、钢铁或橡胶等产业的企业集团，在掌握了最先进的技术和国外竞争者受削弱或毁灭的情况下，能够直接或间接地操控价格。但是，很快它们就会被迫和来自国外特别是德国、日本日益强大的竞争者激烈地争夺市场。这些竞争者依靠与它们相联系的大银行、企业集团以及政府的支持，能够进入技术越来越复杂的高科技生产领域。其次，资金门槛不再是问题。资本市场的发展使筹集大笔资金不再困难，银行

---

① John Bellamy Foster, "Is Overcompetition the Problem?", *Monthly Review*, Vol. 51, No. 2, 1999, pp. 28 – 37.

② 刘元琪：《资本主义发展的萧条性长波产生的根源——西方马克思主义经济学近期有关争论综述》，《国外理论动态》2003 年第 6 期。

以及金融机构往往能够迅速地筹措进入那些有极高利润率领域所需的任何数量资本。在日本、德国和东亚新兴工业国家中，由于制造商和银行之间存在紧密联系，企业能极其容易地从银行融资，而且这些国家的政府往往也会大量资助企业。布伦纳还认为，这些年非垄断化正在深化，像交通、冶金、化工、电机、纺织行业，由于世界市场强加的价格使之不能维持以往的收益，不得不遭受利润率的大幅下跌。他否定了福斯特的观点：垄断企业有足够的市场控制力，不仅能够从竞争性企业那里吸收剩余，而且能够以快于标准工资增长的速度提高产品价格的方式，牺牲工人阶级利益，从而提高剩余，资本主义从而出现剩余增长趋势和有效需求下降趋势。①（2）雇佣劳动不是资本主义的根本特征。在布伦纳看来，竞争才是资本主义的根本特征。（只要财产关系）使直接生产者屈从于竞争，那么资本积累的规律就会占主导，即使没有雇佣劳动。……欧洲封建社会就是一个很好的例子。封建地主由于拥有直接生产生活所需的资料，就不受竞争的压迫，因此，他们一般不寻求通过减少成本使利润最大化，也不系统地积累或创新。相反，他们采用战争或对农民剥削的方式使他们的剩余最大化，在这样的社会中，农民也得以保持自己所认可的生活方式，例如自给自足或宁愿闲着也不工作，结果形成不了资本主义发展趋势……而在那些人们的剩余既不被超经济剥削所取走，又不拥有生活所需的全部资料（特别是土地）的经济体来说，生产者不得不最大限度地通过积累剩余和创新以使价格—成本比最大化、竞争性地出卖产品，这是因为他们被迫依赖市场提供投入（相反的例子是农民，他们拥有生产生活所需物品的资料）。②

　　针对布伦纳竞争造成利润率下降的看法，热拉尔·杜梅尼尔、马克·格利克和多米尼克·莱维（Gérard Duménil, Mark Glick and Dominique Lévy，2001）提出了质疑和批判。他们同意制造业在国际竞

---

①　刘元琪：《资本主义发展的萧条性长波产生的根源——西方马克思主义经济学近期有关争论综述》，《国外理论动态》2003 年第 6 期。

②　同上。

争的压力下出现了利润率下降，但是，布伦纳关于价格竞争的假设似乎是任意的，他的论证也是不充分的，实际情况正好相反，是利润率下降导致了竞争加剧，而不是国际竞争加剧导致了利润率下降。[1] 热拉尔·杜梅尼尔和多米尼克·莱维（2002）认为，布伦纳曲解了部门利润率之间的差别，事实上，除像铁路这样的资本密集型行业外，制造业利润率与其他行业并无显著不同。[2]

布伦纳的理论和经验研究在逻辑上是矛盾的。安瓦尔·谢赫（1999）[3] 指出，布伦纳一方面认为名义产出资本比的下降解释了全球利润率的大部分下降；另一方面又说只有实际工资的持续上升才会导致利润率的持续下降。可是，他的实证研究并不支持这一点。谢赫认为，问题的根源在于布伦纳的理论是建立在新古典完全竞争的理论基础之上，所以才得出了错误的结论。

阿吉特·扎卡赖亚斯（Ajit Zacharias，2002）[4] 指出，布伦纳的分析在逻辑上不一致，并不符合利润率的实际表现和制造业的贸易收支。其一，布伦纳得出盈利能力下降的理论图式有严重缺陷。他的分析模型有一个内在的矛盾：如果资本家的竞争导致某种技术进步，他的模型就不应该得出利润率的下降。其二，布伦纳关于美国利润率的下降主要源于国际竞争加剧的假说，值得进一步讨论。美国制造业部门在1983—1997年面临的竞争似乎显著恶化了，而此时制造业的净利润率却在稳定地上升。总体来说，数据并不支持国际竞争是利润率变化的关键因素这种观点。其三，布伦纳认为，马克思没有考虑到资本生产率的持续上升，但是，马克思的分析框架中根本没有"资本生

---

[1] Gérard Duménil, Mark Glick, Dominique Lévy, "Brenner on Competition", *Capital & Class*, Vol. 25, No. 2, 2001, pp. 61 – 77.

[2] Duménil, Gérard, and D. Lévy, "Manufacturing and Global Turbulence: Brenner's Misinterpretation of Profit Rate Differentials", *Review of Radical Political Economics*, Vol. 34, No. 1, 2002, pp. 45 – 48.

[3] Anwar Shaikh, "Explaining the Global Economic Crisis", *Historical Materialism*, Vol. 5, No. 1, 1999, pp. 103 – 144.

[4] Ajit Zacharias, "Competition and Profitability: A Critique of Robert Brenner", *Review of Radical Political Economics*, Vol. 34, No. 1, 2002, pp. 19 – 34.

产率"这个概念。

阿吉特·扎卡赖亚斯提出，美国制造业利润率下降不能归因于国外竞争加剧，因为除 1972 年外，在 1980 年以前，美国国际收支都是顺差。布伦纳对此反驳说，虽然此间美国的制造业对外贸易是顺差，但是，美国制造业产值在国内生产总值中所占的比例一直在下降。[①]

卡尔·贝特尔（Karl Beitel, 2009）认为，根据布伦纳的观点，低成本生产企业的进入损害了在位企业的定价力量，并通过价格下降给利润施加向下的压力。如果情况确实如此，那么日益增加的扩张市场的国际压力，通过对产出价格施加压力，应该导致价格水平的下降，或者至少导致年度通货膨胀率下降，可是问题在于，1967 年以后，利润率下降伴随的是更高的而不是更低的通货膨胀。[②]

在笔者看来，布伦纳把利润率下降看作外在因素作用的结果，马克思从不否认外在因素的积极作用，但是，外因一般通过内因起作用。正如马克思在批判斯密时所指出的那样："利润率不是由于资本的生产过剩所引起的竞争而下降。而是相反，因为利润率的下降和资本的生产过剩产生于同一些情况，所以现在才会发生竞争斗争。"[③] 资本竞争不过是资本主义积累过程中内在矛盾的反映，竞争不会产生规律，而是使资本的内在规律得到实现，不过，竞争同时也是一场价格战。战场上的主要武器是价格的高低，生产成本的降低可以使资本家以更低的价格出售商品，从而把竞争对手逐出市场。

三　21 世纪初至今

（一）赫森与克里曼之争[④]

2007 年由美国次贷危机所引发的金融危机，很快席卷全球。众多

---

①　刘元琪：《资本主义发展的萧条性长波产生的根源——西方马克思主义经济学近期有关争论综述》，《国外理论动态》2003 年第 6 期。

②　Karl Beitel, "The Rate of Profit and the Problem of Stagnant Investment: A Structural Analysis of Barriers to Accumulation and the Spectre of Protracted Crisis", *Historical Materialism*, Vol. 7, No. 4, 2009, pp. 66 – 100.

③　《资本论》第三卷，人民出版社 1975 年版，第 281 页。

④　本部分的撰写参考了周思成的文献综述，他对金融危机以来关于利润率下降规律的争论作了全面的概括。参见周思成《欧美学者近期关于当前危机与利润率下降趋势规律问题的争论》，《国外理论动态》2010 年第 10 期。

学者都在探讨此次危机的根源，在马克思主义经济学界，学者就利润率走势、利润率与危机的关系展开了激烈讨论，形成了两个对立的阵营。一方认为，20 世纪 50 年代末至 80 年代初，利润率显著下降，1982—2001 年并无持续反弹趋势，因而利润率下降是当前危机的根本原因，这一观点的主要支持者有克里斯·哈曼、安德鲁·克里曼、弗朗索瓦·沙奈、阿兰·弗里曼和路易斯·吉尔等；另一方则认为，利润率自 20 世纪 80 年代初以来持续上升，并几乎完全恢复了其前一阶段的下降水平，因而，利润率与对当前危机的解读关系不大，这一观点的支持者主要是米切尔·赫森、热拉尔·杜梅尼尔、多米尼克·莱维。他们的争论主要从三个层面展开。

1. 利润率考察的范围

克里曼认为，利润率考察范围主要是美国公司部门而非整个经济体，其理由首先是公司在私人领域中居于主导性地位。赫森则认为，在考察范围上应该把公司部门利润与业主收入都包括进去，业主收入实际上就包括与克里曼希望排除的非"公司"的企业：合伙公司、独资公司和免税合作社。把这些项归并到一起，就得到了"私人部门的剥削净盈余"。由此，赫森的利润包括税、利息、股息和金融部门的利润。他提出，要寻求一种"劳资之间首次分配价值"时的利润，这样，利润就等于新创造的价值与工资总量之差。赫森还认为，在计算利润率时，应该把服务业也包括在内，因为在主要资本主义国家，制造业的剩余价值有向服务业转移的趋势。例如，在英国，制造业利润率下降了，但服务业乃至整个私人部门利润率是上升的。

2. 历史成本还是现价成本

克里曼按"历史成本"计算固定资产价值。首先是计算投资净额。投资净额等于当年总投资量减当年的资产减值，用"历史成本"计算的 t 年固定资产（代表预付资本）就等于各年的投资净额的总和。赫森主张采用"现行成本"即重置成本计算法计算利润率公式中的固定资产，即将每年的投资净额除以该年的固定资产价格指数，而不是像克里曼那样，除以年 GDP 价格指数或年劳动时间的货币表现。

克里曼认为，根据本质上是名义量的"历史成本"计算固定资产，进而计算利润率，是更好的一种方式。"现行成本"计算法，据克里曼看来，则不是适当的计算途径：它不是企业和投资者所力求最大化的利润率，也不能准确地衡量企业和投资者的"真实"回报率，即利润占最初投资量的百分比，甚至也无法准确地衡量其预期未来回报率；更重要的是，"现行成本"计算法模糊了利润率与资本积累率（经济增长）之间的极其重要的联系，在价格下降时期，生产企业按减值后的"重置成本"计算出的利润率很可能不低，但是，实际上，从价值上看，可能根本就没有利润，生产也无法扩大。同样，克里斯·哈曼也认为，使用"现行成本"计算利润会使数据失真，因为投资实现以来的生产率的任何增长——哪怕是市场价格由于通货膨胀而上升了——都意味着投资的当前价值小于投资实现时的价值。因此，利润率就要比真实情况显得高；技术创新的速度越快，这个虚假差距就越大。这一点在近年来尤其关键，因为与信息技术相关的生产率是迅速增长的，使用"现行成本"计算的利润率自然也使近年来的利润率高于往年。

然而，赫森对克里曼采用的"历史成本"计算法及其校正方法均予以了否定。与克里曼相反，赫森认为，就一般计算惯例而言，资本家在计算利润率时，不会只在乎名义量，而不把通货膨胀因素考虑在内。

在2010年的一篇争论文章中，克里曼对赫森的一些批评做了不失诙谐的正面回应。针对赫森讽刺以历史成本（名义量）计算的观点称为"唯名论错觉"，他提出，赫森与杜梅尼尔等是"物理主义"和"同时主义"错觉的受害者。此外，赫森认为，利润的首要功能是为积累融资也是不确切的，近20年来，美国公司对于固定资产的投资净额按现行成本计算，也只有其税前利润的25%。克里曼认为，自20世纪80年代始，以"现行成本"计算的利润率的几乎全部增长趋势，既不是新自由主义造成的，也不是剥削率提高造成的，实际上都源于固定资产相对价格的异常上涨。而安德鲁·克莱曼计算出来的结果显示，20世纪80年代初期以来，美国公司的利润率并未出现持续恢复，其税前利润率趋势不明，而基于广义的利润且与马克思的剩余价值更为近似的概念上的利润率则持续下降。① 他以两种方式计算利润：一种是选用税前利润，另一种是选用财产收入。税前利润率要低于财产收入利润率，但两者的变动轨迹相似。他的研究结论是，两种利润率在 20 世纪 60 年代和 70 年代既不上升也不下降，从 1982 年的危机到 2008 年的危机，两种利润率都没有出现持续性的恢复。②

3. 利率下降与危机根源

克里曼认为，利润率下降虽然不是危机的近因，但是，从长期发展来看，却是当前危机的关键的间接原因。为危机创造条件的利润率下降，不需要持续到危机爆发的时刻，而只需要造成一个极低的利润率就可以了，因为在平均利润率相对较高的时期，那些利润率低于平均水平的企业也能生存，但一旦平均利润相对下降，就会造成很大一部分企业的生存危机。在平均利润率低的时期，即使是利润率的短期（周期性）波动也会造成相当广泛的影响。此外，信用制度在当前危机中也有突出作用，利润率下降引起积累率的下降，进而造成一个或长或短的投机热和大量无法偿付的债务，最终导致危机的爆发，这一切都符合马克思在《资本论》中的分析。克里斯·哈曼也提出，当前危机源于 20 世纪 60 年代末以来的利润率下降压力。

杜梅尼尔与莱维则从对"金融霸权"理论的强调与利润率并未下降的经验观察出发，提出了当前的危机是"金融霸权危机"的独特观点。

赫森认为，在分析当前的危机时，应该在马克思主义经济学意义上将不同层次的危机区别开来，不能用分析"周期性危机"的方法来分析资本主义的总体运动及其不同层次的危机；由于缺乏一种适当的历史维度，部分马克思主义者将对短周期的分析应用于资本主义的长波发展中，是不适当的，当前的危机并不是周期性危机；由于这一盲点，一些学者也对此次危机的发生机制产生了误解，尽管在当前的危

----

① 钱箭星、肖巍：《克莱曼对经济危机的马克思主义分析——利润率下降趋势规律的再证明》，《当代经济研究》2015 年第 5 期。

② 同上。

机中甚至危机爆发前极短的时期，利润率有着显著的下降，但是，这并不意味着此前存在过度积累，利润率下降只是危机的结果，是危机导致的产能过剩的表现。

赫森认为，对资本主义体系进行批判，不必建立在利润率下降趋势的基础上，资本主义即使在利润率很高的时期也能爆发危机。对于此次危机，他认为，这次危机源于当代资本主义的特征之一，即该体系越来越难以弥补以营利为目的的供给与人类社会需求之间的差距，并在利润率标准的名义下，越来越拒绝满足这一基本需求，甚至通过金融化来逃避。利润率与积累之间的差距，应该从这一角度出发来得到解释。克里曼认为，赫森的这种解释是避重就轻。吉尔认为，一方面，满足人类的社会需求本来就不是资本主义生产的最终目的，它历来不重视使用价值或任何社会需要；另一方面，当前的危机显然也与赫森所批判的资本主义体系的"非理性"无关。

（二）海因里希之争

迈克尔·海因里希（Michael Heinrich）2013 年 4 月在《每月评论》发文，指出马克思实际上已经放弃了一般利润率趋于下降规律，海因里希的主要观点有：①

（1）关于这一"规律"，马克思构造的是一个深远的、存在主义的命题，它既不能靠经验来证明，也不能靠经验来反驳。这一"规律"认为，资本主义发展生产力的方式在长期内必然导致利润率下降。如果在过去利润率是下降的，它并不能证明这一规律是正确的，因为这一规律指向未来。利润率在过去下降这一事实对未来没有意义。如果利润率在过去是上升的，也构不成一个反驳，因为这一规律并不要求利润率持久下降，而仅仅是"趋势性"下降，将来还是可能发生的。

（2）马克思假定作为规律的利润率下降在长期内其作用胜过所有

---

① ［美］迈克尔·海因里希：《马克思危机理论的新解释——基于马克思 1870 年代研究的研究》，彭五堂译，http：//www. rmlt. com. cn/2013/1031/173911. shtml，2013 年 10 月 31 日；M. Heinrich，"Crisis Theory，the Law of the Tendency of the Profit Rate to Fall，and Marx's Studies in the 1870s"，*Monthly Review*，Vol. 64，No. 11，2013，pp. 15 – 31.

起反作用的因素，但是，马克思没有对此给出原因。马克思并没有充分地证明这一规律。"利润率下降趋势"规律首先不是因为"各种起反作用的因素"而失效，而是因为"规律本身"无法证明就已经失效了。马克思的利润率公式为：

$$p = \frac{m}{c+v} = \frac{m/v}{c/v+1}$$

这个公式中，如果分母 $c/v+1$ 随着 c/v 的增加而增加，而分子 m/v 保持固定不变，那么很清楚整个分数的值会下降。然而，分子不会保持固定不变，因为资本有机构成 c/v 之所以会提高，是由于相对剩余价值生产，而后者的结果是剩余价值率提高。与广为接受的观点相反，作为劳动生产率提高结果的剩余价值率提高并不是"起反作用的因素"之一，而是规律本身存在的条件得出的必然结果。c 的增加正是发生在相对剩余价值生产过程中，相对剩余价值生产必然导致剩余价值率提高。当然，马克思强调当剩余价值率提高时，利润率也有可能下降。但是，问题在于这一点是否可以证明。如果不仅资本价值构成提高，而且剩余价值率也提高，那么马克思要证明利润率下降，那他必须证明，在长期内，分母增加的速度快于分子。但是，没有证据支持这一点。

恩格斯编辑《资本论》第三卷第十五章所使用的笔记中，马克思对剩余价值率提高而利润率仍然下降给出了最后的证明：如果工人随着资本价值构成提高而数量减少，在某一点上，无论剩余价值率提高多少，所获得的剩余价值总量会减少。即"两个每天劳动 12 小时的工人，即使可以只靠空气生活，根本不必为自己劳动，他们所提供的剩余价值量也不能和 24 个每天只劳动 2 小时的工人所提供的剩余价值量相等。"① 这就是说，假定有 24 个工人，每人每天有 2 小时剩余劳动，总共是 48 小时的剩余劳动。假定劳动生产率大幅度提高，生产过程只需要 2 个工人，即使这 2 个工人全部的劳动都属于剩余劳动，那最多也只有 48 小时的剩余劳动。因而马克思得出如下结论：

---

① 《马克思恩格斯文集》第七卷，人民出版社 2009 年版，第 276 页。

"靠提高劳动剥削程度来补偿工人人数的减少，有某些不可逾越的界限；所以，这种补偿能够阻碍利润率下降，但是不能制止它下降。"①

然而，这一结论只有当雇用 2 个工人所必需的资本（C＋V）至少和以前雇用 24 个工人时一样多时，才是正确的。马克思仅仅证明，利润率公式中分子的数值在缩小。如果整个分数的数值由于分子缩小而缩小，那么分母至少要保持不变。如果分母的数值同时也缩小，这就变成另外一个问题，即哪一个缩小的速度更快。但是，我们不能排除这样一种可能性，即雇用 2 个工人所需要的资本少于雇用 24 个工人时所需要的资本，为什么？因为只需要支付 2 个工人的工资，而不是 24 个。由于劳动生产率的巨大增长（只需要 2 个工人，而不是 24 个），我们可以设想消费品产业的劳动生产率同样有相当大的增长，因而劳动力价值会下降。因而 2 个工人的工资总额不是原来工资总额的1/12，而是比这更少。但是，生产过程消耗掉的不变资本也会增加，如果要使分母中的 C＋V 至少保持不变，光是 C 增加还不够，C增加的数额至少相当于 V 减少的数额。由于我们不知道 C 到底增加了多少，我们也不知道分母是否增加，因而我们无法知道利润率（分数的值）是否下降。所以，什么也没有被证明。

（3）无论我们如何衡量利润率，它始终是两个变量之间的关系。仅仅知道这两个变量的运动方向（或者两个变量中间的一部分）是不够的，关键在于这两个变量哪一个变化更快，但是我们不知道。由于这一原因，在马克思论证的这一层面上，我们无法确定利润率的长期变化趋势。这里还有另外一个问题：C 的增长是利润率下降的条件之一，但是，它不是完全没有限制的。在《资本论》第一卷第十五章第二部分，马克思论证道，不变资本的追加使用会遇到它自身的限制，即导致可变资本的减少。如果考虑到其中的一致性，这一点进一步与"规律本身"相冲突。

（4）没有利润率下降趋势规律的危机理论。马克思的考察并没有形成一个统一的危机理论，而是包含着关于危机的多个完全不同的理

---

① 《马克思恩格斯文集》第七卷，人民出版社 2009 年版，第276 页。

论。关于资本主义危机趋势的最一般构想完全独立于"利润率下降趋势规律"。对危机理论的系统分析不可能直接沿着"利润率下降趋势的规律"展开，而必须在生息资本和信用制度理论形成之后进行。恩格斯在编辑《资本论》过程中，对危机理论的地位的设想无疑是错的，但这一设想影响极为广泛：许多马克思主义危机理论的研究模式完全不考虑信用关系，而把危机的根本原因归结为与货币和信用无关的现象。由于在 1865 年的手稿中马克思的信用理论还是不完整的，此后，马克思也再没有在其危机理论框架下考察生产与信用之间的关系，他的危机理论不仅从文献存量意义上（从文献遗失的程度上）说是不完备的，而且从理论系统性的意义上说也是不完备的。

（5）马克思自己对利润率下降规律也表示怀疑。1875 年，马克思写作了一个后来以《剩余价值率和利润率的数学分析》命名出版的手稿。在这个手稿中，马克思通过大量的数学计算和多种条件分析，试图从数学上澄清剩余价值率与利润率之间的关系，其目的是想证明"利润率变动"的"规律"。然而结果表明，利润率的各种变化都可能出现。此外，马克思的笔记中多次出现资本价值构成提高而利润率也提高的记录。在马克思关于《资本论》第三卷结构的新构想中，所有这些内容都放在修订过的"利润率下降趋势的规律"一章中。对内容的一致性的考虑将使马克思不得不抛弃利润率下降"规律"。马克思在一本《资本论》第一卷上手写的笔记中，也暗示了这一点："为了以后备考，这里应当指出：如果扩大只是量上的扩大，那么同一生产部门中，较大和较小资本的利润都同预付资本的量成比例。如果量的扩大引起了质的变化，那么，较大资本的利润率就会同时提高。"这里"质的变化"指的是资本价值构成的提高。马克思认为，资本价值构成提高导致利润率上升，这与他在《政治经济学批判（1863—1865 年手稿）》中阐述的利润率规律相矛盾。

海因里希言论一出，便引起激烈争论。克里曼等人声明，海因里希误解了利润率趋于下降规律的含义和马克思的意图，规律是对利润率为什么趋于下降的解释，而不是预测利润率必然下降。他们引用马克思和恩格斯的原话，证明马克思坚持《资本论》在理论上的完整性以及利润率趋于下降规律的正确性。谢恩·玛吉（Shane Mage）认为，一般利润率趋于下降规律能够解释资本特有的周期运动，符合合格的危机理论的特征。通过对马克思利润率公式变形，分析得出社会劳动生产力的发展带来资本有机构成和剩余价值率的提高，但是，长期中，前者给利润率带来的下降效应会超过后者带来的提升效应。从而否定了海因里希所持有的观点。[①]

第二节　国内学者关于利润率下降
规律的研究主题与进展

平均利润率趋向下降（以下简称利润率下降）规律是马克思主义经济学研究中经久不衰的理论难题。我国学者陈彪如早在20世纪60年代就译介了吉尔曼的研究成果[②]，吉尔曼是利润率下降规律实证研究的开拓者，但是，这一主题当时在我国学界并未受到较多关注，也未形成研究热潮。80年代以来，国内学者就此问题进行了不懈的学术探索，并且取得了丰硕的研究成果，目前，尚未有学者对我国学者的理论努力进行梳理和总结。为此，本书将对我国学者的理论成果加以全面系统的梳理与归结，以展示和传播我国学者关于利润率下降问题的理论探索和研究成果。

一　对利润率下降理论的辩护

批判马克思利润率下降理论的论点和文献层出不穷，国内学者总体上是站在维护马克思这一理论的立场，就相关论点进行批判和反驳，以论证马克思这一理论的科学性。

（一）剩余价值率不变的设定是否合理

在非议利润率下降规律的早期文献中，认为马克思的剩余价值率

---

① 转引自杨青梅《利润率趋向下降规律的理论与争论：一个批判性综述》，第十届中国政治经济学年会会议论文，北京，2016年10月。

② 陈彪如：《吉尔曼〈利润率的下降〉一书评论综述》，《现代外国哲学社会科学（文摘）》1961年第4期；吉尔曼、郭家麟、陈彪如：《利润率的下降》，《国外社会科学文摘》1961年第1期。

不变这一假设条件不合理是比较突出的看法。琼·罗宾逊（J. Robinson, 1962）① 认为，实际工资不变与剩余价值率不变不能同时存在。因为，如果剩余价值率固定不变，那么，随着生产率的提高，实际工资就要增加。爱德华·N. 沃尔夫（Edward N. Wolff, 1979）② 也认为，假定剥削率不变来论证一般利润率下降的规律是错误的。因为资本有机构成的提高是劳动生产率上升的标志，资本有机构成提高和剩余价值率不变不可能同时成立。

针对这一批判，我国学者提出了以下几条思路对马克思的理论进行辩护。

第一，马克思运用了抽象分析法和科学界普遍使用的叙述方法。抽象分析方法先把干扰、阻碍研究对象的运动、变化的一些因素排除掉，以便集中注意力找出研究对象的本质或运动的规律。③ "为了对这种情况在其纯粹状态下进行研究，这个假定是必要的。"④ 作为一种叙述方法，马克思采用的是从抽象到具体、从简单规定性到复杂规定性的叙述方法。在论证利润率下降规律时，马克思只是先从最简单的特殊条件，即剩余价值率不变出发来阐明原理，然后再增加规定性，放松剩余价值率不变的假设，以逐步推广到复杂的情况。⑤ 当把利润率下降规律的条件从"剩余价值率不变"拓展到"在劳动剥削程度不变甚至提高"情形时，"剩余价值率会表现为一个不断下降的一般利润率"。⑥ 换句话说，剩余价值率不变并非是利润率下降规律成立的必要条件。正如彭必源所说，马克思的这一假定并非严格不变的，剩余

① ［英］琼·罗宾逊：《论马克思主义经济学》，纪明译，商务印书馆 1962 年版，第 34 页。

② Edward N. Wolff, "The Rate of Surplus Value, the Organic Composition, and the General Rate of Profit in the U. S. Economy, 1947 – 1967", *The American Economic Review*, Vol. 69, No. 3, 1979, pp. 329 – 341.

③ 袁镇岳、庄宗明：《对马克思的利润率下降倾向规律的"评论"的评论》，《中国经济问题》1983 年第 A 期。

④ 《马克思恩格斯文集》第七卷，人民出版社 2009 年版，第 120 页。

⑤ 鲁品越：《利润率下降规律下的资本高积累——〈资本论〉与〈21 世纪资本论〉的矛盾及其统一》，《财经研究》2015 年第 1 期。

⑥ 《资本论》第三卷，人民出版社 2004 年版，第 237 页。

价值率不变也不是这一规律成立的唯一前提。国外学者针对这一点攻击马克思的一般利润率趋向下降规律站不住脚。①

骆桢认为，剩余价值率变动对利润率下降趋势的影响，并不是马克思所忽略的因素，而是马克思在更高的抽象层次分析利润率长期趋势时所抽象掉的因素。②

第二，剩余价值率不变的假定是正确的。薛宇峰（2015）认为，无论剩余价值率怎样无限制地提高和上升，剩余价值的数量的绝对增加都会受到一定的限制。如果将剩余价值率的变动一并同时考虑探讨，会人为地增加问题讨论的复杂性。③

第三，剩余价值率不变的设定在一定条件下也是成立的。袁镇岳、庄宗明早在 20 世纪 80 年代就已经证明，在生产率提高的情况下，剩余价值率也可以保持不变。因为生产率提高了，意味着劳动力的消耗也在增大，作为劳动力价值反映的实际工资，就必须随着生产率的提高而提高。假如工人的实际工资能与每个工人平均创造的净产值同幅度增长，工人活劳动所创造的价值量在工人和资本家之间的分配将保持不变。

（二）资本有机构成提高的速率不一定比剩余价值增加的速率高

1. 资本有机构成不会提高

莫里斯·道布（1962）④认为，将新技术应用于所有企业，利润率可能是上升的。劳动生产率的提高，同时也会加速机器和生产资料价值的降低，相对剩余价值可能会超过资本有机构成提高带来的利润率下降。保罗·斯威齐（Paul M. Sweezy, 1987）认为，现在资本主义的生产是以生产效率高的机器代替生产效率低的机器，但这并不意

---

① 彭必源：《对国外学者非议马克思利润率下降规律的分析》，《当代经济研究》2008年第 1 期。

② 骆桢：《有机构成提高导致利润率下降的条件及其背后的矛盾关系》，《当代经济研究》2016 年第 8 期。

③ 薛宇峰：《利润率变化方向是"不确定"的吗？——基于经济思想史的批判与反批判》，《马克思主义研究》2015 年第 7 期。

④ ［英］莫里斯·道布：《政治经济学与资本主义》，松园、高行译，生活·读书·新知三联书店 1962 年版，第 95—96 页。

味着是资本有机构成的提高。[1]

沃尔夫（1979）[2] 认为，假如实际工资的提高和技术构成提高一样快，并且由于生产率的提高所引起的劳动价值的下降幅度在两个部类中是同样的，有机构成不会提高。

对于这一命题，袁镇岳、庄宗明（1983）认为，实际工资和技术构成提高一样快，并且会相互抵消。这种情形在现实生活中并不存在。因为科学技术的发展总是首先使技术构成提高，然后才会影响到实际工资的变化，所以，后者提高的速度只能比前者低。这样，即使两部类的产品价值以同样的幅度下降，有机构成也总是提高的。其模型推导过程如下：

定义剩余价值率：$m' = \dfrac{m}{v} = \dfrac{1 - \lambda_1 w}{\lambda_1 w}$

资本技术构成：$\tau = \dfrac{kx}{n}$

资本有机构成：$\sigma = \dfrac{c}{v} = \dfrac{\lambda_2(kx)}{(\lambda_1 w)n} = \dfrac{\lambda_2}{\lambda_1 w}$

式中，w 表示单个工人的必要生活资料量或实际工资，λ_1 表示生活资料部类单位产品的劳动量（价值量），λ_2 表示生产资料部类单位产品的劳动量（价值量），所以，$\lambda_1 w$ 表示单个工人的劳动力价值或必要劳动，kx 表示所用的各种生产资料量，n 表示雇佣工人人数。

以 σ^* 表示新的有机构成（加 * 号的变量都表示新的情况），于是：

$$\frac{\sigma^*}{\sigma} = \tau^*\left(\frac{\lambda_2^*}{\lambda_1^* w^*}\right) : \tau\left(\frac{\lambda_2}{\lambda_1 w^*}\right) = \frac{\tau^* \lambda_2^*}{\tau^* \lambda_2} \frac{w^* \lambda_1^*}{w \lambda_1}$$

由于 $\dfrac{\lambda_2^*}{\lambda_2} < 1$，$\dfrac{\lambda_1^*}{\lambda_1} < 1$，而 $\dfrac{\lambda_2^*}{\lambda_2} = \dfrac{\lambda_1^*}{\lambda_1}$，实际工资既然只能以低于技术构成提高的速度来提高，即 $\dfrac{\tau^*}{\tau} > \dfrac{w^*}{w}$，因此，$\dfrac{\sigma^*}{\sigma} > 1$，即 $\sigma^* > \sigma$。

---

① Paul M. Sweezy, "Some Problems in the Theory of Capital Accumulation", *International Journal of Political Economy*, Vol. 17, No. 2, 1987, pp. 38 – 53.

② Edward N. Wolff, "The Rate of Surplus Value, the Organic Composition, and the General Rate of Profit in the U. S. Economy, 1947 – 1967", *The American Economic Review*, Vol. 69, No. 3, 1979, pp. 329 – 341.

此外，劳动生产率的提高所引起的两部类产品价值变化的情况实际上会有多种场合。一般来说，劳动生产率的提高会使两部类的产品价值都下降，即$\frac{\lambda_2^*}{\lambda_2}<1$，$\frac{\lambda_1^*}{\lambda_1}<1$，而往往是生活资料的价值下降快于生产资料的价值下降，即$\frac{\lambda_2^*}{\lambda_2}>\frac{\lambda_1^*}{\lambda_1}$，这时，如果$\frac{\tau^*}{\tau}>\frac{w^*}{w}$依然不变，则从上式可知，$\frac{\sigma^*}{\sigma}>1$，所以$\frac{\lambda_2^*}{\lambda_2}>\frac{\lambda_1^*}{\lambda_1}$。可见，在技术构成比实际工资提高得更快，或者在第一部类产品的价值比第二部类产品价值下降得更快的条件下，有机构成都会呈现出不断提高的倾向。

薛宇峰（2015）针对这样的责难发出质疑："使用何种生产方式可以达到在资本有机构成没有提高的前提下，充分实现劳动生产率的快速提高？"[1] 他指出，技术进步的目标绝对不仅仅局限于使用新工艺、新机器、新材料、新的生产方法来提高和增强企业的劳动生产率，更重要的是在于资本家对劳动过程和对工人的生产活动的控制与操作的提高和强化。它的本质在于所使用的新的机器和新的工艺的出现强烈迫使工人的功能被不断取代和弱化，直到工人的生产活动无法被机器取代为止。因此，马克思的资本有机构成提高是指工人在反对劳动强度的提高，以及在物价持续不断上升前提下要求提高工资的过程中，所以必然出现的资本家不得不必须引进与使用的机械化、电子化与信息化，就如同在当今的富士康工厂所实施引进机器人替代农民工，而绝对不是所谓资本家可以任意选择的生产方式与技术进步。[2]

2. 无法证明资本有机构成提高的速率一定比剩余价值增加的速率高

薛宇峰提出，如果无法正确论证基于相对剩余价值增加基础上的剩余价值率的增加速率比资本有机构成提高的速率要低，就不能彻底否定罗宾逊或者斯威齐的论断也的确是事实。但是，毫无疑问，劳动

---

[1] 薛宇峰：《利润率变化方向是"不确定"的吗？——基于经济思想史的批判与反批判》，《马克思主义研究》2015 年第 7 期。

[2] 同上。

生产力的发展过程中，m' 的无限提高存在一定的限制，而且随着资本有机构成的提高，m' 提高的速率不得不降低。因为从剩余价值生产的本质上看，存在着不可超越的界限，m' 可以无限实现数量上增加的可能性并不存在。而且，当必要劳动 v 趋于零时，m' 可以趋于无穷大。但这时 $m'v$ 即 m 仍然是有限的。同时，c/v 也趋于无穷大了。所以，在 m' 趋于无穷大时，利润率可以下降，甚至趋于零。[①]

谢富胜和汪家腾（2014）认为，经验研究证明了马克思利润率下降理论的正确性。巴苏、李民骐以及考克肖特等的长时段研究显示：剩余价值率提高不足以抵消有机构成提高引起的利润率下降趋势。[②]

彭必源（2008）认为，因剩余价值率的提高速度超过资本有机构成提高的速度，出现利润率上升现象，不能作为否认利润率下降规律的依据。理由如下：

首先，马克思认为，在劳动生产率提高的情况下，剩余价值率的提高并不能完全抵消资本有机构成提高所带来的利润率下降。因为劳动生产率的提高不能完全补偿劳动量的（相对）减少，或者说，剩余劳动和所花费的资本的比例不是按照所使用的劳动的相对量减少的同一比例增长，这种情况之所以造成，部分的是由于：只有当一定的投资领域的劳动生产率有了发展……必要劳动量才会减少，即使在这些领域，劳动生产率的发展也是不平衡的。并且还会有各种抵消的因素起作用：工人……不会允许工资绝对降到最低限度，反而会努力争取在量上分享一些增长的共同财富。[③]

从马克思的论述可以得出：一是剩余价值率的提高是以减少必要劳动量，相应地扩大剩余劳动量为前提，而这又以劳动生产率的普遍提高为前提，而劳动生产率的普遍提高需要有一个过程。二是必要劳动量的下降还会受到工人的抵制。因此，并不能保证在任何条件下，

---

① 薛宇峰：《利润率变化方向是"不确定"的吗？——基于经济思想史的批判与反批判》，《马克思主义研究》2015 年第 7 期。

② 谢富胜、汪家腾：《马克思放弃利润率趋于下降理论了吗？——MEGA2 II 出版后引发的新争论》，《当代经济研究》2014 年第 8 期。

③ 《马克思恩格斯全集》第 26 卷（III），人民出版社 1974 年版，第 345 页。

劳动生产率提高，剩余价值率提高的速度就一定会大于资本有机构成提高的速度，从而使利润率上升。三是靠提高劳动剥削程度来补偿工人人数的减少存在不可逾越的界限。①

其次，所谓剩余价值率在技术进步和劳动生产率提高的条件下是永无止境增长的观点是不能成立的。除存在工人的生理因素和社会因素的阻碍之外，剩余价值率的无限制的提高，还隐含着必要劳动时间趋向无限小为前提，而这是不能成立的。

最后，即使在某一时期存在剩余价值率的提高速度大于资本有机构成提高的速度，从而使利润率上升，也不与马克思利润率下降规律相矛盾。因为马克思多次说过，劳动剥削程度的提高是抵消或延缓利润率下降规律的重要因素，但不会取消一般的规律。②

在另一篇文献中，彭必源（2011）提出，西方学者仅仅从资本的价值构成的公式出发，而没有真正从资本有机构成的内涵出发来分析剩余价值率与利润率的关系。剩余价值率可以完全抵消资本有机构成的提高的观点，单纯从数学上看是可以成立的，但是，这个推论是不真实的，因为在这一推论中，只有资本的价值构成，而没有看到资本的技术构成，没有看到活劳动减少这一核心因素。没有看到马克思从技术构成与价值构成相统一的角度，对剩余价值率与利润率的关系所做的论述。③

（三）对技术进步是非劳动节约型的观点的批判

持这一观点的国外学者认为，资本家作为理性人，会将资本投入购买价格低廉的劳动力而不是昂贵的机器上，这不仅降低了成本，而且对劳动力的剥削可以增加利润。

陈恕祥认为，节约总资本是一种消极的办法，节约的幅度及其对利润率的影响在一定技术条件下又很有限。争取更大利润的积极办法

---

① 彭必源：《对国外学者非议马克思利润率下降规律的分析》，《当代经济研究》2008年第1期。

② 同上。

③ 彭必源：《评西方学者对马克思利润率下降趋势理论的分析》，《当代经济研究》2011年第3期。

和根本途径是从劳动者身上榨取更大的生产力，就这种努力造成技术构成提高即所使用活劳动量相对减少的结果而言，可以说选择了节约劳动。节约劳动的第二个根本缘由是用来对付工人阶级，一方面，通过机械化加强对劳动过程和生产活动的控制；另一方面，用机器替代工人是用来威胁工人、对付罢工以及应对工资上升的一种手段。[①]

高峰探讨了技术进步具有节约活劳动的内在倾向的经济、技术和社会根源。[②]（1）节约活劳动的技术革新能够为资本家带来更大的经济利益。节约活劳动的新技术不但可以降低成本，还能提高劳动效率。提高劳动生产率还可以加速资本周转，提高年利润量或年利润率。（2）与单纯节约资本的革新不同，节约劳动的革新和机械化会在生产过程内部和生产过程之间引起连锁反应。节约劳动的新技术一旦在生产的某个环节被采用，就会诱发一系列同类性质的技术发明和革新，迅速向整个企业、部门和社会扩张。（3）资本主义条件下技术进步的节约劳动倾向具有深刻的制度根源和阶级根源。相对剩余价值生产作为资本主义典型的剥削方式，以劳动生产率不断提高为前提，这要求生产资料的数量相对于活劳动量要更快地增长。因此，资本主义生产本身就包含一种内在的矛盾趋势，即扩大雇佣工人投入生产的劳动量，同时使活劳动不断被物化劳动所代替。[③]余斌指出，即便存在剩余劳动力，资本家仍会主要投资于机器而不是劳动。否则，当资本主义社会出现失业大军后，也就不会有机器的改进了。而历史证明，机器的不断改进即资本家不断地投资于新机器，从而将大量的工人不断地抛入失业大军，才得以形成大量的相对过剩的剩余劳动力。[④]

谢富胜和汪家腾（2014）指出，根据马克思的前提条件，在资本主义生产方式下，生产力的发展表现为采用了节约劳动的技术，等量

---

① 陈恕祥：《论一般利润率下降规律》，武汉大学出版社1995年版，第48—50页。

② 高峰：《资本积累理论与现代资本主义》，社会科学文献出版社2014年版，第58—63页。

③ 牛文俊：《战后美国长期利润率变动研究》，博士学位论文，南开大学，2009年，第103、104页。

④ 余斌：《平均利润率趋向下降规律及其争议》，《经济纵横》2012年第9期。

劳动使用的资本量不断上升，也就是剩余价值和预付资本的比值下降，马克思所说的相对剩余价值生产的机制是以节约劳动为主要特征的技术进步。① 马克思发现了"技术进步的本质是机器劳动代替手工劳动"。② 鲁品越（2015）认为，绝对剩余价值生产所带来的利润必然是边际递减的，因为延长劳动时间的结果是劳动力质量的下降，导致生产事故率和次品率上升，从而劳动生产率下降。资本家为追求更高的利润率而持续提高技术投资，用更多的机器代替劳动力，以获得更多相对剩余价值。③

在马克思的分析中，资本主义技术进步不存在一个单纯的具体动机。例如，利润率动机，而是一系列指向资本积累的复杂历史进程。在资本主义发展实践中，资本家进行技术更新的动机确实十分复杂，有些是出于成本考虑，有些出于产品改良动机，有些可能出于控制劳动过程，有些可能出于市场扩张和生产效率动机，有些则是被裹挟进了技术更新的浪潮。④

马克思的利润率趋向下降理论不在于论证每一种技术进步的具体形态都必然会导致利润率下降，而在于声明，不断扩大的资本积累过程会通过提升有机构成的途径影响利润率。这一理论允许某些具体的技术进步会导致利润率上升的反例，只要这些技术进步并非从根本上否定资本积累过程。⑤

（四）对皮凯蒂的批判

皮凯蒂在其著作《21 世纪资本论》中批判马克思利润率下降规律是错误的。其一，他认为，马克思研究利润率下降规律时没有关注

---

① 谢富胜、汪家腾：《马克思放弃利润率趋于下降理论了吗？——MEGA2 II 出版后引发的新争论》，《当代经济研究》2014 年第 8 期。

② 薛宇峰：《利润率变化方向是"不确定"的吗？——基于经济思想史的批判与反批判》，《马克思主义研究》2015 年第 7 期。

③ 鲁品越：《利润率下降规律下的资本高积累——〈资本论〉与〈21 世纪资本论〉的矛盾及其统一》，《财经研究》2015 年第 1 期。

④ 裴宏、李帮喜：《置盐定理反驳了利润率趋向下降规律吗？》，《政治经济学评论》2016 年第 2 期。

⑤ 同上。

生产率的提高，陷入"无限积累原则"的误区；其二，他以资本收益率持续保持4%—5%甚至更高等同于马克思的利润率趋向下降从而认为马克思的利润率下降规律是一个被证明了的错误的历史预言。[①]"马克思主义者的研究尤其强调利润率会不断下降——一个被证明是错误的历史预言尽管这其中确实包含了有趣的直觉判断。"[②]

针对皮凯蒂的第一点批评，宁殿霞（2016）认为，马克思特别关注生产力的发展和生产率的提高。利润率下降规律紧紧围绕生产力提高而展开。生产力的提高不仅是利润率下降规律的根本原因，而且利润率下降还通过生产力的发展表现出来。利润率下降与生产力的发展，从而与生产率的提高之间存在内在的统一。[③]马克思曾指出，"劳动的社会生产力的同一发展，在资本主义生产方式的发展中，一方面表现为利润率不断下降的趋势，另一方面表现为所占有的剩余价值或利润的绝对量的不断增加"。[④]"利润率下降，不是因为劳动的生产效率降低了，而是因为劳动的生产效率提高了。"[⑤]

针对皮凯蒂的第二点批评，宁殿霞（2015）认为，皮凯蒂用历史数据证明了马克思的利润率下降规律的科学性。皮凯蒂的《〈资本收益率〉经济增长率》的研究结论，揭示了资本主义制度日益尖锐化的矛盾，揭示了马克思"资本主义生产的真正限制是资本自身"的重要论断，也就是"资本的发展程度越高，它就越是成为生产的界限，从而也越是成为消费的界限"的论断。[⑥]在鲁品越看来，马克思所说的资本一般利润率下降规律和皮凯蒂的资本收益率高企，是全社会的资

---

① 宁殿霞：《破解〈21世纪资本论〉之谜——皮凯蒂对马克思的误解及其辩证》，《当代经济研究》2015年第8期。

② 托马斯·皮凯蒂：《21世纪资本论》，巴曙松等译，中信出版社2014年版，第53页。转引自鲁品越《利润率下降规律下的资本高积累——〈资本论〉与〈21世纪资本论〉的矛盾及其统一》，《财经研究》2015年第1期。

③ 宁殿霞：《利润率下降规律：一个亟须破解的迷局》，《天津社会科学》2016年第5期。

④ 《马克思恩格斯文集》第七卷，人民出版社2009年版，第248页。

⑤ 同上书，第267页。

⑥ 宁殿霞：《破解〈21世纪资本论〉之谜——皮凯蒂对马克思的误解及其辩证》，《当代经济研究》2015年第8期。

本积累过程的两个对立的方面：利润率下降规律驱使资本寻求高利润率，从而使资本收益集中于在市场竞争中胜出的资本，而亏损则集中于在市场中失利的资本，由此产生了表面上违背利润率下降规律的资本收益率高企的现象，其结果是资本的不断积累与集中。①

至于皮凯蒂为何误读了马克思，宁殿霞（2015）归结为两个方面的原因：第一，世界观的原因，他的世界观导致他"只是从客体的或者直观的形式去理解"他自己面对的现实和马克思的理论。第二，批判方法的原因。②

（五）对利润率下降源于实际工资提高的批判

在对利润率下降理论的批判中，流行着一种经久不衰的观点，就是把利润率下降归咎为实际工资的提高。首先，马克思反对用工资率的变化来说明利润率下降。③ 马克思说："最荒谬的莫过于用工资率的提高来说明利润率的降低了，虽然这种情况在例外的场合也是存在的。只有理解了形成利润率的各种关系，才有可能根据统计对不同时期、不同国家的工资率进行实际的分析。"④ 其次，马克思将利润率下降由实际工资提高的情况作为特殊因素，排除在利润率变动的一般规律之外。利润率的提高或降低——由［劳动的］供求的变化，或者由必需品价格（同奢侈品相比）暂时的提高或降低（这种暂时的提高或降低又是由供求的这种变化和由此造成的工资的提高或降低引起的）造成的工资的提高或降低所决定的利润率的提高或降低——同利润率提高或降低的一般规律没有任何关系，正象商品市场价格的提高或降低同商品价值的规定根本没有任何关系一样。⑤ 彭必源（2011）认为，工资是影响利润率的因素之一，把利润率下降归结为仅仅是由

---

① 鲁品越：《利润率下降规律下的资本高积累——〈资本论〉与〈21世纪资本论〉的矛盾及其统一》，《财经研究》2015年第1期。

② 宁殿霞：《破解〈21世纪资本论〉之谜——皮凯蒂对马克思的误解及其辩证》，《当代经济研究》2015年第8期。

③ 彭必源：《对国外学者非议马克思利润率下降规律的分析》，《当代经济研究》2008年第1期。

④ 《马克思恩格斯文集》第七卷，人民出版社2009年版，第267页。

⑤ 《马克思恩格斯全集》第26卷（Ⅲ），人民出版社1974年版，第345页。

实际工资的提高所造成的论点是不能成立的。[①]

二 置盐定理的研究

在批判马克思利润率下降理论的论点和文献中，置盐信雄的观点最为尖锐，以其命名的理论置盐定理影响深远。

（一）置盐定理的基本内容

日本经济学家置盐信雄 1961 年对马克思提出的一般利润率趋向下降规律进行了批判。他认为，除非实际工资率有足够高的上升，否则资本家引进的技术创新不会降低一般利润率，具体来说，基本品行业的技术创新会提高一般利润率，而非基本品行业的创新对一般利润率水平没有影响，这一观点被学界称之为置盐定理。根据上述结论，置盐得出，利润率趋向下降的规律并不是马克思体系大厦赖以存在的基石。试图从规律中演绎出危机理论的努力注定将失败。[②] 在这之后，学界围绕置盐定理的讨论逐渐展开。

（二）对置盐定理的批判性分析

以《技术变革与利润率》的中译本发表为界，我国学者对置盐定理的批判可以划分为两个阶段。

1. 2010 年以前的研究

在 2010 年以前，高峰、彭必源等学者都触及了这一问题。他们基本上都是引用马克思和西方学者的观点反驳置盐定理。彭必源认为，个别资本家采用新技术会提高本部门的资本的有机构成和利润率，但最终会导致整个社会的一般利润率下降。从采用新技术所带来的利润率高于采用原有技术的利润率，不能推导出随着新技术的扩散，一般利润率一定会提高。因为一般利润率的高低主要由整个社会总资本的平均构成来决定，如果某个部门由于新技术的采用提高了资本的有机构成，则必然导致一般利润率下降。如果新技术的采用，改

---

① 彭必源：《评西方学者对马克思利润率下降趋势理论的分析》，《当代经济研究》2011 年第 3 期。

② 置盐信雄：《技术变革与利润率》，《教学与研究》2010 年第 7 期。

变了原有的资本的有机构成，就一定会改变平均利润率形成的条件。①

2. 2010 年以后的研究

第一，置盐定理的前提假设和马克思的利润率趋向下降理论相去甚远。骆桢（2010）指出，置盐定理之所以得到利润率上升的结论，是因为其假设前提保证了"剩余价值率"变动是快于"有机构成提高"的速度的。实际上，置盐定理的三个假设：实际工资不变、"成本准则"以及利润率由斯拉法价格体系决定，和马克思的思想都相去甚远。首先，资本主义企业推进技术进步的动机，在于追逐超额利润。在马克思的理论中，资本主义技术进步的主导类型是节约劳动的。原因是节约劳动或提高劳动生产率，不仅可以降低单位产品价格，而且能增加超额剩余价值的总量。其次，置盐所采纳的价格体系蕴含着"市场自动出清"的均衡思想，无法分析"价值实现"的困难。作为相对价格体系其不能分析总量层次的动态和矛盾。资本主义企业的技术进步必然推动总量层次的资本积累基本矛盾的展开，从而对利润率产生影响。最后，置盐把实际工资作为一个独立变量"孤立"起来，这也是不恰当的。马克思认为，技术进步和相对剩余价值率的提高，同时可以伴随实际工资的增长。而实际工资的增长和利润率下降是在同一原因下出现的，是同时并存的规律。实际工资增长只涉及剩余价值率提高的速度的快慢（这是利润率下降的抵消因素之一）。②

第二，置盐定理和利润率趋向下降规律由于方法论等基本观点的差异，虽不能被看作相同的理论，但是，两者在经济原则上是相容的，置盐定理实质上正是证明了利润率趋向下降理论中所预言的反作用因素。

马克思的利润率趋向下降规律的技术进步过程和置盐定理所假设的条件完全不同。置盐定理假设资本家选择技术进步的标准是成本下

---

① 彭必源：《评西方学者对马克思利润率下降趋势理论的分析》，《当代经济研究》2011 年第 3 期。

② 骆桢：《对"置盐定理"的批判性考察》，《经济学动态》2010 年第 6 期。

降，这一标准等价于单位资本的利润率上升。但是，马克思的利润标准强调的是利润总量而非利润率，资本家会接受一个利润率较低但资本积累造成更大利润量的技术进步，而且，这一技术进步被更有历史感地理解为一个资本积累的宏观的历史产物而非如置盐定理所描述的那样是一个基于个别资本家的短期的技术比较和选择。① 置盐定理把某一类特定类型的技术选择（单位商品的成本下降）作为资本主义技术进步的一般特征。由于其对资本主义技术进步的理解缺乏历史感，无法用于把握大历史尺度的资本主义运动规律。因此，置盐定理不能对马克思利润率趋向下降规律的第三命题造成实质性的评价。当我们用马克思的技术进步观点替换置盐的"成本标准"时，仍然能够在置盐定理的环境下得到马克思的第三命题。因此，置盐定理论证了满足一定特征的具体的技术进步所导致的利润率变化的市场理论，而马克思的利润率趋向下降规律则试图建立一个抽象的、超越具体技术进步形态并以资本积累为核心的资本主义历史理论。

如果技术进步路径是利润率标准或是规模报酬不变下的成本标准如置盐定理的假定，那么新均衡下的一般利润率会上升；如果技术进步被视作资本积累的产物，以总利润为标准，甚至遵循其他更复杂的技术进步历史路径，就会引致利润率趋向下降与利润量上升并存的表现形式。

置盐定理恰恰保证了马克思所主张的利润率上升反例的存在，置盐定理是一个"正确的特例"。因为置盐定理实质上揭示的是某一类型的技术进步由于提高了剩余价值率，从而在观测意义上体现了上升的剩余价值率。这可以被蕴含在马克思所说的由于剩余价值率上升而导致利润率上升的反例当中，这种特例并没有从原则上反对利润率趋向下降规律的作用机制。

李帮喜、王生升和裴宏（2016）认为，置盐定理实质上和马克思的理论并没有直接关系。置盐定理的核心观点是：一个成本节约型的

---

① 裴宏、李帮喜：《置盐定理反驳了利润率趋向下降规律吗?》，《政治经济学评论》2016 年第 2 期。

技术进步将会提高均衡处的一般利润率。它并不回答在技术进步过程中资本有机构成上升与否这一问题，也不涉及马克思所主张的从大的历史尺度上看，资本主义生产的发展蕴含"有偏技术进步"所造成的利润率下降趋势这一效应。①

李帮喜、王生升和裴宏（2016）认为，置盐定理和马克思的一般利润率下降规律在以下三个方面存在重大差异。首先，两者对经济变量（特别是利润率）的定义不同。在马克思的框架中，平均利润率等于总剩余价值除以总资本量，因此，逻辑上必须在剩余价值确定之后得以确定。但在置盐（Okishio，1961）的证明中，平均利润率同剩余价值率没有逻辑上的直接联系。其次，两者的实际研究对象不同。马克思研究的是：在资本主义生产力发展过程中，利润率的下降是一个动态历史过程，具有深刻的历史图景。而置盐定理实际上揭示的是：一个在生产上物质耗费较低的技术可以导致产出一个较高的净剩余这一直观结果。置盐定理本质上可以说是对给定的技术矩阵本身生产性的研究，定理本身并没有涉及马克思的价值理论，反而跟马克思理论有一定的相容性。最后，两者对技术进步的理解不同。置盐定理中的技术进步说的是为了生产相同的产品，资本家以减少成本为标准在不同种技术中进行的"工艺选择"；而在马克思的理论中，资本主义的发展趋势是资本积累技术进步以及工资变化相结合的结果，其中资本积累是核心，技术进步和工资都受资本积累的制约。所以，对马克思而言，技术进步既是资本家进行工艺选择导致的，也是社会总资本进行资本积累导致的。

孟捷和冯金华（2016）认为，置盐定理是对利润率下降理论的一个补充。置盐定理是在价格和实物量纲上考虑问题，而马克思是在价值量纲上考虑问题。这两个量纲虽有差别，但又是相互对应、相互转化的，置盐信雄的贡献在于"他将抵消利润率下降的一种特殊情形在理论上明确化了"，同时，"他使利润率的研究有可能从纯理论研究转

---

① 李帮喜、王生升、裴宏：《置盐定理与利润率趋向下降规律：数理结构、争论与反思》，《清华大学学报》（哲学社会科学版）2016 年第 4 期。

化为利用数据的经验研究"。[①] 换句话说，置盐定理将理论分析转化为经验度量，即由价值量纲的度量转为价格和实物量纲的度量。[②]

第三，置盐定理前提假设的非现实性，其现实适用范围也具有明显的局限性。置盐定理所依赖的两个假设，实物工资率不变和新均衡能够形成，在长期的资本积累过程中无法保证。因此，从某种意义上讲，置盐定理更适合论证一个中短期状态，而非一个大尺度的历史趋势。这种局限性也源于其模型设定的非一般性。任何一个较为复杂的经济系统，置盐定理都不能对其利润率的变化趋势做预测。

第四，置盐定理对马克思的责难并不成立。（1）置盐定理责难马克思没有区分奢侈品行业与其他行业在一般利润率形成中的不同作用，实际上，马克思关于奢侈品行业也参与和服从一般利润率的观点是正确的。（2）责难马克思没有区分提高劳动生产率的技术创新与节约成本的技术创新，实际上，马克思科学地阐明了提高劳动生产率的技术创新与节约成本的技术创新的界限。（3）责难马克思没有分析节约成本的技术创新会导致一般利润率无一例外地上涨，实际上，马克思科学地分析了节约生产成本的技术创新对一般利润率的影响。（4）责难马克思没有分析利润率下降是由于实际工资上涨得足够高所导致，并认为利润率的运动是由阶级斗争所决定。实际上，从长期来看，利润率是趋向于下降的，而且影响工资和一般利润率的因素是多样的，两者的相对变化不只取决于阶级斗争。[③]

第五，置盐定理的前提假设不切实际。（1）技术进步在时间与空间上对不同企业和不同产业的利润率变动影响的区别和差异的讨论在置盐定理中被完全抛弃了。从个别企业选择新技术在部门中的普及过程和从企业和部门的利润率过渡到不同企业和部门间的社会一般利润率的形成过程来看，置盐定理完全忽视了劳动生产率在不同企业和部

---

① 孟捷、冯金华：《非均衡与平均利润率的变化：一个马克思主义分析框架》，《世界经济》2016 年第 6 期。

② 同上。

③ 彭必源：《用马克思理论分析"置盐定理"》，《湖北工程学院学报》2012 年第 6 期。

门间的差异，主观假定某一部门引进新技术后，所有部门和企业随即会形成不变资本价值同时即刻下降的局面。置盐定理没有区别引进不同的新技术的产业之间存在新技术的差异，没有区别不同企业和不同产业之间劳动生产率的差别。（2）在相对静态条件下，置盐定理混淆了将各部门引进新技术后在内部发生的竞争过程，与不同部门引进不同的新技术后所发生的社会的竞争过程。对技术进步的影响与作用的议论被局限在相对静态的前提条件下，忽视了企业的实际利润率与社会的一般利润率的实质性差异。① （3）置盐定理关于资本家是否选择使用新技术的条件是必须符合"成本准则"是无法成立的。薛宇峰（2012）指出，其一是置盐信雄错误地将马克思提出的"生产率准则"等同于"成本准则"来进行分析。其二是置盐信雄没有认识到"利润准则"才是资本家进行生产的目标准则。② 余斌认为，以所谓的"成本准则"取代"利润准则"，完全忽略了资本家对于利润的追逐。由于过于关注成本，置盐信雄忽略了有酬劳动和无酬劳动的区分，忽略了商品中所包含的剩余价值和商品价值本身的变动。③ 王智强（2011）认为，"生产率准则"和"成本准则"是等价的。成本降低只能靠生产不变资本和可变资本的社会必要劳动时间的缩短，从而成本价格的降低来实现，而社会必要劳动时间的缩短，成本价格的降低，只能靠劳动生产率的提高来实现。④

第六，置盐定理的结论之所以不成立，究其原因，关健在于"置盐定理"在数学论证过程中存在致命的同义反复的缺陷。不可否认，劳动生产率的提高引起相对剩余价值的增加，在相对静态前提下，当资本的价值量没有变化时，不可避免地会发生利润率上升现象，这就是置盐定理蕴含的内在逻辑。但其复杂的数学证明只是数学游戏，没

---

① 薛宇峰：《利润率变化方向是"不确定"的吗？——基于经济思想史的批判与反批判》，《马克思主义研究》2015 年第 7 期。

② 薛宇峰：《"置盐定理"批判》，中华外国经济学说研究会第二十次学术年会，北京师范大学珠海分校，2012 年 12 月。

③ 余斌：《平均利润率趋向下降规律及其争议》，《经济纵横》2012 年第 9 期。

④ 王智强：《按照马克思的思想研究"置盐定理"》，《当代经济研究》2011 年第 9 期。

有经济学意义的结论，只不过是马克思早已分析论证过的一个特例而已。[①]

第七，置盐信雄给出的一般利润率决定体系不符合资本主义经济规律。置盐定理的利润率决定体系是不符合资本主义经济规律本质的。这是因为，即使置盐信雄给出的一般利润率决定体系能够求出一般利润率，但却无法解释每个部门都必须存在的正利润的性质及其来源问题。这种体系下的一般利润率，完全是由外在条件决定的，看不到平均利润与剩余价值之间、生产价格与作为转化形式出发点的价值之间的任何的联系。置盐信雄把对于所有部门都相同的"成本高出率"当成资本主义经济中的一般利润率、把存在于庸俗资本家意识中的相对价格当成价值的转化形式生产价格的原因，同时，也进一步干扰了他对一般利润率下降规律的研究。[②]

三　利润率下降理论的模型分析

（一）余斌模型

假定在资本有机构成提高前，预付的总资本为 $C_1 + C_2 + V$，其中，C_1、C_2 和 V 分别代表固定不变资本、流动不变资本和可变资本。相应地，单个商品的成本价格为 $c_1 + c_2 + v$，产品数量为 n，剩余价值率为 m'，固定资本的损耗率为 $a(a < 1)$。于是，我们有：$nc_1 = \alpha C_1$，$nc_2 = C_2$，$nv = V$，剩余价值（利润）$= nvm'$，资本有机构成指数为 C_v

$$\frac{C_1 + C_2}{V} = \frac{\dfrac{nc_1}{\alpha} + nc_2}{nv} = \frac{\dfrac{c_1}{\alpha} + c_2}{v}，利润率\ p' = \frac{nvm'}{\dfrac{nc_1}{\alpha} + nc_2 + nv} = \frac{vm'}{\dfrac{c_1}{\alpha} + c_2 + v}。$$

现在由于采用机器，节省了劳动力并提高了生产效率。假定原材料的价值以及原材料与产品之间的技术关系不变，即单个商品中所包括的 c_2 不变。单个商品的成本价格中固定资本转移的价值部分的变化

[①]　薛宇峰：《"置盐定理"批判》，中华外国经济学说研究会第二十次学术年会，北京师范大学珠海分校，2012 年 12 月。

[②]　王智强：《按照马克思的思想研究"置盐定理"》，《当代经济研究》2011 年第 9 期。

为 $c_1 + \Delta (\Delta \geqslant 0)$。由于使用机器的条件在于机器的价值与其所替代的劳动力价值之间存在差额，因此，单个商品的成本价格中可变资本部分变为 $v - \Delta - \delta(\delta \geqslant 0, v - \Delta - \delta > 0)$。假定新的产品数量为 n'，剩余价值率为 m''。通常情况下，新的固定资本损耗率会低于原固定资本损耗率，这里假定两者相等。于是机器采用后单个商品的成本价格为：

$$c_1 + \Delta + c_2 + v - \Delta - \delta = c_1 + c_2 + v - \delta$$

新的预付总资本为：

$$\frac{n'(c_1 + \Delta)}{\alpha} + n'c_2 + n'(v - \Delta - \delta)$$

新的资本有机构成指数为：

$$C_v' = \frac{\frac{c_1 + \Delta}{\alpha} + c_2}{v - \Delta - \delta} = C_v + \frac{\frac{v\Delta}{\alpha} + (\Delta + \delta)\left(\frac{c_1}{\alpha} + c_2\right)}{(v - \Delta - \delta)v} > C_v$$

新的利润率为：

$$p'' = \frac{n'(v - \Delta - \delta)m''}{\frac{n'(c_1 + \Delta)}{\alpha} + n'c_2 + n'(v - \Delta - \delta)} = \frac{(v - \Delta - \delta)m''}{\frac{(c_1 + \Delta)}{\alpha} + c_2 + v - \Delta - \delta}$$

资本有机构成由于采用机器而得到了提高，所以，不妨假定 $(v - \Delta - \delta)m'' = vm' = m$，这时，$m'' = \frac{v}{v - \Delta - \delta}m' > m'$，剩余价值率提高了。

在这里，$(v - \Delta - \delta)m'' = vm' = m$ 的假定实际上存在高估 $(v - \Delta - \delta)m''$ 从而高估新的利润率的问题。因此，即便剩余价值率会因为生活消费品变得便宜而有所提高，但与工人人数的相对减少伴随的剩余价值量也会有所下降。由于这里要考察的是资本有机构成提高会导致利润率下降，因此，我们不妨高估一下新的利润率，只要这个高估的新的利润率相比原利润率也是下降的，那么我们的模型就能说明利润率趋向下降的结论。

根据上面的计算结果，我们有：

$$p'' - p' = \frac{m}{\frac{(c_1 + \Delta)}{\alpha} + c_2 + v - \Delta - \delta} - \frac{m}{\frac{c_1}{\alpha} + c_2 + v}$$

$$= \frac{-m(\frac{1-\alpha}{\alpha}\Delta - \delta)}{(\frac{c_1 + \Delta}{\alpha} + c_2 + v - \Delta - \delta)(\frac{c_1}{\alpha} + c_2 + v)}$$

因此，当 $\delta < \frac{1-\alpha}{\alpha}\Delta$ 时，我们有 $p'' - p' < 0$ 即利润率下降。显然，a 越小，Δ 越大，该式成立的可能性越大。另外，当 δ 大到使上式有可能不成立时，关于 $(v - \Delta - \delta)m'' = vm'$ 的假定越难以成立。而当新的剩余价值量（利润量）由此小于原资本有机构成下的剩余价值量时，即便上式不成立，利润率也是可以下降的。而如果 $m'' = m'$ 即资本有机构成提高的生产部门所生产的产品与工人的消费无关，从而不能降低工人的生活消费品的价值和工人的必要劳动时间，因而在工作日长度和劳动强度不变的情况下，剩余价值率不变时，则无论 $\delta < \frac{1-\alpha}{\alpha}\Delta$ 是否满足，我们都会有 $p'' - p' < 0$ 即利润率下降的结论。[1]

（二）马克思主义平均利润率规律的动态模型

马艳、李真（2007）对经典马克思主义资本有机构成假定条件进行重新界定之后，构建了一个创新型马克思主义平均利润率规律理论框架。[2]

1. 动态模型假定条件

（1）技术进步不仅影响劳动的客观条件，同时也影响劳动的主观条件。

（2）社会必要劳动分为自然社会必要劳动和密度社会必要劳动，可变资本相应区分为外延可变资本（v_t）和内涵可变资本（$\hat{v}_t$）。

（3）资本区分为绝对资本有机构成 $\left(\sigma = \frac{c}{v}\right)$ 和相对资本有机成 $\left(\beta = \frac{\hat{v}_t}{\hat{v}_{t-1}}\right)$。

（4）剩余价值率 m' 保持不变。

---

[1] 余斌：《平均利润率趋向下降规律及其争议》，《经济纵横》2012 年第 9 期。

[2] 马艳、李真：《马克思主义平均利润变动规律的动态模型》，《海派经济学》2007 年第 2 期。

2. 预付资本总量不变条件下的平均利润率动态模型

用 v_t 表示 t 期外延式可变资本价值，$\hat{v}$ 表示 r 期内涵式可变资本价值，P'_t 表示 t 期的平均利润率，m' 不变，在 $\sum\limits_{n=1}^{N} C_t = \sum\limits_{n=1}^{N} C_{t-1}$ 的前提下，可以推导出：

$$\overline{P'_t} = \beta g \overline{P'_{t-1}}$$

那么，根据可变资本的内涵价值与可变资本的外延价值变化幅度不同，平均利润率可表述为三种变动情况：

（1）当 $\beta > 1$ 时，即 $\left(\dfrac{\hat{v}_t}{\hat{v}_{t-1}} > \dfrac{v_t}{v_{t-1}}\right)$，$\overline{P'_t} < \overline{P'_{t-1}}$，技术进步导致相对资本有机构成提高，生产资料价值 c_t 增加，外延式可变资本价值 v_t 减少，然而，由于可变资本的内涵价值 $\hat{v}_t$ 增加，$\hat{v}_t$ 增加的幅度大于 v_t 减少的幅度，所以，最终所生产的剩余价值是增加的，利润也增加，在预付总资本不变的情况下，平均利润率呈上升趋势。

（2）当 $\beta < 1$ 时，即 $\left(\dfrac{\hat{v}_t}{\hat{v}_{t-1}} < \dfrac{v_t}{v_{t-1}}\right)$，$\overline{P'_t} < \overline{P'_{t-1}}$，$\hat{v}_t$ 增加的幅度小于 v_t 减少的幅度，所以，最终所生产的剩余价值是减少的，利润也减少，在预付总资本不变的情况下，平均利润率呈下降趋势。

（3）当 $\beta = 1$ 时，即 $\left(\dfrac{\hat{v}_t}{\hat{v}_{t-1}} \equiv \dfrac{v_t}{v_{t-1}}\right)$，$\overline{P'_t} = \overline{P'_{t-1}}$，$\hat{v}_t$ 增加的幅度等于 v_t 减少的幅度，所以，最终所生产的剩余价值是不变的，利润也不变，在预付总资本不变的情况下，平均利润率不变，长期来看，是一条平行于横轴的直线。

3. 预付资本总量变化条件下的动态模型

当技术进步使资本有机构成和预付资本价值同时增加时，平均利润率的动态变动规律也会出现不同的变化。可以推导出：

$$\overline{P'_t} = \phi g \overline{P'_{t-1}}$$

这里，$\phi = \dfrac{\hat{v}_t}{\hat{v}_{t-1}} \times \dfrac{C_{t-1}}{C_t}$。

根据 ϕ 的取值，可以推断在预付资本可变的情况下，平均利润率的变动规律为以下三种情况：

（1）当 $\phi > 1$ 时，即 $\dfrac{\hat{v}_t}{v_{t-1}} > \dfrac{C_{t-1}}{C_t}$，$\overline{P'_t} > \overline{P'_{t-1}}$，科技进步使内涵式可变资本价值的增加幅度大于全部预付资本的增加幅度，平均利润率上升。

（2）当 $\phi < 1$ 时，即 $\dfrac{v_t}{v_{t-1}} < \dfrac{C_t}{C_{t-1}} \dfrac{\hat{v}_t}{\hat{v}_{t-1}} < \dfrac{C_{t-1}}{C_t}$，$\overline{P'_t} < \overline{P'_{t-1}}$，科技进步使内涵式可变资本价值的增加幅度小于全部预付资本的增加幅度，平均利润率下降。

（3）当 $\phi = 1$ 时，即 $\dfrac{\hat{v}_t}{v_{t-1}} = \dfrac{C_{t-1}}{C_t}$，$\overline{P'_t} = \overline{P'_{t-1}}$，科技进步使内涵式可变资本价值的增加幅度等于全部预付资本的增加幅度，平均利润率不变。

4. 模型的含义

在劳动主观条件变化的假定条件下，劳动生产率提高后，由于劳动密度的增强（内涵式可变资本增加），在单位自然劳动时间里，价值和使用价值是同方向增长的。那么，在劳动力价值不变的条件下，剩余价值量、利润量和平均利润率不仅会增加，而且将增加得更快。

（三）非平衡框架与平均利润率变动的一般模型

孟捷、冯金华（2016）认为，利润率的变化应置于一个以剩余价值生产和剩余价值实现的矛盾为基础的非均衡框架中。为此，他们重新设计了平均利润率和生产价格决定的方程，引入了代表再生产失衡的产品实现率，最终构建了一个可以解释平均利润率变动的一般模型。[①]

$$r = \frac{2\phi}{a_1 + \omega \tau_2 + \sqrt{(\omega \tau_2 - a_1)^2 + 4 a_2 \omega \tau_1}} - 1$$

在上式中，平均利润率 r 取决于三项因素，即反映技术状况的消耗系数（a_1、a_2、τ_1、τ_2）、实际工资 ω 和实现率 ϕ。因此，它可以看成关于平均利润率的一般公式。

————————

① 孟捷、冯金华：《非均衡与平均利润率的变化：一个马克思主义分析框架》，《世界经济》2016 年第 6 期。

如果假定实现率 ϕ 不变，则平均利润率就只取决于消耗系数和实际工资。特别是如果假定实现率 $\phi = 1$，公式就变为：

$$r = \frac{2}{a_1 + \omega\, \tau_2 + \sqrt{(\omega\, \tau_2 - a_1)^2 + 4a_2 \omega\, \tau_1}} - 1$$

这是所有产品都能够得到完全实现条件下的平均利润率决定公式。

如果再进一步假定实际工资不变，如 $\omega = \omega_0$，则上式就转化为：

$r = \dfrac{2}{a_1 + \omega_0\, \tau_2 + \sqrt{(\omega_0\, \tau_2 - a_1)^2 + 4a_2 \omega_0\, \tau_1}} - 1$。这相当于置盐（1961）

的平均利润率决定公式。

在上述平均利润率的一般公式中，平均利润率将随实现率 ϕ 的上升、消耗系数的下降（亦即技术的进步）以及实际工资 ω 的下降而上升。因此，在孟捷—冯金华模型里，平均利润率的变动受到技术进步、产品实现率和实际工资这三重因素的影响。这三重因素的并存意味着平均利润率的变化与生产率进步的联系不是直接的，而是以社会年产品的实现程度和成本的变化为中介，所谓置盐定理只是在假设产品实现率为 1 和实际工资不变的前提下的特例。

四　利润率的实证研究

（一）美国平均利润率实证分析

高峰（1991）计算了 1880—1979 年美国制造业部门的技术构成和价值构成。[①] 研究表明，100 多年来，美国制造业的资本有机构成呈现"提高—下降—提高"的变动模式。由于数据限制，他只计算了 1929—1984 年美国制造业的利润率。制造业 55 年的利润率动态主要呈下降趋势，但是，与 20 世纪 20 年代以前相比，利润率的波动加强了。[②] 为了深入分析战后美国制造业利润率及有关变量的动态，高峰详细考察了 1949—1984 年制造业部门剔除能力利用率影响后的利

---

① 高峰：《资本积累理论与现代资本主义》，南开大学出版社 1991 年版，第 104—105 页。

② 同上书，第 330—331 页。

润率。①

王庭笑（1988）运用实际统计资料计算了美国制造业 1859—1981 年长达 122 年的劳动生产率、资本技术构成、资本有机构成、剩余价值率和利润率等变量。②

蒋建军、齐建国（2002）测算了 1960—1999 年美国资本有机构成、剩余价值率和资本利润率。他们认为，马克思的利润率下降规律对于知识经济不再适用了，知识产业的发展带来的效率提升至少可以实现利润率稳定。③

牛文俊（2009）对 1947—2006 年美国私人部门利润率的实证分析表明：战后美国经济形成了两个利润率长波，整体来看，利润率趋于下降。在整个利润率下降过程中，产出资本比起主要作用，解释了其变化的 37.8%，这说明资本技术构成提高是利润率下降的主要决定因素。④

谢富胜等（2010）基于韦斯科普夫分析框架计算了美国实体经济（NFCB 部门）1975—2008 年的季度利润率。结果表明，最近 30 多年来，美国实体经济的利润率一直低迷，没有恢复到战后繁荣时期的水平。对利润率的进一步分解表明，利润份额是 NFCB 部门利润率周期波动的最主要原因，产能利用率位居其次。1975 年以来，实体经济的盈利能力长期没有恢复，导致内部融资不足而依赖于外部融资。同时，实体经济部门的经营行为受股东价值运动的影响越来越短期化，其把大量的现金流用于股票回购以拉升股价和提高企业账面价值。在这两种因素的作用下，实体经济部门出现了巨大的金融缺口，外部融资的代价使企业把越来越多的剩余价值用于支付股息和利息。⑤

赵英杰（2014）对美国非农非金融类公司（NNFCB）利润率的

① 高峰：《资本积累理论与现代资本主义》，南开大学出版社 1991 年版，第 340 页。
② 王庭笑：《资本主义一般利润率变动的长期趋势》，《南开学报》1988 年第 4 期。
③ 蒋建军、齐建国：《当代美国知识经济与"三率"变化分析》，《数量经济技术经济研究》2002 年第 10 期。
④ 牛文俊：《战后美国长期利润率变动研究》，博士学位论文，南开大学，2009 年。
⑤ 谢富胜、李安、朱安东：《马克思主义危机理论和 1975—2008 年美国经济的利润率》，《中国社会科学》2010 年第 5 期。

实证研究表明，20 世纪 80 年代利润率的平均水平低于 70 年代，90 年代和 2000—2011 年的利润率平均水平高于 70 年代和 80 年代。2000—2011 年的利润率水平较前 30 年平均水平上升了 5.1%，与马克思在利润率趋向下降规律中表述的利润率的变化趋势不同。利润率变化的主导因素是剩余价值率，而且这样的主导作用在 2000 年以后更加突出，因为资本价值构成基本维持不变，与"利润率趋向下降"规律中关于资本有机构成变化主导利润率变化趋势分析不同。①

在区分生产劳动和非生产劳动的基础上，鲁保林和赵磊（2013）测算了 1966—2009 年美国非金融公司部门的平均利润率和净利润率，并且考察了它们的演变过程及其根源。研究表明，影响利润率变动的主要因素是产出资本比，非生产劳动支出的增加抑制了净利润率的增长。②

（二）中国平均利润率实证分析

高伟（2009）测算了 1987—2002 年③中国经济的三种平均利润率，三种利润率均呈下降趋势。利润率趋于下降的原因是资本有机构成提高而剩余价值率没有显著的变动。高伟研究发现，名义投资增长率与利润率有一定相关性。④

张宇、张峰（2006）计算和分析了 1978—2004 年中国制造业剩余价值率、资本有机构成和利润率。资本有机构成对利润率的影响不大。⑤

李亚平（2008）从动态角度计算了我国制造业 1980—2006 年的利润率、资本有机构成和剩余价值率。李亚平的计量分析结果表明：

---

① 赵英杰：《利润率趋向下降与经济危机关系的新探索》，《兰州商学院学报》2014 年第 1 期。

② 鲁保林、赵磊：《美国经济利润率的长期趋势和短期波动：1966—2009》，《当代经济研究》2013 年第 6 期。

③ 1988 年、1989 年、1991 年缺数据。

④ 高伟：《中国国民收入和利润率的再估算》，中国人民大学出版社 2009 年版，第 124、125、138、139 页。

⑤ Zhangyuand Zhangfeng, "The Rate of Surplus Value, the Composition of Capital, and the Rate of Profit in the Chinese Manufacturing Industry: 1978–2005", Paper presented at the Second Annual Conference of the International Forum on the Comparative Political Economy of Globalization.

对数利润率与对数资本有机构成和对数剩余价值率具有简单的线性关系。另外，李亚平的经验分析也证实了上述各个变量的变动趋势符合马克思的预测，其中制造业的利润率总体上趋向下降。制造业利润率的变化经历了三个明显有区别的阶段。①

赵峰等（2012）在马克思主义经济学国民经济核算方法基础上，以我国的投入产出核算为基础，整理计算出了 1987 年、1990 年、1992 年、1995 年、1997 年、2002 年和 2007 年我国国民收入账户主要的经济变量。实证分析发现，利润率在 20 年中整体呈下降趋势，其中个别年份出现了利润率提高的情况。②

谢富胜和李直（2016）在借鉴谢克等建立的国民经济核算的政治经济学框架基础上，结合中国实际，估算了 1994—2011 年的一般利润率。研究发现，1994—2011 年，中国经济一般利润率存在不断下降的趋势，进一步的分析表明，中国廉价劳动力的过度剥削导致了剩余价值率的提高，而重化工业扩张使资本有机构成不断提高，不过后者的上升速度快于前者，从而一般利润率在这一时期是呈下降趋势的。③

五 利润率下降危机理论及其拓展

经济危机理论是马克思政治经济学体系的重要组成部分，马克思没有专门阐述危机的论著，在其著作中，他从不同角度深刻地论述了资本主义经济危机问题，但没有对此进行必要整合。④

（一）理论研究

陈恕祥（1995）系统地研究了利润率下降与经济危机发生的联系。⑤ 利润率下降导致生产扩大、资本和人口过剩，加剧比例失调和社会消费需求不足。矛盾冲突的发展导致生产缩减、企业破产、工人

---

① 李亚平：《中国制造业利润率变动趋势的实证分析》，《经济纵横》2008 年第 12 期。

② 赵峰、姬旭辉、冯志轩：《国民收入核算的政治经济学方法及其在中国的应用》，《马克思主义研究》2012 年第 8 期。

③ 谢富胜、李直：《中国经济中的一般利润率：1994—2011》，《财经理论研究》2016 年第 3 期。

④ 谢富胜、李安、朱安东：《马克思主义危机理论和 1975—2008 年美国经济的利润率》，《中国社会科学》2010 年第 5 期。

⑤ 陈恕祥：《论一般利润率下降规律》，武汉大学出版社 1995 年版，第 152—153 页。

失业、资本贬值等，最后形成经济危机。生产停滞、经济收缩的核心问题是"价值增殖即利润率问题"。①

薛宇峰（2012）认为，利润率下降规律和经济危机相联系的内容包括三个方面：第一，利润率下降规律的作用，这个规律的内部矛盾的展开，是导致经济危机发生的原因；第二，危机是阻碍利润率下降、对规律的趋势起反作用的因素；第三，以危机为起点的资本主义经济周期中实际利润率的变化，是规律的运动形式。②

杨继国（2010）从利润率和经济增长率关系出发，阐明了利润率下降引发经济危机的形成机理。在资本主义经济的运行过程中，追求利润最大化的资本家，会不断地引进新技术、新工艺，从而提高劳动生产率。与此同时，资本有机构成也在不断提高，由于资本有机构成有"递增"的趋势而储蓄率和剩余价值率变化范围有限，因此，经济增长率会呈递减趋势。一旦经济增长率下降到"负值"，"经济危机"就会爆发。③

赵磊和刘河北（2017）认为，利润率下降规律是扩大生产与价值增殖矛盾的动态表现。利润率下降规律，一方面在刺激资本积累的同时又限制着资本主义的发展；另一方面又导致商品价值和利润无法正常实现，资本生产总过程受阻，由支付手段引起的债权债务链条被打断，当矛盾被激化时，经济危机便发生了。④

（二）利润率下降危机理论的新发展

谢富胜等（2010）结合黄金非货币化条件下货币和信用因素，在利润率综合基础上，发展了在黄金非货币化条件下经济危机从债务收缩型危机向金融化危机转化的逻辑框架，并对2008年国际金融危机的根本原因和发生机制进行了探索。谢富胜等认为，美国的经济金融

---

① 陈恕祥：《论一般利润率下降规律》，武汉大学出版社1995年版，第152—154页。

② 薛宇峰：《"置盐定理"批判》，中华外国经济学说研究会第二十次学术年会，北京师范大学珠海分校，2012年12月。

③ 杨继国：《基于马克思经济增长理论的经济危机机理分析》，《经济学家》2010年第2期。

④ 赵磊、刘河北：《利润率下降与中国经济新常态》，《四川大学学报》（哲学社会科学版）2017年第1期。

化根源于实体经济部门利润率的长期停滞，当资本试图通过金融活动恢复其获利能力时，借贷成本的增加反而压低了资本实际获得的利润率。美联储采取的宽松货币政策在短期内有利于金融部门的发展与经济金融化的持续，但同时造成了整个经济中各个环节、各个部门的风险累积。美联储为维护美元的国际地位和美国资本的利益而采取收紧利率的政策是这次国际金融危机的导火索。美国经济的金融化和新金融化积累模式的成因是美联储、金融部门、家庭部门 NFCB 部门与境外美元等多方面因素综合作用的结果。①

六 中国实体利润率的下降与经济转型升级

刘程（2013）采用时间序列分析方法对 1983—2014 年我国工业部门资本利润率的变化进行了分析。2010—2014 年，利润份额、技术效率、出口份额和工业比重下降共同导致了利润率的下降。作者认为，加大技术研发投入、避免资本过度深化并促进我国劳动密集型工业产业进行升级和阶梯式转移，可以减缓利润率的下降趋势。②

为减缓一般利润率下降的趋势，促进我国经济的健康平稳运行，杨善奇认为，要正确把握工资与利润的关系，国有企业、民营企业和外资企业之间的关系以及外需与内需的关系。处理好这三方面的关系可以在减缓利润率下降的压力的同时带动我国实体经济走出困境，实现健康平稳发展。③

针对"实冷虚热"这一问题，范方志、鲁保林和胡梦帆（2012）认为，这是一般利润率趋向下降规律在我国经济发展中发挥作用的结果。20 世纪 90 年代末以来，相对于实体经济利润的低增长，资本更倾向于以房地产业为主的虚拟经济。基于实体经济现状，他们提出了

---

① 谢富胜、李安、朱安东：《马克思主义危机理论和 1975—2008 年美国经济的利润率》，《中国社会科学》2010 年第 5 期。

② 刘程：《中国工业部门资本利润率变动趋势及其省际差异性研究》，硕士学位论文，广东外语外贸大学，2013 年。

③ 杨善奇：《实体经济困境与思考——个平均利润率趋向下降规律的分析》，《经济学家》2016 年第 8 期。

扩大消费需求和推进自主创新两个解决方向。①

赵磊和刘河北研究发现，2007 年以后，资本有机构成的快速上升和剩余价值率的相对下降，导致利润率的快速下降，利润率下降是中国经济增长率下降的主要原因。资本的破坏能够降低资本有机构成，提高利润率，进而能使经济增长率得以恢复。针对我国经济新常态下利润率的下降趋势，他们提供了一个供给侧结构性改革可以参考的一个视角——"资本的破坏"。②

---

① 范方志、鲁保林、胡梦帆：《利润率下降规律视角下的中国经济增长动力分析》，《毛泽东邓小平理论研究》2012 年第 10 期。

② 赵磊、刘河北：《利润率下降与中国经济新常态》，《四川大学学报》（哲学社会科学版）2017 年第 1 期。

第三章　利润率动态争议与重新释读的基本框架

第一节　新自由主义时期利润率趋势的激烈论争

一　三种观点

2008 年国际金融危机爆发后，有不少学者尝试运用马克思的利润率下降规律理论解释金融危机的根源和发生机制，但是，在对新自由主义时期利润率趋势的判断上，马克思主义学者之间发生了激烈的论战。他们争论的核心问题是：作为最大的发达资本主义经济体的美国，在经历了 30 多年的新自由主义转型之后，其在新的积累体制下经济利润率是否已经恢复？恢复的效果与程度如何？大致来说，根据学者对利润率趋势的判断不同，可以将他们的观点分为持续下降论、完全复苏论和有限复苏论三种。

（一）持续下降论

支持这一观点的学者只有安德鲁·克莱曼等少数人。克莱曼认为，2008 年国际金融危机的根本原因是 20 世纪 50 年代以来美国公司历史成本利润率的持续下降，现实根源是 20 世纪 70 年代的危机以来，美国为缓解经济相对停滞而采取的人为刺激经济的措施。[①] 利润率下降导致投机增加，并产生了大量难以偿还的债务，这些构成了危机的直接原因。当资本试图通过金融活动恢复其获利能力时，借贷成

---

① 刘磊：《利润率下降危机理论的一个经验研究——〈大失败：资本主义生产大衰退的根本原因〉述评》，《中国人民大学学报》2014 年第 2 期。

本的增加反而压低了资本实际获得的利润率。①

（二）完全复苏论

以米切尔·赫森为代表的学者坚持认为，利润率已经大部分或完全恢复到了第二次世界大战后繁荣时期的水平（Micheal Husson，2008；Fred Moseley，2008）。在 2008 年国际金融危机发生之前，利润率并没有下降。米切尔·赫森、杜梅尼尔、莱维等认为，利润率自 20 世纪 80 年代初以来持续上升，并几乎完全恢复了其前一阶段的下降水平，因而利润率与对当前危机的解读关系不大。② 美国著名马克思主义经济学家大卫·科茨（2012）认为，利润率在新自由主义积累的社会结构危机中并没有起到像战后那样的关键作用，因为 2008 年前并没有发生长期利润率的急剧下降。③ 莫斯里（2009）认为，美国的利润率已经接近 20 世纪 60 年代高峰时期的水平。在莫斯里看来，利润率可能已经完全复苏。④

（三）有限复苏论

这种观点认为，美国利润率自 20 世纪 80 年代初开始回升，90 年代中后期达到高峰，到了 21 世纪初再度上扬。⑤ 至于利润率回升的程度，多数学者认为，这一时段利润率的最高点或平均值远未达到战后黄金时期的水平。⑥ 罗伯特·布伦纳强调，此次国际金融危机的根源

---

① ［美］克莱曼：《大失败：资本主义生产大衰退的根本原因》，中央编译出版社 2013 年版，第 4 页。

② 周思成：《欧美学者近期关于当前危机与利润率下降趋势规律问题的争论》，《国外理论动态》2010 年第 10 期。

③ ［美］大卫·科茨、童珊：《利润率、资本循环与经济危机》，《海派经济学》2012 年第 4 期。

④ Fred Moseley, "The U. S. Economic Crisis: Causes and Solutions", *International Socialist Rerview*, No. 64, 2009.

⑤ Edward N. Wolf, "What's Behind the Rise in Profitability in the U. S. in the 1980s and 1990s", *Cambridge Journal of Economics*, Vol. 27, No. 3, 2003, pp. 479–500.

⑥ George Economakis, Alexis Anastasiadis and Maria Markak, "U. S. Economic Performance from 1929 to 2008 in Terms of the Marxian Theory of Crisis, with Some Notes on the Recent Financial Crisis", *Critique*, Vol. 38, No. 3, 2010, pp. 465–487；［美］古里尔莫·卡尔凯迪、［美］迈克尔·罗伯茨：《当前危机的长期根源：凯恩斯主义、紧缩主义和马克思主义的解释》，《当代经济研究》2015 年第 4 期；谢富胜、李安、朱安东：《马克思主义危机理论和 1975—2008 年美国经济的利润率》，《中国社会科学》2010 年第 5 期。

在于美国非金融企业利润率的长期下降并难以恢复，因而这些企业只能削减投资和就业，结果又进一步恶化了总需求，并造成经济增长的速度极为缓慢。①

二　重新释读的方法论与基本观点

对利润率下降趋势的争论牵涉这个问题，即如何把握经济现象和经济规律间的关系？我们知道，经济规律是经济现象和经济过程所固有的内在、本质、客观的必然联系。尽管经济规律具有历史必然性，但是，这种必然性存在于各种偶然关系和因素的作用中，并通过这种偶然性为自己开辟道路，因而规律的不同表现形式和实现方式具有具体性、多样性、多向性和特殊性。② 在马克思看来，平均利润率下降规律是现代政治经济学的最重要的规律，是理解最困难的关系的最本质的规律。③ 其中的"理解最困难的关系的最本质的规律"这句话就充分表明，这一规律所反映的经济关系以及规律的表现形式非常复杂，并不容易理解和把握。特别是由于利润率下降规律不是以绝对的形式而是以不断下降的趋势表现出来。它的作用，只有在一定情况下，并且经过一个比较长的时期，才会清楚地显示出来。利润率下降规律表现形式的复杂性导致我们往往难以把握利润率波动的本质。

我们认同这样的看法：利润率下降规律发挥作用并不与在一个时期，甚至相当长的时期内实际的一般利润率上升的动态相矛盾。④ 一般利润率下降既不能理解为像自由落体那样直线下降，也不能理解为年复一年地逐年递减。正如价格围绕着价值波动是价值规律的表现形式一样，一般利润率沿着下降趋势起伏不定正是一般利润率下降规律的表现形式。⑤

关于新自由主义时期美国经济利润率变化的趋势，我们的基本看

---

① 蒋宏达、张露丹：《布伦纳认为生产能力过剩才是世界金融危机的根本原因》，《国外理论动态》2009 年第 5 期；罗伯特·布伦纳：《高盛的利益就是美国的利益——当前金融危机的根源》，《政治经济学评论》2010 年第 2 期。

② 王峰明：《〈资本论〉与历史唯物主义微观基础》，《马克思主义研究》2011 年第 11 期。

③ 《马克思恩格斯全集》第 46 卷（下），人民出版社 1981 年版，第 267 页。

④ 赵峰：《资本主义经济增长的逻辑》，经济科学出版社 2009 年版，第 139 页。

⑤ 王庭笑：《资本主义一般利润率变动的长期趋势》，《南开学报》1988 年第 4 期。

法是：在新自由主义时代的美国，利润率已经得到很大程度的修复，这与其 90 年代的"新经济"以及全球贸易的快速增长是基本一致的，但是可以确定，为了修复资本的盈利能力，美国经历了一个"破坏性创造"的过程。其一，因为 20 世纪 70 年代以来的技术创新以及分工形态的进一步演化，特别是全球价值链分工的出现，已将绝大多数国家纳入跨国公司主导的全球分工体系之中，最大限度地发挥了各个国家的比较优势，显著地促进了劳动生产率的增长和剩余价值的生产。其二，垄断资本对外进行全球化扩张，对内进行金融化渗透，促进了剩余价值的生产和实现。20 世纪 80 年代以来，所形成的全球分工格局是："核心"国家大力发展金融业，生产金融产品；"边缘""半边缘"发展中国家从事实体经济，生产实物产品，这正好形成了生产和金融的国际分工。这种分工格局也促进了剩余价值的生产和实现。其三，由于在制度设计上当局较多地采纳了新自由主义经济学的改革方案，美国为之付出了经济结构失衡的惨重代价。特别是在普通民众收入多年增长滞缓的背景下，透支消费、债务增长和资产投机（股市和楼市）曾一度成为拉动经济增长的重要引擎。

第二节　技术创新与分工演进的动态理论框架

斯密以来，揭示经济成长背后的奥秘和发展机制一直是经济学家们津津乐道的主题。最近，林毅夫先生将现代经济增长的本质概括为劳动生产率水平不断提高的过程。毫无疑问，没有劳动生产率的增长，工资的增加和利润的赚取都是不可能的。决定劳动生产率增长背后的因素是什么？马克思在《资本论》第一卷中对此问题给予了全面回答："劳动生产力是由多种情况决定的，其中包括：工人的平均熟练程度，科学的发展水平和它在工艺上应用的程度，生产过程的社会结合，生产资料的规模和效能，以及自然条件。"[①] 显然，影响劳动生

---

① 《马克思恩格斯文集》第五卷，人民出版社 2009 年版，第 53 页。

产率变动的要素有很多，这里我们仅考察"科学的发展水平和它在工艺上应用的程度"以及"生产过程的社会结合"，也就是技术创新和分工演进。技术创新和分工演进是资本家生产廉价商品、战胜竞争对手的主要办法。马克思指出：一个资本家只有在自己更便宜地出卖商品的情况下，才能把另一个资本家逐出战场，并占有他的资本。可是，要能够贱卖而又不破产，他就必须廉价生产，也就是说，必须尽量增加劳动的生产力。而增加劳动的生产力的首要办法是更细地分工，更全面地运用和经常地改进机器。内部实行分工的工人大军越庞大，应用机器的规模越广大，生产费用相对地就越迅速缩减，劳动就更有效率。因此，资本家之间就发生了各方面的竞争：他们竭力设法扩大分工和增加机器，并尽可能大规模地使用机器。……某一个资本家由于更细地分工、更多地采用新机器并改进新机器，由于更有利和更广泛地利用自然力，因而有可能用同样多的劳动或积累起来的劳动生产出比他的竞争者更多的产品（即商品）。①

自工业革命以来，技术创新在促进劳动生产率增长、推动经济结构演进以及经济增长方面的作用不可低估。按照纳尔森的看法，技术创新在过去 200 年里一直就是推动经济增长的关键力量。② 分工在提升劳动生产率、促进经济结构上的作用自不待言。古典经济学家亚当·斯密等早就关注并强调了分工对于生产率提升和财富增进的重要性。在《国民财富的性质和原因的研究》中，斯密剖析了劳动分工提升生产效率的具体途径以及分工的实现机制，明确提出了劳动分工受市场范围限制的斯密命题，但是，没有对分工的类型进行区分。马克思揭示了社会分工和企业内部分工的交互作用机制，建立了分工演进的动态理论框架。阿林·杨格（Allyn Young，1928）揭示了分工和市场容量的双向互动所形成的报酬递增的循环累积过程，完善了斯密命题。但可惜的是，注重均衡、静态分析的新古典经济学忽视了分工的

① 《马克思恩格斯全集》第六卷，人民出版社 1961 年版，第 499—500 页。
② ［美］理查德·R. 纳尔森：《经济增长的源泉》，中国经济出版社 2001 年版，第 35 页。转引自谢富胜、李安《技术创新背后的技术》，《学海》2009 年第 6 期。

动态演化机制。20 世纪 50 年代以来，以杨小凯、黄有光等为代表的学者使用超边际分析方法，把分工演进内生化，并系统地描述了分工与专业化在推动社会经济运行与发展中的作用机制。

研究增长和发展的文献往往会分别关注技术创新和分工演进对经济增长的作用，却鲜见对两者交互作用的研究。曾尔曼基于斯密的理论提出，技术进步的本质就是劳动分工。① 周绍东（2017）提出，工艺创新推动了分工深化，而产品创新推动了分工广化。工艺创新对应的是企业内部分工的深化，即不断延长的生产步骤和增殖环节；产品创新对应的是社会分工的广化，即不断扩张的产业门类和产品类型。②

如何理解技术创新和分工演进的交互作用？我们不得不思考如下几个问题：既然技术创新和分工都包含着经济增长的秘密，那么两者是独立起作用吗？技术创新能否为分工的深化开辟新的空间？抑或分工的深化能否为技术创新创造新的平台？而且我们可以进一步追问：技术创新对分工或者分工对技术创新是否存在消极的抑制效应呢？因此，本节拟在对以往理论和实证研究进行批判性分析和比较的基础上，构建一个系统完整的动态理论框架，以便讨论技术创新与分工演进的交互作用。

一　技术创新和分工演进机制的总体考察

技术的工具理论把"技术看作纯粹物质的东西，它出自于关于人类劳动的最简单的看法。人类劳动是人类用自己的劳动能力改造自然以适应人类自身的需要的活动。在这种活动中，人类必然使用某种工具在某种对象上实现自己的目的。而随着人类需要的扩大和劳动经验的积累，人类在自身的劳动活动中就会根据自己的技能发展水平和需要的演变不断地对劳动工具进行改造。"③ 但是，随着 15—16 世纪资本主义的诞生和 18 世纪工业革命的兴起，组织生产活动的场所和形式发生了巨大的变化。在现代市场经济条件下，企业已成为推动技术

---

① 曾尔曼：《技术进步（贡献）率的本质》，《中国科技论坛》2014 年第 8 期。
② 周绍东：《"五大发展理念"的时代品质和实践要求——马克思主义政治经济学视角的研究》，《经济纵横》2017 年第 3 期。
③ 谢富胜、李安：《技术创新背后的技术》，《学海》2009 年第 6 期。

创新的主体，企业开展技术创新的动力在于以下四个方面。

第一，技术创新的领先者相较于其他竞争对手可以获取超额利润，从而其个别利润率高于行业的平均水平。"劳动生产力越高，生产一种物品所需要的劳动时间就越少，凝结在该物品中的劳动量就越小，该物品的价值就越小。"① 劳动生产率的提高，可以使"商品的个别价值低于它的社会价值，也就是说，这个商品所花费的劳动时间，少于在社会平均条件下生产的大宗同类商品所花费的劳动时间。……但是商品的现实价值不是它的个别价值，而是它的社会价值，也就是说，它的现实价值不是用生产者在个别场合生产它所实际花费的劳动时间来计量，而是用生产它所必需的社会劳动时间来计量。"② 因此，采用新技术的资本家按照社会价值出售自己的商品，超出它个别价值的部分就是超额剩余价值。不过，由于"超额利润只在竞争的动态过程中瞬时存在，所以企业必须不断地进行技术变革与创新。创新的结果是不断打破均衡，实现经济的动态增长，也即财富增长是由人类用更少的时间生产出更多的产品和服务推动的。"③

第二，技术创新的领先者往往会率先成为行业标准、游戏规则的制定者。这些标准和规则可以给竞争对手制造进入壁垒，减少竞争对手的威胁。例如，跨国公司常常利用自身的领先优势，制定各种技术标准、质量、环保、专利授权等来控制外围企业的利润空间和价值链攀升过程。

第三，在市场经济条件下，买方市场是常态，买方市场意味着供给大于需求，因此，同类企业间的竞争非常激烈，逆水行舟，不进则退。企业若不能持续地进行技术创新、产品创新和管理创新，就很容易失去市场份额和竞争力。

第四，企业家精神。熊彼特强调，企业家不同于资本家，企业家是从事"创新"工作的，是对生产要素进行"新组合"，他们是资本

① 《马克思恩格斯文集》第五卷，人民出版社 2009 年版，第 53 页。
② 同上书，第 368—369 页。
③ 魏旭：《马克思基于分工的报酬递增思想》，《当代经济研究》2010 年第 1 期。

主义发展的主要力量。哈维更是指出："对于有职业心的、有想象力的和追求私利的企业家来说，这里有大量的机会——他们是鼓舞人心的、高贵的个人，对于资本主义的社会文化来说至关重要，并且相当经常地被描述为资本主义技术动态变迁的唯一源泉。"①

分工演进具体表现为个体专业化水平的提高，最终产品种类数的增加，生产的迂回程度增加，生产链条拉长，是一个从低水平分工向高水平分工发展的动态演进过程。② 人类早期的分工表现为自然分工，所谓自然分工，主要是指因各种自然力的作用而导致的自然资源禀赋差异，如水文气候、地质地貌、自然植被、土地以及动植物和矿藏等因素对经济活动的影响。自然分工主要强调经济活动的自然环境差异，而对差异的强调正是分工和专业化的内涵，正是从这个角度来看，自然分工不仅是劳动分工的起点和基础，也是经济发展的初始条件。③ 马克思认为，自然分工发生在交换之前，产品作为商品的这种交换，起初是在各个公社之间而不是在同一公社内部发展起来的。这种分工在某种程度上不仅以人的本身的自然差别为基础，而且以各个公社所拥有的生产的自然因素为基础。当产品发展为商品，商品交换活动的增多又会反作用于分工，因此，分工和交换互相发生影响。④

自然分工所导致的生产行为及其结果的差异——多样性的产品剩余，是交易倾向和物物交换的客观基础。⑤ 随着交易频率的增加、交换种类的增多、固定交换场所的出现以及交易规则和惯例的形成，交易费用趋向降低，促进了交易范围的扩大。斯密提出，分工是人类本性中互通有无的交换倾向引起的，分工扩展受市场广狭限制。也就是

---

① Harvey, D., *The Limits to Capital*, The University of Chicago Press, 1982, p. 120. 转引自谢富胜、李安《技术创新背后的技术》，《学海》2009 年第 6 期。

② 张峰：《基于分工的产业升级理论与对策》，《重庆工商大学学报》（社会科学版）2010 年第 1 期。

③ 李雪荣、杨新华：《自然分工、劳动分工与市场起源及其演变》，《河北师范大学学报》（哲学社会科学版）2013 年第 3 期。

④ 《马克思恩格斯全集》第 47 卷，人民出版社 1979 年版，第 312 页。

⑤ 李雪荣、杨新华：《自然分工、劳动分工与市场起源及其演变》，《河北师范大学学报》（哲学社会科学版）2013 年第 3 期。

说，分工的深化取决于市场范围和市场需求的大小。"由于是交换能力引起了劳动分工，所以分工的程度就必然总是要受到交换能力大小的限制。换句话说，要受到市场大小的限制。"① 实际上，只有当某种产品或服务的需求量随着市场范围的扩大而增长到一定程度时，专业化的生产者才能出现和持续存在。相反，如果市场交换能力较小，生产者之间甚至无法交换各自的剩余产品，更遑论专务一职了。② 杨格发展了斯密的命题。

总结已有研究成果，我们认为，分工演进的动力在于以下四个方面。

第一，分工深化可以带来效率和报酬递增。分工是提高生产力的重要途径之一，即便是在技术不变的情况下，生产力的提高也可以由分工产生，依照斯密的观点，劳动分工可以带来工人熟练程度的增加、工作之间转换时间的节约以及新机器的发明。

第二，分工可以扬长避短，充分利用绝对优势和比较优势的好处。柏拉图认为，如果一个人专门做一种工作，他所生产出来的产品必然较好和较多。所以，一个国家中应该有专门从事各种行业的人。每一个人都有多方面的需求，但是，人们生来却只具有某种才能，因此，一个人不能无求于他人而自足自立，于是人们便自愿联合起来成立国家。在国际贸易方面，即便是两个国家的自然禀赋、资本技术和劳动状况完全相同，因而其生产率也完全相同，进行专业化生产和国际贸易对于每个国家的技术创新、知识提升、财富增加、经济增长、就业扩大、管理优化、制度创新及国际和平等，都具有重要的增长价值或发展意义。③

第三，分工是生产力发展到一定阶段，人们自觉选择的结果。罗森、杨小凯等认为，分工的产生是分工的好处和分工导致的交易费用两难冲突最优折中的结果。分工的起源取决于两点：财富的积累和交

---

① ［英］亚当·斯密：《国富论》，谢祖钧等译，中南大学出版社 2003 年版。

② 李雪荣、杨新华：《自然分工、劳动分工与市场起源及其演变》，《河北师范大学学报》（哲学社会科学版）2013 年第 3 期。

③ 俞宪忠：《专业化分工的经济驱动效应》，《东岳论丛》2010 年第 4 期。

易费用，当财富积累到一定程度，可以弥补交易费用带来的风险时，在交易收益的驱动下，人们会选择专业化。①

第四，分工引起分工的进一步深化。劳动分工的演进促进了生产效率提升和建立其基础之上的收入增长，使市场供给和需求同时扩张，市场规模扩大，交换能力提升。分工演进和市场扩张之间可以产生良性循环。因为市场规模扩大又使产品价值链中的各环节独立出来成为可能，迂回生产的程度进一步得到提高，这又进一步加快了分工演进。②

二　技术创新促进分工深化与专业化生产的基本规律

新兴古典经济学家罗森、杨小凯从内生角度总结了分工产生的原因，他们认为，分工的起源取决于财富的积累和交易费用，当财富的积累可以弥补交易费用时，人们在交换利益的驱动下会选择专业化分工。③ 因此，分工能否进一步深化取决于交易费用的高低，而交易费用的高低又取决于交易方式的创新和制度的创新，因为新的制度变迁和交易方式总是沿着降低交易费用、规避交易风险，提高交易效率的路径演进，因此，制度变迁和交易方式创新所带来的交易费用节约是促进专业化生产不断向前发展的前提。在节约交易费用、提高交易效率方面，技术创新也可产生与制度创新和交易方式创新同等的效果。从人类社会发展历程来看，技术革新与分工演进并行不悖，相互促进，技术创新对分工演进的促进作用体现在以下三个方面。

第一，像铁路、轮船、电报、电话等交通通信方面的技术创新本质上是用"时间消灭空间"，它极大地降低了商品流通和信息传输的时间成本，是市场交换范围扩张的物质基础。马克思指出，交通工具的增加和改良使生产同一商品所需要的劳动时间减少，并建立了精神与贸易的发展所必需的交往。而且，它们对劳动生产力所产生的影响，完全和耕作方法的改良，化学、地质学等的进步，以及普及教

---

① 魏旭：《马克思基于分工的报酬递增思想》，《当代经济研究》2010 年第 1 期。
② 周绍东：《"五大发展理念"的时代品质和实践要求——马克思主义政治经济学视角的研究》，《经济纵横》2017 年第 3 期。
③ 魏旭：《马克思基于分工的报酬递增思想》，《当代经济研究》2010 年第 1 期。

育，法律保障等所产生的影响一样。① 杰里米·里夫金认为，历史上巨大的经济变革往往都是由新型通信技术与新型能源体系相结合而引发。在 19 世纪是廉价的蒸汽动力及以煤炭为动力的蒸汽铁路。在 20 世纪，电话以及稍后出现的无线电与电视成为重要的通信媒介，它与燃油内燃机的结合带领人们进入了石油经济和汽车时代。② 为什么是通信、交通以及能源的革命引发了前两次工业革命？因为商品经济是一种为交换而生产的经济形式，生产和消费在时间和空间上通常是分离的。与商品生产相比，商品交换会随着分工的拓展和交易市场的扩展而变得更加复杂。当交易的区域范围不断向外扩展时，时空距离始终是决定商品交换行为能否发生或顺利达成的主要障碍之一。而工业革命以来，交通运输和通信技术的变革大幅度降低了流通成本和交易费用，使交易的对象不断增加，交易的范围不断扩展，从国内到国外，整个世界市场日益结成一个整体。生产越是以交换价值为基础，因而越是以交换为基础，交换的物质条件——交通运输工具——对生产来说就越是重要。资本按其本性来说，力求超越一切空间界限。因此，创造交换的物质条件——交通运输工具——对资本来说是极其必要的：用时间去消灭空间。既然直接产品只有随着运输费用的减少才能在远方市场大规模实现。③ 此外，一定规模的人口数量和人口密度也是分工的前提之一，当此条件不具备时，交通工具可以在一定程度上代替这种密度。在人口稀少的国家中，这种集结只能在少数地方发生。但是，集结的发生也可以是由于农业需要稀少的人口，因此主要的人口可以离开土地，集中到当时已有的生产资料的周围，即资本存在的地方。④ 交通运输业的发展方便了产品交换，越来越多的人口通过商品交换被吸收进社会分工体系。

马克思说：资本一方面要力求摧毁交往即交换的一切地方限制，

① 《马克思恩格斯全集》第 47 卷，人民出版社 1980 年版，第 584 页。
② ［美］杰里米·里夫金：《亚太需要"后碳"时代规划》，http://www.china.com.cn/international/txt/2013－01/10/content_ 27641353_ 2. htm，2013 年 1 月 10 日。
③ 《马克思恩格斯全集》第 46 卷（下），人民出版社 1980 年版，第 16 页。
④ 《马克思恩格斯全集》第 47 卷，人民出版社 1979 年版，第 336 页。

夺得整个地球作为它的市场，另一方面它又力求用时间去消灭空间，也就是说，把商品从一个地方转移到另一个地方所花费的时间缩减到最低限度。资本越发展，从而资本借以流通的市场，构成资本空间流通道路的市场越扩大，资本同时也就越是力求在空间上更加扩大市场，力求用时间去更多地消灭空间。① 20 世纪 80 年代以来，互联网信息科技在流通领域的广泛应用使各经济主体能够及时、便捷地获取和传递国际市场的商品供求、价格以及汇率波动信息等。正是以互联网为代表的通信技术的发展以及电子商务的应用，才使投资、金融和贸易全球化的发展成为可能和现实。

第二，技术创新是企业分工向社会分工转化的基础和前提。基于技术革新的生产率提高能够促进生产手段专业化水平提高以及生产过程分解，表现为中间生产环节的不断分化和独立化，整个迂回生产的链条被拉长。如果以表示一条产业链条，L_a、L_b、L_c 分别表示产业链条上的一个个生产环节，则整个分工体系 L 就可以表示为：

$$L = L_a + L_b + L_c$$

如果随着技术创新的发展，专业化水平提高使 L_b 和 L_c 从该产业链中独立出来，则上式就变为：

$$L = L_a$$

现在，原来的一个生产部门变成了三个独立的生产部门，新部门的产生扩容了整个社会的分工体系。当然，在技术创新的推动下，原来的工艺流程和工序 L_a 还会继续发生分解，衍生出更多的专业化部门如 L_{a1}、L_{a2}、L_{a3} 等，从而使专业化程度在原有基础上不断提升。

马克思在阐述工场手工业和机器大工业时，曾提出，由于技术不发达，劳动工具的分化和生产过程的分解程度不高，工场手工业还是"一个以人为器官的生产机构"，而到了机器大工业时代，技术的高度发展，使劳动工具不断分化，生产过程不断分解，形成了以机器为器官的生产机构。② "一旦工场手工业的生产扩展到这样一种行业，即以

---

① 《马克思恩格斯全集》第 46 卷（下），人民出版社 1980 年版，第 33 页。

② 魏旭：《马克思基于分工的报酬递增思想》，《当代经济研究》2010 年第 1 期。

前作为主要行业或辅助行业和其他行业联系在一起、并由同一生产者经营的行业，分离和互相独立的现象就会立即发生。一旦工场手工业的生产扩展到某种商品的一个特殊的生产阶段，该商品的各个生产阶段就变成各种独立的行业。……为了使工场手工业内部的分工更完善，同一个生产部门，根据其原料的不同，根据同一种原料可能具有的不同形式，而分成不同的有时是崭新的工场手工业。"① "新生产部门的这种创造，即从质上说新的剩余时间的这种创造，不仅是一种分工，而且是一定的生产作为具有新使用价值的劳动从自身中分离出来；是发展各种劳动即各种生产的一个不断扩大和日益广泛的体系，与之相适应的是需要一个不断扩大和日益丰富的体系。"②

现代科技发展可以创造出原来没有的部门，这表现为产品种类、新部门的产生和发展，大大扩容了现有的分工体系。在当代科技革命发展过程中，分工的这种发展最为突出。一系列中小型高科技企业的建立，正是通过新的技术发明和产品创新，生产和提供以往并不存在的新产品和服务。③ 第二次世界大战后，科技革命的发展使工农业生产更加专业化和社会化，越来越多的生产过程和环节从原来的部门独立出来，形成了如开发研究、广告服务、情报服务等新的部门。④ 在我国，由国家标准局编制的《国民经济行业分类与代码》把全部国民经济划分为 16 个门类、92 个大类、300 多个中类以及更多的小类。联合国在 1971 年颁布的《国际产业分类法》中将全部经济活动分为大、中、小、细四个层次，其中共有 10 个大项，若干个中项，以及更多的小项和细项。比如，在 10 个大项中，"制造业"又被分成 9 个中项，各个中项再分为若干个细项，等等。⑤

第三，节约成本的工艺创新降低了单个商品的生产成本和价格，

---

① 《资本论》第一卷，人民出版社 1975 年版，第 391—392 页。
② 《马克思恩格斯文集》第八卷，人民出版社 2009 年版，第 90 页。
③ 邱海平：《马克思的生产社会化理论与分工的二元发展》，《社会科学研究》2004 年第 2 期。
④ 宋则行、樊亢主编：《世界经济史》（下），经济科学出版社 1994 年版，第 31 页。
⑤ 周绍东：《以劳动与分工为硬核的马克思经济发展理论研究》，《社会主义研究》2013 年第 1 期。

使价格高昂的奢侈品不断地转变为低廉的大众消费品，由此扩大了市场消费需求，市场需求的扩大又反过来推动劳动分工的进一步深化。一般来说，如果生产规模比较狭小时，那么分工就不可能非常细。只有当生产规模达到一定程度时，才可能细化分工。怎样才能扩大生产规模呢？试想：如果没有消费市场的扩大，生产规模能扩大吗？不可能。同时，如果商品价格很高，大多数人对它望而却步，消费规模能扩大吗？也不可能。怎样使商品变得廉价呢？答案就是节约成本的工艺创新。

三 分工演进对技术创新的正面效应与负面效应

生产方式是劳动者与生产资料结合的方式方法，它的外在表现就是劳动分工和协作行为。分工和创新作为互通的经济学概念，实质上是生产方式最重要的表现形式和存在形式。[①] 马克思认为，分工是生产同一种商品的各个不同部分的许多工人在一个资本的指挥下的协作，其中商品的每一个特殊部分要求一种特殊的劳动，即特殊的操作，每一个工人或每一组工人，只是完成某种特殊的操作，别的工人完成其他的操作，如此等等。但是，这些特殊操作的总体生产一种商品，即一定的、特殊的商品。[②] 马克思主要考察了两种类型的分工：第一类分工和第二类分工。第一类分工表现为：某个特殊劳动部门的产品作为特殊的商品，与其他一切劳动部门的作为不同于这种特殊商品的独立商品的产品相对立。相反，第二类分工发生在一个特殊的使用价值当作特殊的、独立的商品进入市场或进入流通之前的生产中。在第一种情况下，各种不同的劳动通过商品交换互相补充。在第二种情况下，各种特殊劳动直接在资本指挥下协作生产同一种使用价值，无须通过商品交换。[③] 第一类分工是社会劳动分成不同的劳动部门；第二类分工是在生产某个商品时发生的分工，因而不是社会内部的分

---

① 郭熙保：《发展经济学的马克思主义新发展——〈分工与创新：发展经济学的马克思主义复兴〉评介》，《经济论坛》2015 年第 11 期。

② 《马克思恩格斯全集》第 47 卷，人民出版社 1979 年版，第 301 页。

③ 同上书，第 303 页。

工，而是同一个工厂内部的社会分工。①

技术创新可以促进分工水平不断提升，更高的分工水平又能加速技术变革，为技术革新开辟空间。

第一，分工引起劳动工具的分化、专门化和简化，为技术创新提供机遇和可能。斯密认为，劳动分工有利于机器发明。因为，当劳动者专司一职时，工作经验日积月累，有利于节约劳动机器的改进或发明，而且标准化的操作也为制造出专门的机器来取代人力提供了可能性。马克思也认为：机器体系的这条发展道路就是分解——通过分工来实现，这种分工把工人的操作逐渐变成机械的操作，而达到一定地步，机器就会代替工人。② 分工导致作为劳动资料使用的工具的分化，从而导致它的简单化，因而也同样导致这种工具的完善化。③ 劳动分工使一组复杂的生产过程转化为相继完成的简单过程，所以，分工的深化在一定程度上推动了生产工具的完善和创新。

第二，分工深化促使教育和科研部门独立出来，知识的传播和创新成为一个专门的行业，有力地促进了科技发展与技术创新。在原始社会，只有性别分工和自然分工；后来，随着社会生产力的发展，生产效率不断提高，分工才日益细化；到后来教育、研发等部门的独立化，使知识的获取、积累、传播和创造更为迅捷高效。"在工业革命前以工匠和农民的经验为主要来源的技术发明，是生产过程的副产品，而非发明者有意识的、具有经济动机的活动的结果。其创新主要依据经验对现有技术作小修正而产生。"④ 到了 18 世纪中叶英国的工业革命以后，技术发明的方式在西方逐渐转变为"为发明而发明"，也就是说，"发明"作为一个独立的部门从其他行业中分化出来。特别到 19 世纪中叶，科学已在技术发明中起到非常重要的作用，使技术发明遭遇到"瓶颈"时，能够经由基础科学研究的努力，增加对自

① 《马克思恩格斯全集》第 47 卷，人民出版社 1979 年版，第 305 页。
② 《马克思恩格斯全集》第 46 卷（下），人民出版社 1980 年版，第 217 页。
③ 《马克思恩格斯全集》第 47 卷，人民出版社 1979 年版，第 337 页。
④ 林毅夫：《李约瑟之谜、韦伯疑问和中国的奇迹——自宋以来的长期经济发展》，《北京大学学报》（哲学社会科学版）2007 年第 4 期。

然界的认识，打破技术发明的"瓶颈"，扩展新技术发明的空间，而使技术创新的不断加速成为可能。① 试想：经济学家能够"偶然地"提出相对论吗？爱因斯坦不改变专业就能提出科斯定理吗？从事严肃研究的科学家都希望碰到意外的运气，但要增加"偶然"发现的概率，他们必须专业化。②

第三，分工经济具有较强的技术溢出效应。分工经济把不同的部门联系起来，由于产业间相互联系、相互依赖的程度不断加深，一个部门的技术创新，不仅可以带来本部门的经济增长，还会扩散到其他相关部门，引起该部门乃至整个生产流程的技术基础发生变革，进而带来整体的经济增长。孙晓华、田晓芳（2010）对中国装备制造业技术创新的溢出效应进行了实证检验，结果显示，装备制造业技术创新对非装备制造业部门能够产生显著的正效应。装备制造业对整个工业经济的带动作用非常明显，约为52%，装备制造业边际生产力水平大大高于非装备制造业。

第四，分工增进了竞争。分工的深化和广化扩大了市场交易范围，交易对象的不断增多将给其参与者带来更大更多的压力，这有利于破除垄断，降低生产价格和资本利润率。在超额利润率趋向收窄和利润率平均化的压力下，分工参与者不得不推动新一轮技术创新，以降低生产成本，保住其市场份额和地位。

毋庸置疑，技术创新的效率会受到劳动分工的程度和规模的影响。然而，长久以来，在经济理论研究中，我们往往重视分工对技术创新的正面效应，很少提及分工产生抑制创新的负面效应。这种负面效应表现在以下两个方面。

第一，分工的片面化扼杀了工人的创新能力。分工导致操作过程简单化、标准化，不利于工人创新潜力的挖掘。马克思指出，造成总生产过程的生产率的提高，它的复杂性和丰富性所花的代价，是把执

---

① 林毅夫：《李约瑟之谜、韦伯疑问和中国的奇迹——自宋以来的长期经济发展》，《北京大学学报》（哲学社会科学版）2007年第4期。
② 张五常：《经济解释》，商务印书馆2000年版，第521、391页。转引自俞宪忠《专业化分工的经济驱动效应》，《东岳论丛》2010年第4期。

行某种特殊职能的劳动能力归结为枯燥的单纯抽象，归结为某种简单的质，这种质表现为始终如一的、单调的同一动作，工人的全部生产能力、他的种种才能都在这种质上耗费掉了。①

第二，低水平的分工会抑制一个企业，甚至一个地区和国家创新能力的攀升。20 世纪 80 年代以来，全球价值链分工形式将全球大多数国家都卷入了跨国公司主导的分工体系。全球分工体系的形成，让分工的范围更加广泛，企业间的联系更为紧密，形成了全球生产网络。但是，处于价值链上的不同企业、地区或者国家，其技术创新能力以及产生迂回式分工的能力差别较大。在发达国家或跨国公司主导下，形成了两种并存的格局：一是发达国家产业分工的高水平均衡，其特点是分工深化、专业化程度比较高、创新能力很强、能够满足较高收入水平的市场需求；二是发展中国家产业分工的低水平均衡，其特点是专业化程度较低、创新能力较弱，主要依靠模仿，满足较低收入水平的市场需求。② 同时，位于价值链高端的研发企业具有很强的垄断势力，利润丰厚，具有更强的迂回式分工拓展特征。相反，处于价值链低端的企业数量多，缺乏核心技术和专业化知识以及高层次人力资本，生产链条短，市场竞争激烈，利润空间遭受严重挤压。

第三节　分工与利润率动态分析框架的拓展

一　利润率下降理论

马克思在阐述利润率下降规律时首先撇开了剩余价值实现问题，主要从生产过程出发，去论证资本有机构成提高如何引发了利润率的下降。这一机制就是：资本家发展劳动生产力本身的目的是为了缩短工人必要劳动时间，相应延长工人剩余劳动时间，攫取更多剩余价

---

① 《马克思恩格斯全集》第 47 卷，人民出版社 1979 年版，第 317 页。
② 刘明宇、芮明杰：《价值网络重构、分工演进与产业结构优化》，《中国工业经济》2012 年第 5 期。

值。在资本主义社会里，资本家无止境地追逐剩余价值的内在冲动和外在竞争的加剧迫使他们对劳动过程的技术条件和社会条件不断革新以降低单位生产成本。但是，在资本积累和技术革新的推进中，劳动的量相比它所推动的生产资料的量却相对减少，这一技术进步机制意味着，尽管资本积累与扩大再生产推动了劳动生产力的提高，但其结果是不变资本占总资本的比例越来越高。而且，生产资料的资本主义私人占有和雇佣劳动制度也决定了雇佣劳动者其工资水平只能在狭隘的范围内运动，其实际工资的增长要受相对过剩人口规律的制约，不可能与不变资本增速保持同步。劳动节约型的资本积累与扩大再生产过程，必然要导致不变资本与可变资本之比即资本有机构成①趋于上升，资本有机构成提高必然要导致一般利润率趋于下降。

定义利润率：

$$p = \frac{\sum m_i}{\sum c_i + \sum v_i} = \frac{\sum m_i / \sum v_i}{1 + \sum c_i / \sum v_i} = \frac{m'}{1 + q}$$

式中，m_i、c_i、v_i 分别表示第 i 部门的剩余价值、不变资本与可变资本，q 表示有机构成，m' 表示剩余价值率。上述公式表明，一般利润率与有机构成的变动成正比，与剩余价值率的变动成反比。从长期来看，随着劳动生产力的发展，前者将推动利润率下降，后者将推动利润率上升。不过，马克思认为，即使后者随着相对剩余价值生产的增加而提高，但是，仍不足以弥补资本有机构成的提高，因为有机构成的提高意味着创造剩余价值的活劳动减少了，当工人人数缩减到一定程度时，无论剩余价值率提高多少，所获得的剩余价值总量也会减少。因此，"两个每天劳动 12 小时的工人，即使可以只靠空气生活，根本不必为自己劳动，他们所提供的剩余价值量也不能和 24 个每天只劳动 2 小时的工人所提供的剩余价值量相等。"②

在这里，雇佣工人的绝对减少构成了剩余价值率补偿效应的"天

---

① 当然，这一说法并不严谨，因为不变资本与可变资本之比是资本价值构成，只有当它反映了技术构成的变化时，才能说是有机构成。

② 《资本论》第三卷，人民出版社 1975 年版，第 276 页。

花板"，正如马克思所说："靠提高劳动剥削程度来补偿工人人数的减少，有某些不可逾越的界限……这种补偿能够阻碍利润率下降，但是不能制止它下降。"[①] 可见，马克思认为，抵消因素的反作用不可能长期持续下去，而在长期内资本有机构成的上升最终会引发利润率的下降。但是，上述马克思的举例基于三个假设：第一，整个产业部门是单一且不变的。在此种情形下，一旦雇佣工人因所在部门效率的提升而被游离出去，就走向绝对失业，无法在其他部门找到工作，并重新参与剩余价值的生产。第二，劳动生产率提高前后的预付资本保持不变。第二点正是海因里希提出的质疑，他认为，只有当雇用 2 个工人所必需的资本至少和以前雇用 24 个工人时一样多时，马克思的判断才是正确的。[②] 第三，劳动生产率的变化对工人单位时间内的价值创造没有影响。实际上，第一个假设在现实中很难得到保证，这就引出了利润率下降理论的方法论缺陷问题。

二　利润率下降理论的方法论缺陷

孟捷教授最早指出，马克思的利润率下降理论在方法论上包含两个缺陷：第一，假定价值增殖的使用价值基础以及社会分工体系和资本积累的主导部门在长期没有发生变化。第二，利润率下降建立在有机构成提高基础上，而不是建立在生产与流通、剩余价值生产与剩余价值实现之间的矛盾之上。他认为，剩余价值实现条件的恶化才是一般利润率下降的首要原因。利润量和利润率的下降影响实际积累规模和资本家的投资预期，从而促使积累率下降，实际积累率的减少意味着剩余价值实现条件更加恶化，并导致利润量和利润率进一步下降，为生产过剩经济危机的爆发铺垫了道路。[③]

在我们看来，孟捷教授所指出的第一个缺陷未免有些绝对化，因

---

① 《马克思恩格斯文集》第七卷，人民出版社 2009 年版，第 276 页。

② Heinrich, M., "Crisis Theory, the Law of the Tendency of the Profit Rate to Fall, and Marx's Studies in the 1870s", *Monthly Review*, Vol. 64, No. 11, 2013, pp. 15 – 31.

③ 孟捷：《马克思主义经济学的创造性转化》，经济科学出版社 2001 年版，第 105—111 页；孟捷：《产品创新与马克思主义资本积累理论》，载张宇、孟捷、卢荻主编《高级政治经济学》，中国人民大学出版社 2006 年版，第 411、417 页。

为马克思已经考虑到了个别部门特别是新部门建立对社会平均利润率的影响。而且从利润率的形成过程也能推论出这一结论：既然一般利润率是由各特殊生产部门利润率的平均化而形成的，那么，每个部门的平均利润率肯定会影响整个社会的平均利润率。马克思在《资本论》第三卷指出："在每个生产部门中，本部门的利润率会发生或长或短时间的波动，直到这种波动经过一系列提高或降低稳定下来，足以赢得时间来影响一般利润率，从而不只是具有局部的意义。"① 显然，"足以赢得时间来影响一般利润率"这句话就充分表明：马克思很清楚地意识到个别部门利润率的波动所产生的影响可能会比较持久，效果也可能会比较大。而且他在阐述利润率下降趋势起反作用的各种原因时也指出，因为一些新的生产部门，特别是生产奢侈品的部门，会把其他生产部门游离出来的相对过剩人口作为基础。因为这些新生产部门本身建立在活劳动要素占优势的基础之上，可变资本在总资本中占有相当大的比重，工资则低于平均水平，所以，这些生产部门的剩余价值率和剩余价值量都非常高。② 正因为如此，马克思指出：利润率的下降也可以通过建立这样一些新的生产部门来加以阻止，在这些部门中，同资本相比需要更多的直接劳动，或者说，劳动生产力即资本生产力还不发达（也可以通过垄断）。③

不过，我们仍然能够确定的是，在利润率下降问题上，马克思对新部门建立的反作用效果与剩余价值率提高的反作用效果，看法基本是一样的，即"这种补偿能够阻碍利润率下降，但是不能制止它下降"。④ 马克思在论述利润率的平均化时也指出，"人们可能认为，一般利润率必定每天都会变动。但是，一个生产部门的运动，会抵消另一个生产部门的运动，各种影响交错在一起，并失去作用。……然而这些波动是缓慢的；各个生产部门的波动的突然性、多面性和

---

① 《马克思恩格斯文集》第七卷，人民出版社 2009 年版，第 190 页。
② 同上书，第 263—264 页。
③ 《马克思恩格斯全集》第 46 卷（下），人民出版社 1980 年版，第 270 页。
④ 《马克思恩格斯文集》第七卷，人民出版社 2009 年版，第 276 页。

时间的长短不一，使波动部分地由于发生时间的先后而得到平衡，以致涨价后又跌价，或者跌价后又涨价，因而波动依然是局部的，也就是限于特殊生产部门；最后，不同的局部的波动还会互相中和。在每个特殊生产部门中都发生变动，都发生同一般利润率的偏离，但一方面，它们在一定时间内互相抵消，因此不会影响一般利润率"。①

三　基于分工演进视角的利润率动态分析框架

我们认为，前述马克思关于"在每个特殊生产部门中都发生变动，都发生同一般利润率的偏离，但一方面，它们在一定时间内互相抵消，因此不会影响一般利润率"的判断，低估了部门利润率变动的"偏离"效应。在我们看来，特殊部门利润率与一般利润率的偏离，其反作用在一定时候也会比较大，并足以扭转利润率的下降趋势。特别是在经济长波的萧条期向复苏期的转换阶段，新部门的利润率比较高，能够拉动经济运行迈向新一轮繁荣，这就是分工演进的作用。接下来，我们具体考察分工演进对利润率动态的影响。

（一）两组利润率公式

马克思利润率公式：

$$p = \frac{S}{K+W} = \frac{S/W}{K/W} = \frac{s'}{1+q}$$

韦斯科普夫利润率公式：

$$p = \frac{S}{K} = \frac{S}{Y} \times \frac{Y}{Y^*} \times \frac{Y^*}{K}$$

式中，S 表示剩余价值，K 表示不变资本，W 表示劳动报酬或可变资本，K/W 与 q 表示有机构成，S/W 与 s' 表示剩余价值率；Y 表示实际净产出，它等于剩余价值 S 与可变资本 W 之和。Y^* 表示潜在产出，$\frac{S}{Y}$ 表示剩余份额，$\frac{Y}{Y^*}$ 表示产能利用率，$\frac{Y^*}{K}$ 表示产能资本比。

当我们假设实际产出等于潜在产能即当产能利用率 $\frac{Y}{Y^*}$ 为100%

---

① 《马克思恩格斯文集》第七卷，人民出版社2009年版，第189页。

时，韦斯科普夫利润率公式就退化为：

$$p = \frac{S}{K} = \frac{S}{Y} \times \frac{Y}{K}$$

在马克思和韦斯科普夫利润率公式中，一些变量所表示的含义是相通的。其中，资本有机构成 K/W 与产能资本比 $\frac{Y^*}{K}$ 的联系为：

因为 $\frac{Y^*}{K}$ 可以分解为：

$$\frac{Y^*}{K} = \frac{Y^*}{Y} \times \frac{Y}{W} \times \frac{W}{K}$$

所以，当 $\frac{Y}{Y^*}$ 和 $\frac{Y}{W}$ 不变时，$\frac{W}{K}$ 的缩小即资本有机构成的上升就会反映在产能资本比 $\frac{Y^*}{K}$ 中。

另外，剩余价值率和剩余份额也是相通的，因为：

$$s' = S/W = \frac{S}{Y-S} = \frac{S/Y}{1-S/Y}$$

如果用 σ_S 表示剩余份额，则 $s' = S/W = \frac{S}{Y-S} = \frac{\sigma_S}{1-\sigma_S} = \frac{1}{1/\sigma_S-1}$。

进一步地，剩余份额可以继续分解如下：

$$\sigma_S = \frac{S}{Y} = \frac{Y-W}{Y} = \frac{P_y y - wl}{P_y y} = \frac{y/l - w/P_y}{y/l}$$

式中，P_y 表示产出品价格指数，实际净产出 y 等于名义净产出 Y 除以产出 Y 品价格指数 P_y。l 表示雇员数量或者劳动小时数，w 表示平均工资，w/P_y 表示平均的实际工资，y/l 表示实际的劳动生产率。利润份额的分解公式表明，劳动生产率相对于实际工资的更快上升将提高利润份额。

同样，产出资本比 $\frac{Y}{K}$ 可以进一步分解为：

$$\frac{Y}{K} = \frac{P_y y}{P_k k} = \frac{P_y}{P_k} \times \frac{y/l}{k/l}$$

式中，P_k 表示资本品的价格指数，等于名义资本存量 K 除以实际资本存量 k。在实际产出资本比不变的条件下，产出品价格 P_y 相对于

资本品价格 P_k 的更快上涨将会导致名义产出资本比上升；而当劳动生产率的增长率超过资本技术构成的增长率时，在相对价格比不变的情况下，名义产出资本比也会上升。

考虑到企业要把剩余价值中的一个较大部分用于监管和流通等非生产开支，则企业留存利润就等于剩余价值减去非生产开支，即 $\Pi = S - U$，其中，Π 表示利润，U 表示非生产性开支。基于此，重新定义马克思和韦斯科普夫的利润率公式：

$$r = \frac{\Pi}{K + W} = \frac{(S - U)/W}{K/W} = \frac{s' - U/W}{1 + q}$$

$$r = \frac{\Pi}{K} = \frac{S - U}{K} = \frac{S - U}{Y} \times \frac{Y}{Y^*} \times \frac{Y^*}{K}$$

（二）分工演进对利润率的影响

马克思指出："资本的再生产和积累，更多地取决于所使用的劳动的生产率，而不是所使用的劳动量。"[①] 分工的演进不仅提高了劳动效率，而且分工演进所带来的产业和产品部门更替拓展了旧资本的生存和盈利空间，衍生了新的经济增长点，为剩余价值和利润的增加开辟了新的源泉，最终减缓了资本利润率下降的压力。当然，由于分工和结构转变要经历一个从量变到质变的过程，其间必然引发利润率和经济增长的波动。接下来，我们分别探讨企业内分工与社会分工对利润率趋势的反作用。

1. 企业内分工深化对利润率下降趋势的反作用

企业内部分工的深化优化了人和设备的配置，工人专司一职，提高了劳动熟练程度，节约了不同工作之间的转换时间，提高了劳动生产率。劳动生产率的增加，一方面能够提高剩余价值率 s' 和剩余份额 σ_W；另一方面也能增加产出资本比 $\frac{Y}{K}$，这些都有助于利润率的提高。而且，分工与协作也会产生一种集体力，这种集体力可以提高劳动产出，但不花费资本家分文。如果随着劳动生产率的提升，收入水平也能随之增长，则市场需求会进一步扩张，市场需求扩张，一方面能够

---

① 《马克思恩格斯文集》第七卷，人民出版社 2009 年版，第 98 页。

减缓生产与交换之间的矛盾，提高产能利用率 $\frac{Y}{Y^*}$；另一方面也会提高资本家的积累意愿。同时，市场需求的扩大通过减少非生产性支出 U，增加企业的保留利润 Π。这些因素都有助于利润率的提高。

分工的深化还能节约不变资本与可变资本支出。

首先，总体工人在生产过程中共同使用生产资料会节约不变资本支出。工人的聚集和协作"一方面会节省不变资本。同样的建筑物、取暖设备和照明设备等等用于大规模生产所花的费用，比用于小规模生产相对地说要少。动力机和工作机也是这样。……在既定的生产规模上，用最少的费用，来实现对他人无酬劳动的这种尽可能大的占有。这种节约的基础……是不变资本本身使用上的节约，就这一点说，这种节约或者是直接来源于一定生产部门本身内的协作和劳动的社会形式，或者是来源于机器等的生产已经达到这样一种规模，以致机器等的价值不是和它们的使用价值按相同的比例增加。"①

其次，废料的循环利用也会节约不变资本。而生产废料再转化为同一个产业部门或另一个产业部门的新的生产要素，也是大规模社会劳动的结果。②

再次，分工演进优化了工作程序，减少了处在中间状态的存货，节约了生产过程中以半成品形式存在的流动资本。

最后，从可变资本的节约来看，分工之后，每种操作按照社会必要劳动时间的不同要求分配给不同的劳动者分别承担，极大地降低了可变资本。

分工减少了人力浪费。分工使操作专门化、简单化和标准化，使劳动力价值中包含的学习费用下降。分工提高了生活资料的劳动生产率，降低了再生产劳动力所需要的价值，同样规模的资本相较之前可以雇用更多的工人。③

---

① 《马克思恩格斯文集》第七卷，人民出版社 2009 年版，第 96—97 页。

② 同上书，第 93—94 页。

③ 谢富胜、李安：《分工动态与市场规模扩展：一个马克思主义经济学的分析框架》，《马克思主义研究》2009 年第 9 期。

另外，分工会引起进一步的分工，这是因为，市场规模扩大与交换能力的提升"又使产品价值链中的各环节独立出来成为可能，迂回生产的程度得到提高，又进一步加快了分工演进"。[①]

2. 社会分工演进对利润率下降趋势的反作用

分工深化不断延伸原有的产业链条，拓展了现有的分工体系。由于分工深化造成越来越专业化的生产方式，生产的迂回程度增加，中间生产环节增加，生产链条拉长。特别是"迂回生产"所引致的对其他行业分工的诱导性需求以及技术外溢，导致了新兴行业和部门的发展与扩张，最终产品品种增加。而且新的生产部门为过剩资本提供了增值空间，如果没有这些新产生的部门，过剩资本就只能"吃"较低的利息或股息。

第一，新部门往往能够获得超额利润。一般来说，新部门利润率比传统部门利润率更高。而且，新的经济部门有时可以生产和提供以往并不存在的全新产品和服务，此时，供给可以引领并创造需求。由于竞争者少，市场空间广阔，企业在一定程度上具有垄断优势，因而存在超额利润，平均利润率水平较高。

第二，生产资料部门的向前发展节约了不变资本支出。这种节约具有这种特征：一个产业部门劳动生产力的发展降低了另一个部门的不变资本，相应地提高了该部门的利润率。例如，自然科学及其应用方面的进步，提高了铁、煤、机器的生产或建筑业等行业的劳动生产力，后者又使另外一些产业部门如纺织工业或农业的生产资料价值减少。因此，一种商品的便宜程度，"不仅是它作为生产资料参加其生产的那种商品变得便宜的条件，而且也是它构成其要素的那种不变资本的价值减少"[②] 和利润率提高的条件。而"生产力的这种发展，最终总是归结为发挥着作用的劳动的社会性质，归结为社会内部的分工，归结为脑力劳动特别是自然科学的发展。在这里，资本家利用

---

①　周绍东：《"五大发展理念"的时代品质和实践要求——马克思主义政治经济学视角的研究》，《经济纵横》2017 年第 3 期。

②　《马克思恩格斯文集》第七卷，人民出版社 2009 年版，第 96 页。

的，是整个社会分工制度的优点。"①

第三，产品创新扩大了产品交换种类，吸收了过剩的资本。马克思指出："机器刚刚为自己夺取活动范围的这个初创时期，由于借助机器生产出异常高的利润而具有决定性的重要意义。这些利润本身不仅形成加速积累的源泉，而且把不断新生的并正在寻找新的投资场所的很大一部分社会追加资本吸引到有利的生产领域。"② 随着资本主义生产以及与之相适应的社会劳动生产力的发展，随着生产部门以及产品的多样化，同一个价值量所代表的使用价值量和享受品的量会不断增加。③ "劳动生产力的发展……增加了使用价值的数量和种类，而这些使用价值体现同一交换价值，并形成资本的物质实体，物质要素。……用同一资本和同一劳动会创造出更多的可以转化为资本的物品……这些物品可以用来吮吸追加劳动，从而也可以用来吮吸追加的剩余劳动，由此形成追加资本。……只要所使用的劳动的量由此增加了，因而剩余劳动的量也由此增加了，再生产出来的资本的价值和新加入资本的剩余价值也就增加了。"④

随着分工的演进，资本在不同部门之间的流动和重新配置肯定会影响利润率。马克思指出："一般利润率不仅由每个部门的平均利润率决定，而且还由总资本在不同特殊部门之间的分配决定；并且因为这种分配经常在变动，所以这又是一般利润率经常变动的一个的原因。"不过，马克思认为，这种反作用效应不大，其根源在于"变动的这个原因，又由于这个运动的不间断性和全面性，在很大程度上使自己失去作用"。⑤

---

① 《马克思恩格斯文集》第七卷，人民出版社 2009 年版，第 96 页。
② 《资本论》第一卷，人民出版社 2004 年版，第 518 页。
③ 《马克思恩格斯文集》第七卷，人民出版社 2009 年版，第 244 页。
④ 同上书，第 277 页。
⑤ 同上书，第 189 页。

第四章 资本积累、劳动挤压与利润率复苏

第一节 资本主义积累的特征和动力学

资本主义积累是建立在资本本身，以及资本雇佣劳动关系的基础之上的。① 欲理解资本主义积累的特征和动力，必须理解资本的原始积累、资本的本质，以及资本主义生产方式区别于前资本主义生产方式之处。

一 资本本质和资本主义生产的典型特征

（一）原始积累

资本原始积累是资本主义生产方式确立的基础和前提。资本关系的确立要以劳动者和劳动实现条件的所有权分离为前提，原始积累过程的完成，一方面使社会的生活资料和生产资料转化为资本，另一方面使直接生产者转化为雇佣工人。在这个意义上说，原始积累是资本关系形成的历史起点，它的历史活动就是资本产生的历史活动。透过西欧国家资本原始积累的历程，我们可以看到，这是一个采取"掠夺性"手段把劳动条件转化为资本，把劳动者转化为雇佣劳动的历史的分离过程②，同时，它也是一个直接生产者被剥夺，以自己劳动为基础的私有制的解体过程。在此过程中，"大量的人突然被强制地同自己的生存资料分离，被当作不受法律保护的无产者抛

---

① 《马克思恩格斯全集》第26卷（Ⅲ），人民出版社1974年版，第348页。
② 同上。

向劳动市场。对农业生产者即农民的土地的剥夺，形成全部过程的基础。"①

（二）资本的本质

资本不是物，而是一种以物为中介的人与人之间的社会关系。资本流通形式可以表示为：

$$G - W - G'$$

式中，$G' = G + \Delta G$，ΔG 为货币增量。在此种流通形式中，资本家预付货币的动机和目的是实现价值增殖。由此，资本可以定义为能够实现价值增殖的价值，这一定义反映了资本最本质的特征。

资本还是一个在周期循环中不断实现价值增殖的价值实体，它的运动是没有限度的。在 $G - W - G'$ 形式中，资本循环是一个不知终点的无休止牟取剩余价值的运动过程，"作为资本的货币的流通本身就是目的，因为只是在这个不断更新的运动中才有价值的增殖"。② 由此，$G - W - G'$ 形式的实质就是：

$$\cdots G_t - W_t - G'_{t+1} \cdots$$

式中，G_t 表示资本家在 t 期出售商品赚取的货币，G'_{t+1} 表示资本家 $t+1$ 期出售商品赚取的货币。在此过程中，"价值不断地从一种形式转化为另一种形式，在这个运动中永不消失，这样就转化为一个自动的主体"。③ 对此，海尔布隆纳指出，资本是一个过程，在这一过程中，物质东西的使用被视为其不断变化的存在中的一个特殊阶段。只有我们将这些物质实体视为一个扩展性整体的体现和象征时，我们才能明了它们的意义。没有有组织的扩张意图，资本会消融于物质构件中，尽管这些构件是必要的，但不足以确定其生命的意义。④

（三）资本主义生产方式的独特之处

资本主义不是人类历史上的第一种剥削方式，因为"凡是社会上

---

① 《资本论》第一卷，人民出版社 2004 年版，第 823 页。

② 《马克思恩格斯文集》第五卷，人民出版社 2009 年版，第 178 页。

③ 同上书，第 179—180 页。

④ ［美］罗伯特·L. 海尔布隆纳：《资本主义的本质与逻辑》，马林梅译，东方出版社 2013 年版，第 23 页。

一部分人享有生产资料垄断权的地方，劳动者，无论是自由的或不自由的，都必须在维持自身生活所必需的劳动时间以外，追加超额的劳动时间来为生产资料的所有者生产生活资料，不论这些所有者是雅典的贵族，伊特鲁里亚的神权政治首领，罗马的市民，诺曼的男爵，美国的奴隶主，瓦拉几亚的领主，现代的地主，还是资本家"。① 但是，非常明显，由于剩余劳动占有的形式不一样，生产资料垄断者对剩余劳动的贪欲也呈现出很大差别。"如果在一个经济的社会形态中占优势的不是产品的交换价值，而是产品的使用价值，剩余劳动就受到或大或小的需求范围的限制，而生产本身的性质就不会造成对剩余劳动的无限制的需求。"② 资本主义商品生产方式下，占优势的是产品的交换价值，剩余劳动采取了剩余价值的形式，这是它不同于历史上其他剥削方式的典型特征。作为资本的人格化，资本家阶级既不同于追求使用价值的地主阶级，也不同于"竭力把货币从流通中拯救出来"的货币储藏家。在此意义上，可以说资本主义剥削形式是为出售商品赚钱而雇佣劳动的一种剥削方式。而且，正如马克思在《资本论》中所指出的，它是在无偿占有剩余价值的形式上榨取雇佣劳动者的，因而在这种生产方式下，才会出现如马克思所说的"对剩余劳动的狼一般的贪婪""无限度的压榨""比西班牙人对美洲红种人的暴虐有过之而无不及""毫无拘束地压榨劳动力"等非常残酷地压榨劳动者剩余价值的情形。当追逐的目标不是有限数量的使用价值，而是纯粹形态的价值增殖或货币本身时，资本家对雇佣工人的榨取就是没有止境的。通过绝对剩余价值和相对剩余价值生产两种方式，资本家榨取剩余价值的方式不断演变。资本家在组织上和技术上不断改进劳动过程中，榨取剩余的方式不断精巧，当资本主义生产进入机器大工业时期时，劳动对资本的隶属就从形式上隶属发展到实质上隶属。

使资本主义制度与其他经济制度区别开来的独特之处，还在于

---

① 《马克思恩格斯文集》第五卷，人民出版社 2009 年版，第 272 页。
② 同上。

"资本主义对积累的冲动、变革的倾向和内在的扩张趋势"，这是《理解资本主义：竞争、统制与变革》一书所做的概括。在封建制和奴隶制下，剩余产品主要由社会精英以经济上非生产的方式（消费奢侈品、购买军备和建造纪念碑）来消费，几乎没有什么经济竞争，封建领主缺乏把剩余用作投资来发展生产力的激励。① 因此，在前资本主义社会里，剩余体现的是期望物品的"财富"方面，财富体现出了"使用价值的特征，特别体现了统治本身之威力和伟大的使用价值"。② "在古代文明中，财富本身主要通过物质化身展现出来，这是当时财富存在的充分理由，也是其存在的最终目的。"③ 中世纪经济与资本主义经济的区分在很大程度在于："前者静态的经济导致了过度奢华的非生产性消费，而后者积聚和决定了生产机制的动态增长。"④ 资本家"把利用可用资源进行企业扩张和增加资本设备放在首位；换句话说，它更喜欢财富的增长而不是财富的直接利用"。⑤

资本主义经济的游戏规则，要求资本家必须将剩余价值再转化为资本，依靠赚取来的剩余价值赚取更多的剩余价值，即资本积累，接下来我们将详细讨论其中的缘由。

二 资本主义积累和发展的动力学

《资本论》第一卷第七篇题为"资本积累的过程"，马克思用了足足五章来阐述了资本积累的定义、资本积累的动力、手段、资本主义积累的对抗性质、一般规律等内容。资本积累理论所考察的中心问题与剩余价值理论正好相反，后者考察的中心问题是货币怎样转化

---

① ［美］塞缪尔·鲍尔斯、［美］理查德·爱德华兹、［美］弗兰克·罗斯福：《理解资本主义：竞争、统制与变革》，孟捷等译，中国人民大学出版社 2010 年版，第 170—171 页。

② ［美］罗伯特·L. 海尔布隆纳：《资本主义的本质与逻辑》，马林梅译，东方出版社 2013 年版，第 22 页。

③ 同上。

④ 汪民安编：《色情、耗费与普遍经济：乔治·巴塔耶文选》，吉林人民出版社 2011 年版，第 142 页。

⑤ 同上书，第 144 页。

为资本，剩余价值从哪里产生，而前者所考察的中心问题是"资本怎样从剩余价值产生"。① 在马克思看来，剩余价值或剩余产品是资本积累的主要源泉，剩余价值循环往复的"资本化"构成资本积累过程的主体。"积累就是资本以不断扩大的规模进行的再生产。"② 资本积累表现为进入生产过程的资本量不断增长，从长期来看，它既是物质生产领域社会劳动生产力不断提高、规模不断扩大的再生产过程，也是资本体自身不断膨胀但资本结构不断演变、有机构成不断提高的过程。

（一）资本积累的矛盾

资本积累的矛盾是资本主义基本矛盾——生产社会化和生产资料私人占有的矛盾——在积累过程中的具体体现，它表现为两类矛盾：第一类矛盾是资本主义生产与资本主义制度的矛盾。③ 资本主义生产必须要在资本主义的制度规范内才能正常进行。第一个基本矛盾"的实质是资本主义经济的物质内容和社会形式的动态性的对立统一，它随着积累的进程时而尖锐时而缓和"。这一矛盾是资本主义制度演变的内在动力。④ 资本积累过程的另一类基本矛盾是资本主义生产与资本主义市场的矛盾，这类矛盾根源于资本主义生产的商品经济性质，在商品经济条件下，生产目的是交换，完成从商品到货币"惊险的一跃"，在交换过程结束时实现价值增殖。可是，这"惊险的一跃"从来都不是一马平川的，能否实现包含在商品里的价值和剩

① 《马克思恩格斯文集》第五卷，人民出版社 2009 年版，第 668 页。

② 同上书，第 671 页。

③ 根据高峰教授的看法，资本主义社会占主导地位的经济制度包含三个层次：第一个层次是资本主义经济的根本制度，它决定了资本主义经济的基本性质，这就是资本主义的私有制度和雇佣劳动制度。第二个层次是资本主义经济制度的实现形式，在资本主义根本制度不变的条件下，它的实现形式是多样化的和可变的。第三个层次是资本主义的宏观经济体制，这也是更现实、更具体的制度形式，它在资本主义条件下也是多样化的，可以随着经济条件、法律法规和经济政策的改变而变化。资本主义社会中具体的再分配制度、财政制度、金融制度、国际货币制度等大都属于这一类。参见高峰《20 世纪世界资本主义经济的发展与演变》，《政治经济学评论》2010 年第 1 期。

④ 高峰：《20 世纪世界资本主义经济的发展与演变》，《政治经济学评论》2010 年第 1 期。

余价值，依存于很多不确定的条件，主要是因为生产条件和交换条件是由不同的因素所制约的。常见的状况是，随着资本主义生产的扩大，对销路的需要也增加了。① 从这个方面来看，资本主义生产和市场的矛盾实质上就是剩余价值的生产与剩余价值的实现之间的矛盾。

（二）资本主义变革与发展的动力

资本主义为个别资本家创造了变革的巨大激励，因为只有那些经常使其运营革命化的企业，才有生产的机会。② 资本主义经济发展的最典型特征是为积累而生产，为利润而竞争，企业只有通过创造利润才能生存。在逆水行舟、不进则退的情况下，每个资本家别无选择，只能加入到这场无止境的比赛中。资本的增殖加剧资本家之间的竞争。③ 因此，扩大再生产并非植根于新教徒资本家所内在具备的禁欲、辛勤劳作和节俭生活的资本主义精神，而是一种强迫性力量制约下的理性行为选择。一个资本家只有在自己更便宜地出卖商品的情况下，才能把另一个资本家逐出战场，并占有他的资本。可是，要能够贱卖而又不破产，他就必须廉价生产，就是说，必须尽量增加劳动的生产力。④ 在为利润而竞争的推动下，资本家阶级不得不把赚来的利润进行再投资。⑤ 利润一旦被从新投入生产循环，也就同时或者必须开启一个变革的征程，那些率先进行变革的单个资本家往往会获取超额利润，并且可以提升自己的盈利能力，而那些"未加入竞争的企业将发现自己面临着高价投入品、更为昂贵的生产方式以及陈旧并卖不出去的产品"。因此，变革的洪流滚滚而来，席卷行业内的整个资本家阶级，正如马克思所说的：假如某一个资本家由于更细地分工、更多地采用新机器并改进新机器，由于更有利和更广泛地利用自然力，因而

---

① 《马克思恩格斯全集》第6卷，人民出版社1961年版，第500页。

② ［美］塞缪尔·鲍尔斯、［美］理查德·爱德华兹、［美］弗兰克·罗斯福：《理解资本主义：竞争、统制与变革》，孟捷等译，中国人民大学出版社2010年版，第169页。

③ 《马克思恩格斯全集》第6卷，人民出版社1961年版，第499页。

④ 同上。

⑤ ［美］塞缪尔·鲍尔斯、［美］理查德·爱德华兹、［美］弗兰克·罗斯福：《理解资本主义：竞争、统制与变革》，孟捷等译，中国人民大学出版社2010年版，第167页。

有可能用同样多的劳动或积累起来的劳动生产出比他的竞争者更多的
产品（即商品）……可是，这个资本家的特权不会长久，因为同他竞
争的资本家也会采用同样的机器，实行同样的分工，并以同样的或
更大的规模采用这些机器和分工……而竞争又对这个结果发生反作
用。……生产方式和生产资料总在不断变更，不断革命化；分工必然
要引起更进一步的分工；机器的采用必然要引起机器的更广泛的采
用；大规模的生产必然要引起更大规模的生产。这是一个规律，这个
规律一次又一次地把资产阶级的生产甩出原先的轨道，并迫使资本加
强劳动的生产力，因为它以前就加强过劳动的生产力；这个规律不让
资本有片刻的停息，老是在它耳边催促说：前进！前进！①

马克思说："特殊的资本主义的生产方式随着资本积累而发展，
资本积累又随着特殊的资本主义的生产方式而发展。这两种经济因素
由于这种互相推动的复合关系，引起资本技术构成的变化，从而使资
本的可变组成部分同不变组成部分相比越来越小。"② 众多资本家竞相
赶超，激烈竞争，一定会改造旧有的劳动过程，采用新的生产工艺、
新的机器设备，提高劳动效率和全要素生产率，提供更好的产品或全
新的产品。

竞争和变革支配下的资本积累也在不断地推动资本主义经济向前
发展。③ 高峰教授认为，资本积累本身不过是扩大再生产的资本主义
形式，它是资本主义经济增长的前提条件和直接推动力，和资本主义

---

① 《马克思恩格斯全集》第 6 卷，人民出版社 1961 年版，第 500—501 页。
② 《马克思恩格斯文集》第五卷，人民出版社 2009 年版，第 721 页。
③ 从长期看，积累是推动资本主义经济发展和演变的最基本力量。首先，资本关系为
资本主义的经济发展提供了体制性动力。资本剥削雇佣劳动的关系激励资本家经常具有扩
大资本主义生产的利益冲动；资本与资本的竞争关系则迫使资本家要不断地通过扩大资本
主义生产来维护自身的生存与发展。其次，实际资本积累为资本主义经济发展提供了物质
技术基础。实际资本的积累增加了生产工具和其他投入品，扩大了生产规模；刺激机器对
人力的替换，提高劳动生产率；积累在扩大生产规模的同时，促进了企业内部和企业之间
的分工与协作，从而扩大了市场规模并提高了经济效率；积累为技术创新和技术进步提供
物质前提，而技术进步则是加速资本主义经济发展的根本性力量。最后，资本积累过程的
内在矛盾推动资本经济演变。参见高峰《20 世纪世界资本主义经济的发展与演变》，《政治
经济学评论》2010 年第 1 期。

的生产发展为同一过程。① 马克思主义经济学认为，资本积累动态主要决定于资本主义经济中利润率的动态，因为"资本积累过程和资本主义经济增长过程只是资本内在运动的外资表现，这种运动的唯一目的就是实现最大限度地对剩余价值的占有、最大限度地扩大资本本身的价值规模"。②

随着资本积累的发展，个别资本通过资本积聚和资本集中掌握了巨额财富，资本有机构成不断提高，资本主义社会的两极分化也越来越严重。这就是资本主义积累的绝对的、一般的规律："社会的财富即执行职能的资本越大，它的增长的规模和能力越大，从而无产阶级的绝对数量和他们的劳动生产力越大，产业后备军也就越大。……产业后备军的相对量和财富的力量一同增长。但是同现役劳动军相比，这种后备军越大，常备的过剩人口也就越多，他们的贫困同他们所受的劳动折磨成反比。最后，工人阶级中贫苦阶层和产业后备军越大，官方认为需要救济的贫民也就越多。"③

20 世纪以来，马克思主义经济学家对帝国主义以及新帝国主义时代的资本积累问题进行了更为深入的探讨，开拓了马克思主义资本积累理论的新境界。其中，最具代表性的学者或学说当属罗莎·卢森堡、大卫·哈维以及世界体系理论等。罗莎·卢森堡的资本积累理论实际上回答了这样一个问题：在一个纯粹的、封闭的资本主义体系中，资本循环过程何以能够长久持续下去？在她看来，资本家和工人的生活性消费是有限的，而推动资本家进行生产性消费的动力又是不存在的。那么，一个为了生产而生产的纯粹资本主义体系要存在下去，就必须有一个非资本主义生产体系向其提供需求，并附带地也提供原材料和劳动力。它在依赖非资本主义体系的同时又必须不断地瓦

---

① 高峰：《资本积累理论与现代资本主义：理论的和实证的分析》，社会科学文献出版社 2014 年版，第 422 页。

② 张宇、谢富胜、刘凤义：《中级政治经济学》，中国人民大学出版社 2016 年版，第 285—286 页。

③ 《马克思恩格斯文集》第五卷，人民出版社 2009 年版，第 742 页。

解非资本主义体系。① 世界体系理论的马克思主义把历史资本主义视为一个"中心—半边缘—边缘"的体系结构——"世界体系",这个体系本质上是一个不均衡、不平等的结构体系,但是,这一体系可以为资本主义积累的无限扩张和不平等的国际化劳动分工得以进行提供坚实基础。② 大卫·哈维通过考察"权力的领土逻辑与资本逻辑之间以及资本主义国家的内部与外部关系之间的双重辩证关系"来阐释现实帝国主义的运行状态,以求通过纷繁复杂的帝国主义霸权表象,把握历史发展的本质和必然趋势。③ 哈维提出:"如果权力积累必然伴随着资本积累,那么资本主义的历史必然是霸权不断扩张和膨胀的历史。"④ 在哈维看来,面对新帝国主义的资本过度积累,社会采取的解决机制仍然是权力的资本逻辑的进一步展开,即采用"剥夺性积累"的方式解决资本过度积累的现实问题。⑤

第二节 利润率转折与黄金发展时代的终结

一 战后黄金发展时代的积累体制

资本主义积累体制的演变具有阶段性。在经历了竞争资本主义(19 世纪 60 年代至 1898 年)和公司资本主义(1898—1939 年)之后,第二次世界大战后的美国进入"受调节的资本主义阶段"。⑥ 这

---

① 熊敏:《全球化时代与卢森堡"资本积累"理论的再认识》,《河北学刊》2009 年第 4 期。

② 吴苑华:《"世界体系的马克思主义研究"述评》,《马克思主义研究》2011 年第 2 期。

③ 黄茂兴:《对新自由主义及新帝国主义的深入分析与逻辑批判——大卫·哈维〈新自由主义简史〉、〈新帝国主义〉评析》,《当代经济研究》2016 年第 10 期。

④ [英] 大卫·哈维:《新帝国主义》,初立忠、沈晓雷译,社会科学文献出版社 2009 年版,第 30 页。

⑤ 黄茂兴:《对新自由主义及新帝国主义的深入分析与逻辑批判——大卫·哈维〈新自由主义简史〉、〈新帝国主义〉评析》,《当代经济研究》2016 年第 10 期。

⑥ [美] 塞缪尔·鲍尔斯、[美] 理查德·爱德华兹、[美] 弗兰克·罗斯福:《理解资本主义:竞争、统制与变革》,孟捷、赵准、徐华译,中国人民大学出版社 2013 年版,第 180 页。

个阶段以不断增长的对经济关系的直接和间接调节为特征，尤其是对就业率和增长率的调节。金融市场以及企业的财务活动受到证券委员会（SEC）的调控，公司和工会的关系受到国家劳动关系委员会（NLRB）的调节。政府规模相对整个经济而言有所增大，因为有更多的政府支出以及社会保险、医疗保险以及收入补助给予了工人。新政策被采纳以保护工人的健康和工作安全以及环境问题。工会中的工人有足够的力量迫使雇主承认工会并与之谈判，从而形成了被称为"劳动协议"的妥协性安排。① 通过集体谈判，工会为其成员赢得了相对高的工作保障和稳定增长的实际工资，工会合同限制了雇主任意裁员，保证随着年功的提高，工人的工作越来越有保障，而雇主则获得了因为劳动生产率提高而产生的收益。② 黄金时代的积累体制保证了资本收益的稳定增长，为资本积累和经济增长创造了良好的条件。

笔者认为，除上述因素外，以下六个因素也在战后的经济增长中发挥了重要的作用。

第一，战后科技革命飞速发展，设备投资和更新加快，劳动生产率空前提高，并且引起了一系列新兴工业部门的建立和发展。这些新兴部门的建立和发展需要扩大固定资本投资，为过剩资本找到了出路，同时增加了有效供给。1953—1973 年，美国取得了 65 项突破性的发明创造，大量科技成果在工业上的应用，诞生了原子能工业、电子工业、宇航工业、合成纤维、合成橡胶等行业，它们的建立和发展，需要购置厂房设备、需要消耗大量的能源和原材料，从而开辟了新的生产资料市场。另外，科技革命产生了一系列新的消费品，如电视机、电冰箱、录音机、录像机等。③

第二，劳动生产率的高增长为收入增长和实际工资提高奠定了基

---

① ［美］塞缪尔·鲍尔斯、［美］理查德·爱德华兹、［美］弗兰克·罗斯福：《理解资本主义：竞争、统制与变革》，孟捷、赵准、徐华译，中国人民大学出版社 2013 年版，第 182 页。

② 同上书，第 188、190 页。

③ 宋则行、樊亢主编：《世界经济史》（下），经济科学出版社 1994 年版，第 24、49页。

础，消费需求规模的扩大，消费结构的升级，对耐用消费品需求增加，如小汽车和家用电器等。同时，经济计划、财政政策、货币政策、就业政策和福利制度的实施缓和了国内一度紧张的阶级矛盾。1945 年，美国总统杜鲁门向国会提出了包括"二十一点"的内政咨文，如扩大公共住宅计划、实行国民健康保险、制定充分就业法等。①

第三，战后重建所产生的巨额投资需求。资本积累过程的第二个矛盾是资本主义生产与资本主义市场的矛盾，外部市场的扩大对资本积累矛盾的缓解很重要。战后，美国在国际上处于十分有利的经济地位，由于欧洲以及日本在第二次世界大战期间遭到严重摧残，战后重建所需要的固定投资非常巨大。一方面，长期战争压制了消费者对基本生活用品、住房、耐用消费品、半奢侈品、奢侈品的消费需求。另一方面，交战国的大多数生产设备被毁掉或挪作军用，战时控制短缺商品的措施还在沿用。结果，对消费性和投资性商品及劳务的需求大大超过供给。美国在战争中生产力急剧膨胀，它的产品不仅能满足国内需要，而且大量出口欧洲。② 美国通过"马歇尔计划"援助西欧，输出了大量的过剩资本和产能。从 1948 年 4 月到 1952 年 2 月，美国一共向西欧各国提供了 129.9 亿美元援助。双方约定，这些美元必须用来购买美国的援欧物资，主要有粮食、化肥、原料、半成品、燃料、机器设备等。在执行这一计划的过程中，所有受援国都同美国签订了多边和双边协定，并在降低关税、减少贸易限制和开放国内市场方面，对美国做出了较大的让步。对亚洲和太平洋地区，美国也提供了大量援助，据估计，各类援助共计达 70 亿美元。③

第四，福特主义劳动过程带来了生产率的高速增长。福特制生产方式，通过劳动概念和执行的分离，以专用性机器为基础，进一步促进了生产工艺过程和产品的标准化。④ 以泰勒制为基础的劳动组织形

---

① 宋则行、樊亢主编：《世界经济史》（下），经济科学出版社 1994 年版，第 41 页。
② 高德步、王珏：《世界经济史》，中国人民大学出版社 2011 年版，第 342 页。
③ 同上书，第 342—343 页。
④ 谢富胜：《控制和效率：资本主义劳动过程理论与当代实践》，中国环境科学出版社 2012 年版，第 168 页。

式对生产劳动过程进行科学分解，劳动分工极度深化，批量生产标准化产品，劳动强度大大提高。泰勒制推动了消费品工业部门的彻底工业化，为资本大规模生产消费品提供了劳动组织和技术基础。[1] 通过官僚控制将产业工会的抗争纳入不影响资本积累的范围内，实现了规模经济和范围经济，为工业制成品的大规模生产和大规模消费提供了基础。[2]

第五，美国统治下的和平。由于美国在世界资本主义经济和政治中起支配作用，美国资本家，在外国供应商提供消费品和中间产品以及购买美国制造产品的交易中，都拥有十分有利的条件。[3]

第六，资本主义内部竞争的缓和。美国公司处于领先地位，能够对其他发达资本主义国家的公司进行控制，而国内经济的迅速积累，为大多数美国大公司在本工业领域发展提供了充分的余地，减少了工业内部的兼并或资本入侵。[4]

利润率决定着资本积累，资本积累在很大程度上塑造了经济增长。从根本上说，黄金发展期的出现主要是因为发达资本主义国家（其中以美国最具代表性）调整了抑制生产力发展的旧制度，促进了内外市场的培育和扩张。制度变革和市场扩大两方面有利的因素相互配合，一度适应了社会化生产力进一步发展的要求，在较大程度上缓和了垄断资本主义条件剩余过度积累、资本缺乏投资出路的困境，从而为战后资本主义经济的迅速发展开辟了新的空间。

二 利润率跌落与黄金发展时代的终结

利润率是资本积累的刺激和动力，美国经济利润率于 20 世纪 60 年代中期发生向下转折，致使资本积累和经济增长减速，经济运行也从长期繁荣转向长期萧条。本节我们将主要以美国非金融公司部门的

---

① 李其庆：《法国调节学派评析》，《经济社会体制比较》2004 年第 2 期。

② 谢富胜：《控制和效率：资本主义劳动过程理论与当代实践》，中国环境科学出版社 2012 年版，第 168 页。

③ ［美］戴维·M. 戈登等：《力量、积累和危机：战后积累社会结构的兴衰》，载外国经济学说研究会《现代国外经济学论文选》第 15 辑，商务印书馆 1992 年版，第 102—122 页。

④ 同上。

利润率演变为核心，对 20 世纪 60 年代以来，实体经济部门盈利能力的演变及其成因进行理论和实证解析。

（一）相关变量处理方法

按照通行的做法，可以将利润率分解为利润份额 $\frac{\pi}{Y}$ 和产出资本比 $\frac{Y}{K}$ 的乘积，即：

$$r = \frac{\pi}{K} = \frac{\pi}{Y} \times \frac{Y}{K}$$

式中，K 表示非金融公司部门现价非住宅净固定资本存量，π 表示包括资本消耗和存货价值调整的税后利润。净产出 Y 等于剩余价值 S 与可变资本 V 之和，S 除了包括利润 π，还包括税收[①]、利息（包括杂项支付）以及监管雇员的非劳动收入即剥削收入等所谓的非生产性支出，所以，$S = \pi + U$。这里，U 表示非生产性支出。

可变资本的估算颇费周折，《美国统计年鉴》并没有直接报告与可变资本相对应的统计指标，只公布了所有雇员年劳动报酬数据，由于雇员既包括生产雇员，也包括监管雇员，直接把这组数据计为可变资本肯定有失妥当，因为它并没有区分生产性劳动和非生产性劳动。因此，在计算可变资本前，需要将 SNA 统计体系下的指标转换成马克思主义经济学指标，这正是被一些研究者如韦斯科普夫和沃尔夫所忽视，但是，对于计算可变资本却非常关键的地方。我们认为，可变资本除包括生产雇员的劳动报酬之外，还应该包括监管人员的劳动收入，之所以这样做，是因为管理雇员也是"总体工人"的一部分，理应获得管理劳动的报酬。但是，"资本家的管理不仅是一种由社会劳动过程的性质产生并属于社会劳动过程的特殊职能，它同时也是剥削社会劳动过程的职能"。[②] 因此，管理人员的收入由劳动所得和剥削的剩余价值两部分组成。问题的关键在于：如何对管理人员的劳动收入和剥削收入进行恰当区分？关于可变资本，我们的估算方法分为三个

---

① 公司收入税。

② 《资本论》第一卷，人民出版社 1975 年版，第 368 页。

步骤：

第一步，鉴于非金融公司部门生产性雇员的小时薪酬数据缺乏，我们假设非金融公司部门生产雇员的小时薪酬与制造业部门生产和非监管雇员的小时薪酬相同。

第二步，假设监管雇员小时劳动收入与生产雇员的小时薪酬相同，超出部分为剥削收入。

第三步，用非金融公司部门的所有雇员年劳动小时数 H 乘以制造业部门生产性雇员的小时薪酬 W，两者的乘积即是可变资本。

（二）实体经济利润率的转折与原因

20 世纪 60 年代中期是美国经济增长的转折点。从利润率指标上看，利润率的上升势头发生了逆转，进入长达十多年的低迷期。1973—1974 年的经济危机，则标志着战后长期繁荣时代的结束和滞胀阶段的开始。

在 20 世纪 60 年代前半期，公司部门和非金融公司部门的利润率都呈大幅上扬态势，但是好景不长。如图 4-1 和图 4-2 所示，利润率从 1966 年开始步入下行通道，进入 70 年代后，利润率始终在低谷徘徊不前。我们的经验分析表明，1966—1982 年公司部门的利润率从 15.4% 下降到 5.64%，非金融公司部门的税后利润率则从 9% 震荡回落至 1982 年的 3%，在不到 20 年的时间里，回缩幅度竟然高达 2/3，在整个 70 年代，非金融公司部门的平均利润率只有 4.2%，公司部门的平均利润率为 8.98%，而在 60 年代公司部门的平均利润率为 13.16%。盈利水平的过度收缩减弱了投资和宏观经济增长的动力。因为在资本主义生产方式中，资本增殖是资本唯一的目的和最高准则，没有一定的剩余价值和利润，资本就失去了积累的动力和刺激。所以，在整个 20 世纪 70 年代，发达资本主义经济的市场相当凋敝，大量工人失业，最令当局和经济学家头疼的是，出现了经济增长停滞、失业与通货膨胀高企并存，这一令主流经济学理论难以解释的尴尬现象。1973 年 10 月，中东战争爆发，石油输出国组织大幅提高油价，3 个月内油价上涨了两倍多，一系列因素相互作用最终触发了资本主义世界的经济大危机。从 1973 年 11 月开始，美国工业增长持续

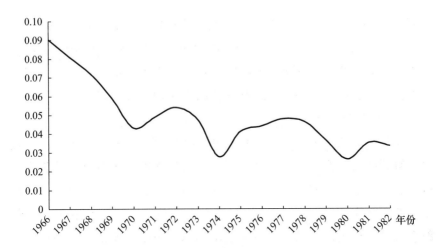

图 4 - 1 非金融公司部门税后利润率（1966—1982）

资料来源：美国商务部经济分析局、美国劳工部劳工统计局。

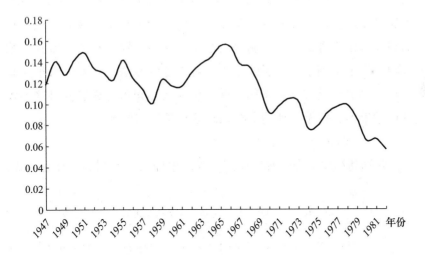

图 4 - 2 美国公司部门利润率（1947—1982）

资料来源：美国商务部经济分析局、美国劳工部劳工统计局。

下降了 18 个月，共下降了 15.3%，生产能力利用率下降到 64%；企业破产严重，股票行情大幅下跌，美国破产的公司数 1975 年比 1973 年多 73.4%，总共达 14998 家，拥有 50 亿美元的富兰克林银行倒闭，1974 年 12 月上旬，道·琼斯 30 种工业股票平均价格指数，比危机前最高点下跌近一半；生产急剧下降的同时出现了物价大幅上涨，1970—1974 年上涨 7.9%，1975—1979 年平均上涨达到 10.1%。在 20 世纪 70 年代，美国资本积累放缓，固定资产投资增速下滑，固定资本投资增长率已由 20 世纪 60 年代的 4.5% 降为 2.1%。[①]

（三）利润挤压

一些学者认为，这一时段利润率下降是因为利润受到了挤压。这是在解释战后利润率下降具体成因时发展出来的一种观点，并为后来的学者广泛使用。利润挤压论者往往认为，利润率下降主要是由利润份额的收缩所致。[②] 利润率下降导致投资下降，生产率增速放慢，最终引发经济危机。在马克思主义经济学思想史中，安德鲁·格林、鲍勃·萨特克利夫、拉夫特·博迪、詹姆斯·克罗蒂、罗松等学者对利润挤压理论的发展或者经验研究做出过一定努力。20 世纪 70 年代末，托马斯·韦斯科普夫在一篇检验美国利润率下降趋势的经典文献中，为利润挤压论提供了翔实的经验支撑，使这种观点更加令人信服。早期的利润挤压论者认为，利润份额之所以收缩是因为在劳资博弈中收入分配发生了有利于劳动者的变化。对于这种看法，学界历来争议颇多，马克思主义经济学家谢赫、克拉克等从不同角度或层面对这种观点进行过批判，但是，他们的批判缺乏经验证据的支撑。

（四）利润是否受到了工人的挤压？

为甄别利润率下降的直接原因，我们根据前面的利润率分解公式，

---

① 宋则行、樊亢主编：《世界经济史》下卷，经济科学出版社 1994 年版，第 55—57 页。

② Andrew Glyn, Bob Sutcliffe, "British Capitalism, Workers and the Profit Squeez", *London: Penguin Books*, 1972; Thomas E. Weisskopf, "Marxian Crisis Theory and the Rate of Profit in the Postwar U. S. Economy", *Cambridge Journal of Economics*, Vol. 3, No. 4, 1979, pp. 341 – 378; Thomas E. Weisskopf, "Wages, Salaries and the Profit Share: A Rejoinder", *Cambridge Journal of Economics*, Vol. 5, No. 2, 1981, pp. 175 – 182; Edward N. Wolff, "The Rate of Surplus Value, the Organic Composition, and the General Rate of Profit in the U. S. Economy, 1947 – 1967", *The American Economic Review*, Vol. 69, No. 3, 1979, pp. 329 – 341; Edward N. Wolff, "The Productivity Slowdown and the Fall in the U. S. Rate of Profit, 1947 – 1976", *Review of Radical Political Economics*, Vol. 18, No. 1 – 2, 1986, pp. 87 – 109; Raford Boddy, James Crotty, "Class Conflict and Macro – Policy: The Political Business Cycle", *Review of Radical Political Economics*, Vol. 7, No. 1, 1975, pp. 1 – 19.

以及利润份额和产出资本比的经验数据，测算了利润份额和产出资本比对非金融公司部门税后利润率波动的贡献率。测算结果如表 4-1 所示。

表 4-1 非金融公司部门利润率变化的百分点与两种要素贡献率

时间	利润率变化	利润份额的贡献（%）	产出资本比的贡献（%）
1966—1982 年	-0.0569	63.25	36.75

资料来源：美国商务部经济分析局、美国劳工部劳工统计局。

我们的实证分析发现，非金融公司部门的利润份额在此期间的确回落了近 6 个百分点，对税后利润率下滑的贡献率达到 63%，而产出资本比只解释了另外 37% 的下降。因此，利润份额缩减确实是非金融企业平均利润率出现阶段性下滑的最主要原因。

利润份额为什么会出现减低？或者说为什么劳动份额会上升？解释其中的根源需要探讨影响利润份额的主要变量。前已述及，税后利润和非生产性支出之和为剩余价值，而净产出等于剩余价值与可变资本之和，因此，利润份额可以分解为：

$$\frac{\pi}{Y} = \frac{S}{Y} - \frac{U}{Y}$$

$$= 1 - \frac{V}{Y} - \frac{U}{Y}$$

$$= 1 - \frac{WH}{P_y y} - \frac{U}{Y}$$

$$= 1 - \frac{W/P_y}{y/H} - \frac{U}{Y}$$

式中，P_y 表示产出品价格指数，等于非金融公司部门的名义净增加值除以实际净增加值，y 表示实际产出，等于名义产出除以产出品价格指数，H 表示非金融公司部门所有雇员的劳动小时数。

从上式可以看出，决定利润份额大小的直接变量为劳动份额 $\frac{V}{Y}$ 和

非生产性支出份额 $\frac{U}{Y}$，而劳动份额的变动受制于实际工资 W/P_y 和劳

动生产率 y/L 的相对变化。如果实际工资相对于劳动生产率上涨，或者是非生产性支出份额上升，那么都会导致利润份额下降。1966—1982 年，美国非金融公司部门劳动份额 $\frac{V}{Y}$ 上涨了 3.2%，实际工资增长率为 1.68%，劳动生产率增长率为 1.31%（见表 4-2），表面看来，劳动份额上升过快是因为实际工资增长过快。实际上，情况远非如此简单，只要进行纵向比较，就能发现其中的蹊跷。根据我们的计算，在 1958—1966 年，非金融公司部门实际工资的增长率为 2.43%，劳动生产率增速为 3.31%，生产率加快带来了单位劳动力成本的下降。相较之下，尽管这两个变量在 1966—1982 年的表现均不如前一时段，但是，两者的力量对比已经出现了逆转，由于劳动生产率在此期间下降了 2 个百分点，而实际工资的降幅仅仅不到 1 个百分点，相比来说，劳动生产率的降幅要大很多。其他学者对美国制造业劳动生产率的估算也得到了类似结果，据布伦纳的研究，美国制造业劳动生产率从 1958—1965 年的年均增长 4.1%，下降为 1965—1973 年的3.3%，然后进一步下降为 1973—1979 年的年均增长 0.4%。[①] 因此，从 20 世纪 60 年代中期到 80 年代初，劳动生产率增长的减速导致了单位劳动力成本的上升。

表 4-2	两个时段生产率增速的对比	单位：%
时间	1958—1966 年	1966—1982 年
劳动生产率	3.31	1.31
实际工资	2.43	1.68

资料来源：美国商务部经济分析局、美国劳工部劳工统计局。

所以，利润份额缩减或者劳动份额上升的真正原因是：其一，劳动生产率增速放缓过快；其二，实际工资增速放缓过慢。

接下来，我们分析其中的缘由。

[①] 谢富胜：《控制和效率：资本主义劳动过程理论与当代实践》，中国环境科学出版社 2012 年版，第 174 页。

首先，为何劳动生产率增速会急剧放缓呢？总起来说，主要原因有以下四个方面：

第一，科技创新对劳动生产力的驱动效应减弱。特别是由于"滞胀"危机的影响，阻碍了科技进步，科技革命一度陷入低潮。[①] 而且在朝鲜战争、越南战争以及与苏联展开的军备竞赛中，美国耗资巨大，其把大量人力、物力和财力投入战争以及国民经济的军事化，导致其在民用工业的技术、产品产量和竞争能力上落后于西欧和日本。[②]

第二，企业分工深化的速度减慢。这里主要是指福特制生产方式对劳动生产率的促进效应减弱。福特制生产方式"通过稳定和协调创造效率"，即通过企业的输入、加工、技术、输出等因素的稳定性和对它们的协调来保证生产过程的效率。20世纪60年代中期到80年代初，一系列偶然事件所导致的外来冲击以及大规模生产发展所带来的变化，改变了福特制生产方式赖以存在的外部条件。福特制企业面临着输入不稳定、劳动力短缺、粮食和石油短缺，浮动汇率制等外部因素的冲击，1974年、1980年以及1982—1983年的经济衰退，破坏了标准化产品的大规模市场；收入增长和收入分配方式所产生的生活方式差异，大规模标准化生产面临着消费品市场的饱和。这些因素相互作用，导致了输入的不稳定、需求的不稳定性、市场的饱和以及需求结构的升级，扰乱了福特制企业生产正常运行的外部环境。这样一来，福特制生产方式就逐渐失去了原有的效率、稳定性和协调能力，这也是导致生产率下降的重要原因之一。[③]

第三，生产能力利用率的下降。霍华德·舍曼（Howard Sherman）[④] 曾指出，短期内劳动生产率是产能利用率 CU 的某种正函数，即劳动生产率 $y/H = \alpha + f(CU)$。劳动生产率在生产能力利用率迅速上

---

① 宋则行、樊亢主编：《世界经济史》下卷，经济科学出版社1994年版，第19页。

② 同上书，第64页。

③ 谢富胜：《控制和效率：资本主义劳动过程理论与当代实践》，中国环境科学出版社2012年版，第174页。

④ Howard Sherman, "A Marxist Theory of the Business Cycle", *Review of Radical Political Economics*, Vol. 11, No. 1, 1979, pp. 1–23.

升时提高，在产能利用率只有微小变化时几乎保持不变，在生产能力利用率迅速降低时便有些降低。为了控制 70 年代的通货膨胀，美国政府采取了紧缩的财政和货币政策，造成了资本主义世界的经济全面衰退和产品实现的困难。根据韦斯科普夫的理论，当产品实现遇到困难、产能利用率下降时，直接劳动可以被削减到与实际产量成比例的程度，而间接劳动却一时难以被削减，那么产能利用率的下降就可能引起工资份额的上升或利润份额的下降。所谓的间接劳动是指某些工作如行政管理、工头等，其雇佣量是由企业的生产能力或潜在产出所决定的；而直接劳动是指那些由企业的实际产量来决定的劳动的雇佣量。[①]

第四，对外投资削弱了美国国内的投资能力。1950—1970 年美国对外私人投资增加了 5.5 倍，70 年代继续以每年 10% 的速度增长，1981 年达到 2231 亿美元，是最大的资本输出国。[②] 对国外投资的增多意味着国内投资减少，从而削弱了生产率提高的基础。

其次，实际工资的增速为何放缓更慢呢？第一，工会的保护。从图 4 - 3 可知，在 20 世纪 50—70 年代，工会成员的比重还比较高，差不多有将近 30% 的工人参加了工会，只是到了 20 世纪 90 年代，工会成员比重才大幅下降。因此，在 70 年代，较高的工会成员率能够在一定程度上保护工会成员的利益不受损害。第二，凯恩斯的国家干预政策和社会福利制度还没有被削弱，对劳动力市场和工资的干预措施依然有效。

非生产性支出是另一个影响利润份额的关键变量。1966—1982 年，非生产性支出份额增加了 3.1 个百分点。就非生产性支出份额各个组成部分的变化来看，管理人员的剥削份额增加了 4.5 个百分点，利息份额增加了 3.5 个百分点，而税收份额下降了 4.8 个百分点，因此，驱动非生产性支出份额上升的因素为管理人员的剥削收入以及利息支出的增长。根据我们的计算，非金融公司部门利息支出从 1966 年

---

① 转引自孟捷、李亚伟《韦斯科普夫对利润率动态的研究及其局限》，《当代经济研究》2014 年第 1 期。

② 宋则行、樊亢主编：《世界经济史》下卷，经济科学出版社 1994 年版，第 64 页。

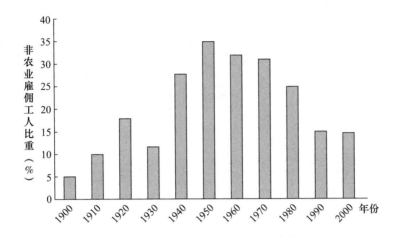

图 4 - 3　20 世纪美国的工会成员

资料来源：［美］塞缪尔·鲍尔斯、［美］理查德·爱德华兹、［美］弗兰克·罗斯福：《理解资本主义：竞争、统制与变革》，孟捷、赵准、徐华译，中国人民大学出版社 2013 年版，第 187 页。

的 72 亿美元上升至 1982 年的 828 亿美元，占营业盈余的比重从 7.92% 上升至 31.34%，占净产出的比重从 1.80% 上升至 5.17%（见图 4 - 4）。那么监管人员和利息支出上升的原因是什么呢？

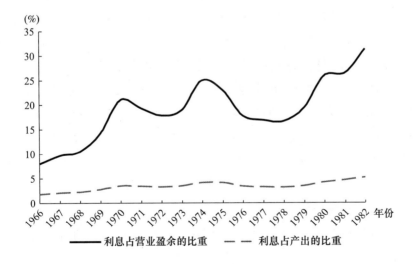

利息占营业盈余的比重　- - - - 利息占产出的比重

图 4 - 4　非金融公司部门利息支出的变化（1966—1982）

资料来源：美国商务部经济分析局。

首先，管理人员剥削收入增长的原因可能在于：其一，剩余价值实现的困难导致用于监管和流通环节的非生产性支出增长。失业增长、工业生产下降、企业倒闭、银行关门、股票下跌、出口缩减导致生产过剩更加严重，因此，资本家就投入大笔资金用于产品的促销、广告等流通环节，这些费用属非生产性开支。其二，间接劳动产生的刚性支出。如前所述，像行政管理、工头等非生产性雇员，其雇佣量是由企业的生产能力或潜在产出所决定的，不随经济形势的恶化而减少，那么这类雇佣人员到了经济形势低迷期就成为"隐性失业人员"，演变为企业的负担。

其次，利息支出增长的原因可能在于：其一，经济形势低迷期，银行惜贷导致利率上涨；其二，政府为遏制 20 世纪 70 年代的通货膨胀采取了猛烈的紧缩性货币政策。1979 年，美国物价上涨高达13.3%，政府采取的措施是紧缩通货和信用。1979 年 10 月，美联储主席保罗·沃尔克策划了一个关于美国货币政策的大转弯，他抛弃了长期坚持的以充分就业为关键目标的财政和货币政策，代之以压制通货膨胀的政策。1979 年年底，美国的贴现率上升到 12%，1980 年 4月到 1981 年 8 月，美国商业银行的优惠利率曾先后四次超过 20%，其中 1980 年年底上升到 21.5% 的创纪录水平。高利率对抑制通货膨胀起到了一定作用，美国消费物价上涨由 1980 年年底的 12.4% 下降到 3.9%。[①] 但是，高利率增加了企业的负担，非金融公司部门1979—1982 年的利息支出分别达到 438 亿美元、578 亿美元、722 亿美元和 828 亿美元，特别是 1980 年和 1981 年，分别比前一年增加了140 亿美元和 144 亿美元。实际上，高利率虽然对治理通货膨胀比较见效，但是，抑制了投资和消费需求，不可能助力经济走出停滞的困境。

三　利润率修复的途径

高峰教授指出："资本积累长时期的缓慢或停滞，通常就是一个

---

① 宋则行、樊亢主编：《世界经济史》下卷，经济科学出版社 1994 年版，第 58—59页。

全球性的生产过剩时期和市场问题结构性恶化时期，此时一般利润率下降趋势所导致的空前紧张的资本关系和市场竞争，促使资产阶级及其国家力图寻求新的技术突破，调整现有的制度关系，积极扩大市场和创造新的社会需求。"[1]"滞胀"危机迫使垄断资产阶级及其代理人调整旧的制度形式，寻求新的经济增长点，推动经济改革，重建资本积累的外部条件，以恢复和提高利润率和投资率。考虑到利润率下降的因素是利润份额，那么修复利润率的途径必然是提高利润份额。如何提高利润份额呢？从影响利润份额的三个主要变量来看，要么提高劳动生产率，要么减少实际工资，要么减少非生产性支出。不过，要改变这三个变量都必须推进结构性改革。这样，发达资本主义国家从20世纪70年代末就进入了一个艰辛痛苦的结构调整过程。

第三节　全球化金融化的新自由主义资本积累体制

一　新自由主义、全球化和金融化

在经历了20世纪70年代的"滞胀"危机之后，发达资本主义经济体在冲突、危机和调整变革中开启了一个新的积累周期，这一周期运转了大约30年后，动力趋于减弱，最终耗竭于2008年国际金融危机。那么，如何定义这一阶段的积累体制？有学者根据这一阶段主流的意识形态与经济理论、经济政策都以自由放任的市场为取向，而将其概括为新自由主义资本积累方式或者新自由主义积累体制。[2]

什么是新自由主义呢？"新自由主义是指与凯恩斯主义完全不同

---

① 高峰：《20世纪世界资本主义经济的发展与演变》，《政治经济学评论》2010年第1期。

② 孟捷：《新自由主义积累体制的矛盾与2008年经济—金融危机》，《学术月刊》2012年第9期；吴茜：《新自由主义资本积累方式与国际金融危机》，《中国高校社会科学》2012年第7期；王旭琰：《新自由主义全球资本积累结构与美国金融危机》，《海派经济学》2008年第4期。

的一套经济社会政策，主张市场化、自由化、私有化，反对政府干预、公共服务和社会福利。"① 科茨认为，新自由主义资本积累体制主要有以下四个特点：（1）资本和富人利益更受维护。对企业和富人征税减少；大型企业和政府联手对抗工会，劳动力市场转型，资本能充分支配劳动力。（2）私有化。对国家直接提供的部分服务私有化。（3）去政府干预。国家不再积极干预宏观经济，而只在一定范围内进行宏观调节，以确保低通货膨胀率而不是低失业率；政府大幅缩减社会福利支出。（4）市场化。企业越来越多地雇用临时和兼职员工；政府放松国内和国际市场的商业和金融管制，允许资本自由流动；大型企业之间残酷竞争；大型公司企业从外部而不再是仅从企业职业员工中聘请首席执行官。②

当然，也有学者根据产业资本和金融资本的不对等地位称新自由主义时期的积累体制为金融化资本积累体制。事实上，关于这一时期"典型化事实"的描述，常见于各种媒体和学术刊物上的术语主要有新自由主义、全球化和金融化。爱泼斯坦甚至将它们的兴起看作过去30年来全球经济变革的主要特征。他认为，金融化是其中的关键，而新自由主义和全球化都是金融资本的霸权势力在世界重新兴起的表现。③ 福斯特也持相同看法，他在《资本主义的金融化》一文中指出，在过去30年资本主义变化的三个主要特征即新自由主义、全球化和金融化中，金融化是其中的主导力量。④ 我们认为，新自由主义时代的积累体制，既然是对战后凯恩斯干预主义积累体制的一种否定和重构，那么它肯定具有自由主义积累体制的特征，但是，不同于以往自由竞争积累体制的是，它在形式和规模上发生了金融化及全球化转型。在这一阶段，垄断资本借助金融化对经济关系进行全面渗透，

---

① 张晨、马慎萧：《新自由主义与金融化》，《政治经济学评论》2014 年第 4 期。

② ［美］大卫·科茨：《目前金融和经济危机：新自由主义的资本主义的体制危机》，《当代经济研究》2009 年第 8 期。

③ ［美］戈拉德·A. 爱泼斯坦：《金融化与世界经济》，《国外理论动态》2007 年第 7 期。

④ ［美］约翰·贝拉米·福斯特：《资本主义的金融化》，《国外理论动态》2007 年第 7 期。

借助全球化向更大范围拓展。

新自由主义、金融化和全球化三个要素并不是一个互不影响的组合。20 世纪 70 年代，"在营利性投资机会日渐稀缺的情形下"①，垄断资本在新自由主义理论的"庇护"下对外进行全球化扩张，对内进行金融化渗透，以修复资本的盈利能力。垄断资本主义，一方面把实体产业和生产环节向海外转移，另一方面在国内集中精力发展金融业和服务业，这一转型正好"完成了"生产和金融的国际分工。从分工视角看，资本主义经济试图完全"脱离以产品与服务生产为核心的实体经济"。② 当然，这只是形式上的脱离，因为垄断资本的全球化扩张意味着它仍然能够通过军事霸权和货币霸权继续掌控实体经济的生产和交换环节。甚至可以说，全球化和金融化业已构成新自由主义时期支撑垄断资本持续积累的两个支柱，缺少其中一个支柱，垄断资本就将失去动力，陷入停滞不前的困境。当然，全球化和金融化并非相互并行、分离的两条轨道，而是相互交叉、相互配合的两种经济现象，特别是两者也会相互作用，相互催化。"新自由主义 + 全球化金融化"产生了"1 + 1 > 2"的效果，"新自由主义政策取消和缩减了国家和社会对资本逐利活动的各种限制，为资本的全球化和金融化提供了制度基础和政策保障；全球化和金融化则使资本摆脱了国家主权的制约和物质形态的束缚，为资本的运动创造了更大的空间和更有效的形式。"③ 它们三者组合把资本逻辑推向更广领域和更高阶段，前者是指形成了《理解资本主义：竞争、统制与变革》一书所说的"跨国资本主义"，后者是指形成了哈维所说的"新帝国主义"。

第一，全球化与新自由主义紧密相连。首先，主张自由贸易的新自由主义政策，对资本管制的废除以及政府总体的"空洞化"，助长了生产、贸易和阶级关系的全球化。其次，全球化也促生了新自由主

---

① ［美］约翰·贝拉米·福斯特：《资本主义的金融化》，《国外理论动态》2007 年第 7 期。

② 陈弘：《当前金融危机与当代资本主义停滞趋势》，《国外理论动态》2009 年第 7 期。

③ 张宇：《金融危机、新自由主义与中国的道路》，《经济学动态》2009 年第 4 期。

义的崛起。新自由主义更多地基于全球化层面而不是"国家—政府"层面。① "全球化进程加剧了大公司和大银行所面对的竞争压力……它们所面临的竞争压力使它们急功近利，这促使它们支持任何减轻税负、放松管制，使其能够自由地与全球对手进行有效竞争的措施"。② 经济全球化使发达资本主义国家能够更加畅通地把新自由主义的意识形态、理论和政策包装成科学及文明"布施"给各个不发达国家。例如，开给拉美国家的药方——"华盛顿共识"就要求深陷债务困境中的拉美国家实行贸易自由化、资本进入特别是外商直接投资进入自由化、放松政府管制等。③ 可是，这些不发达国家一旦选择向垄断资本敞开国门，就很难抵御新自由主义思想的渗透和侵蚀，因为新自由主义理论如货币主义、供给经济学以及新制度经济学等还被它的鼓吹手宣称：这是能够指引不发达国家迈向发达国家的"圣经"。

第二，金融化与新自由主义也紧密相连。首先，新自由主义扮演了金融资本的宣传队和鼓吹手的角色。在自由化和市场化方面，其力促政府解除对金融、保险、房地产业等部门的管制，鼓励大力发展股市、债市和汇市，因为新自由主义者笃信，这些市场的发展能够更加有效地配置金融资源，进而促进生产性投资的发展。20 世纪 90 年代初，美国颁布了大量证券业法案旨在推动其证券市场的自由化程度，1996 年颁布的《全国性证券市场促进法》，大幅取消和放松了此前对证券业的诸多监管政策，1999 年美国颁布的《金融服务现代化法案》，取消金融机构分业经营管制，极大地刺激了大型商业银行和大投行的合并④；在私有化和"小政府"方面，新自由主义鼓吹缩小政府开支，减轻政府负担，对公共福利项目私有化，这样，金融机构就能够介入劳动力的再生产过程，并从中榨取利润。其次，金融化了的

---

① ［爱尔兰］特伦斯·麦克唐纳、［美］迈克尔·里奇、［美］大卫·科茨主编：《当代资本主义及其危机：21 世纪积累的社会结构理论》，童珊译，中国社会科学出版社 2014 年版，第 81 页。

② 李松玉：《全球化与新自由主义》，《国外理论动态》2003 年第 9 期。

③ 常云昆：《新自由主义的兴起与华盛顿共识的终结》，《人文杂志》2004 年第 5 期。

④ 张晨、马慎萧：《新自由主义与金融化》，《政治经济学评论》2014 年第 4 期。

资本主义更加依赖于新自由主义这一套私有化、市场化和解除管制的理论主张。因为凡是执行了这一套主张的国家和地区，其金融自由化程度更高，从而也为金融资本自由进出各国，更加肆无忌惮地掠夺财富提供了平台和机会。以阿根廷和俄罗斯为例，在 2002 年金融危机爆发时，私人境外存款高达 1510 亿美元，特别是自 90 年代中期以来，俄罗斯控制石油、金属和其他利润较高行业的金融寡头已在国外账户上存了大约 1600 亿美元，据特洛伊卡—迪亚洛格经纪公司透露，俄罗斯每年外逃的资本保持在 200 亿美元左右。[①] 世界银行和国际货币基金组织，作为"执行'华盛顿共识'的孪生机构"[②]，为发展中国家所制定的私有化改革计划、经济政策以及处理金融危机的方案等都是为发达国家利益考虑的。例如，它们为 1988—1995 年发展中国家制订的私有化计划，使这些国家出售了近 1000 亿美元的国有资产，其中 50% 以上都成为跨国公司的利润。[③] 20 世纪 80 年代以来，一些迷信新自由主义的发展中国家开始甩卖其土地和矿产权以及政府对铁路、航空、电、水、煤气以及广播等公共领域的垄断权。经过 20 多年的新自由主义私有化改革后，阿根廷、巴西和墨西哥等国的民族财富落入国际金融垄断资本和国内一小撮私人手中。[④] 而且，在资本市场，国际金融投资巨头还能够攻击发展中国家脆弱的金融防火墙，趁机对它们数十年积累起来的资产进行洗劫。在拉美债务危机、亚洲金融危机中都可以窥见投机资本的影子。全球金融体系构成了发达的"中心"地区向落后"边缘"地区汲取资源和剩余价值的重要途径。[⑤] 新自由主义也是资本主义搞垮竞争对手的武器，20 世纪 80 年代，美国的"新自由主义者通过宣扬外汇市场的自由化和反操控，最终迫使其主要竞争对手日本和德国的货币升值，从而直接提高了本国资本在

---

① 李其庆：《金融全球化的成因与特征》，《马克思主义与现实》2002 年第 4 期。

② 李春兰：《私有化与资本主义的金融化》，《国外理论动态》2007 年第 9 期。

③ 李其庆：《金融全球化的成因与特征》，《马克思主义与现实》2002 年第 4 期。

④ 吴茜：《新自由主义资本积累方式与金融垄断帝国主义》，《国外社会科学》2016 年第 5 期。

⑤ 肖斌：《金融化进程的资本主义经济运行透视》，博士学位论文，西南财经大学，2013 年，第 137 页。

国际市场上的竞争力".① 笔者认为，综合考虑上述因素，可以把当代发达资本主义的积累体制概括为全球化金融化的新自由主义积累体制，以更好地凸显它的独特之处和把握其本质。

二 当代资本主义积累的全球化

当代资本主义的全球化包括两个方面：一是资本流动增加、地理范围扩张。经济全球化背景下，各国经济间相互融合，商品、资本、货币的流动障碍大大减少，资本、技术、信息、劳务在全球范围内流动和配置，生产社会化、国际化程度比垄断资本主义时期进一步提高。二是资本主义生产关系在地理上的巨大扩张。东欧体制的瓦解和中国向市场经济体制的渐进转型，为全球资本主义获取原材料的大规模供给、大量廉价劳动力敞开了大门，同时也提供了巨大的投资机会和各类新的市场。② 当代资本主义的全球化积累体制建筑于全球价值链分工体系之上，全球价值链分工是指特定产品生产过程中的不同工序，通过空间分散化展开成跨国或跨区域性的生产链或生产体系，从而吸引不同的国家或企业参与产品生产过程中不同工序或区段的生产供应活动。③

全球价值链分工兼具组织内部分工和组织间分工的二重属性。④ 这种形式能发挥两种分工形态的优势，让组织内分工更加深入，企业间的联系更为紧密，形成了全球生产网络，是一种更为细致和发达的分工形态。在这种分工体系下，生产过程被分成跨国的、通常相距较远的环节，然后再通过贸易和跨国企业内部的运筹经营把这些环节整合到全球生产链中。⑤ 跨国公司主导的全球生产网络意味着资本积累

---

① 张晨、马慎萧：《新自由主义与金融化》，《政治经济学评论》2014 年第 4 期。

② ［爱尔兰］特伦斯·麦克唐纳、［美］迈克尔·里奇、［美］大卫·科茨主编：《当代资本主义及其危机：21 世纪积累的社会结构理论》，童珊译，中国社会科学出版社 2014 年版，第 84 页。

③ 陆甦颖、王晓磊：《国际产品内分工的马克思主义经济学解释》，《毛泽东邓小平理论研究》2010 年第 11 期。

④ 曹亮、汪海粟、陈硕颖：《论模块化生产网络的二重性：兼论其对中国企业的影响》，《中国工业经济》2008 年第 10 期。

⑤ ［爱尔兰］特伦斯·麦克唐纳、［美］迈克尔·里奇、［美］大卫·科茨主编：《当代资本主义及其危机：21 世纪积累的社会结构理论》，童珊译，中国社会科学出版社 2014 年版，第 84 页。

的不同阶段和生产的不同环节可以放置于最有利可图的地区。例如，总部和研发结构可以设在社会民主结构能为之提供合适环境的国家，中度劳动密集型生产可以安排在东欧这些经济全面开放、劳动力受过良好教育却相对便宜的国家，劳动密集型环境可以安排在工资低但政府具有管制职能，维持秩序并且可以建设必要基础设施的中国。① 总之，每一个环节都力求设置在能够实现利润最大化的地方。

生产过程的国际化、分散化扩大了商品交换的深度、广度和规模。在当代全球分工体系格局下，"由于开拓了世界市场，使一切国家的生产和消费都成为世界性的了。"② 由于生产和消费之间插入的中间环节增多，投入交换的商品的数量和种类越来越多，越来越多的人口和国家被纳入这一分工体系，扩展了消费者的数量和市场规模，不仅生产过程出现了国际化，而且消费市场也是全球化的。

表面看来，在全球价值链分工格局下，各国能够发挥比较优势参与国际分工，在价值链上占得一席之地，甚至与其他发达国家进行平等贸易。实际上，透过这种现象的背后，可以看到，它仍然是一个不均衡的、不平等的结构体系。生产过程的国际化使发达资本主义国家能够更"文明"地剥削发展中国家，因为后者往往为了发展被迫接受发达国家的过度剥削和各种附加条件，而且很多发展中国家从20世纪60年代起也从"进口替代"转换为"出口导向"发展模式，还制定了各种优惠条件如税收减免、财政补贴、信贷扶持等，吸引发达国家的跨国资本。全球化积累体制使占据价值链分工高端的跨国公司在资本—劳动、资本—资本和资本—国家三对关系中能够占据更加有利的位置。

首先，在资本—劳动关系上，生产过程国际化使跨国公司能够在全球范围内选择和雇用劳动力，这就相当于建立了一支全球劳动力后备军。全球劳动后备军的出现使劳资妥协更难达成，因为跨国公司是

---

① ［爱尔兰］特伦斯·麦克唐纳、［美］迈克尔·里奇、［美］大卫·科茨主编：《当代资本主义及其危机：21世纪积累的社会结构理论》，童珊译，中国社会科学出版社2014年版，第97页。

② 《马克思恩格斯文集》第二卷，人民出版社2009年版，第35页。

一个有组织的机构，全球劳动后备军却是无组织的，并不存在一个跨国工会或全球工会来保护全球劳动者的权利，而且"空间化"生产使资本能够利用生产的实际转移作为威胁手段来更加有效地控制劳动力，并且能够瓦解工人对地域和国界的偏好。

其次，在资本—资本关系上，尽管跨国公司面临着来自全球范围内大中小企业的竞争，但是，跨国公司往往掌握着资本、技术、管理和规模优势，并且能够通过外包、并购、合资办企业等形式控制很多发展中国家的民族企业。一般来说，发达国家的企业主要从事资本密集型和技术密集型产业，控制产品的研发设计环节，并且往往拥有核心部件知识，发展中国家更多从事劳动密集型环节的生产加工环节，承担着简单零部件大批量生产的责任。在全球价值链分工体系下，发达国家攫取了发展中国家的大量财富。特别是跨国公司还利用其在设计规则及核心部件上的垄断力量，将从事低技术含量的发展中国家企业锁定在微利的俘获型网络。这就意味着，它们不仅能够剥削全球劳动力，还能够剥削全球弱小的中小资本。

最后，在资本—国家关系上，跨国公司在母国和东道主国家都可以游说政府制定有利于资本流动的政策，可以说它"两边通吃"，在经济全球化阶段，国家的权力被削弱，政府的职能和政策对资本日趋缺乏影响力，在社会福利、劳工保障等方面的保护力度也趋于减弱，而且很多发展中国家的政府还要通过给予各种补贴、降低税率等各种优惠措施吸引国际资本投资设厂。总之，全球价值链分工体系下的资本主义非常接近"无中心的集中"，即生产过程虽然分散化，但资本的毛细血管却可以遍布全球，汲取全球剩余价值，由此一来，这一体系更加增强了垄断资本的力量。

三　当代资本主义积累的金融化

在新自由主义全球化时代，实体经济的生产过剩与市场消费需求不足之间的矛盾进一步发展，剩余价值的生产能力虽然不断增加，但是，剩余价值的实现却更加困难。实体经济投资机会匮乏迫使大量资本"脱实向虚"，涌入无须生产环节就能赚钱的金融业。为满足过剩资本的投机需求，金融机构推出了期货、期权、衍生产品、对冲基金等一系列新的金融工具。金融化成了解决资本主义生产关系与价值增殖悖论的必然途径。[①] "利润的获取越来越多地通过金融渠道进行，代替了传统的商品生产和贸易渠道。"[②] 进一步地，从社会再生产的四个环节，以及经济基础决定上层建筑的视角来观察，当代资本主义积累的金融化可以概括为相互依存的两个方面：社会再生产过程的金融化以及金融资本在整个社会中经济和政治权力的上升。

马克思指出，生产、分配、交换、消费构成一个总体的各个环节，一个统一体内部的差别。[③] 随着资本主义金融化的发展，金融关系已完全渗透甚至操纵经济运行的生产、交换、消费和分配环节。

首先，在生产环节，尽管所有权和管理权分离使金融资本的所有者不再直接干预非金融企业的生产活动，但是，生产活动却日益受金融关系的影响。（1）开展生产活动所需的货币资本日益依赖于金融中介[④]而不是内部留存收益，大企业依靠资本市场融资，传统银行的信用中介功能减弱；（2）股东价值导向使大型企业 CEO 的行为目标短期化，以市场为基础的选聘机制使 CEO 致力于使公司股价短期内上升，而不是需要花费较长时间才会产生绩效的长期生产投资；[⑤]（3）非金融企业行为趋向投机化，有更多的企业依赖于金融投资去分配利润而不是通过劳动过程去创造利润。例如，2007 年，福特汽车公司全年税前利润为 58 亿美元，其出售汽车创造的利润仅为 8 亿美元，另外 50 亿美元税前利润是经营信贷和租赁等金融业务所得。[⑥] 作为对金

① 赵磊、肖斌：《经济金融化何以可能——一个马克思主义的解读》，《当代经济研究》2013 年第 3 期。

② Krippner, G. R., "The Financialization of the American Economy", *Socio - Economic Review*, Vol. 3, No. 2, 2005, pp. 173 - 208.

③ 《马克思恩格斯文集》第八卷，人民出版社 2009 年版，第 23 页。

④ 美国公司更加依赖于发行债券。参见［美］考斯达斯·拉帕维查斯《金融化了的资本主义：危机和金融掠夺》，《政治经济学评论》2009 年第 1 期。

⑤ ［爱尔兰］特伦斯·麦克唐纳、［美］迈克尔·里奇、［美］大卫·科茨主编：《当代资本主义及其危机：21 世纪积累的社会结构理论》，童珊译，中国社会科学出版社 2014 年版，第 87 页。

⑥ 张云、刘骏民：《从次贷危机透视虚拟经济命题的研究》，《东岳论丛》2009 年第 1 期。

融产品需求的回应，各种各样的金融工具被设计出来，如股票和债券、存款单、货币市场基金、各种资产名目、期权买卖、期货合约，几乎所有的金融机构都利用证券化创造和出售新的金融工具，发行基于其上的工具。

其次，在交换环节，金融化发展改变了金融产品"交换的深度、广度和方式"。① （1）金融产品的交换走向全球化。抵押支持的债券和债务担保凭证形成的各种金融工具从美国被卖到了世界各地的中央银行、商业银行、财富投资基金，等等。② （2）金融市场上的交易活动很多可以在瞬间完成。信息技术和网络技术的广泛运用，降低了各种金融产品交易的成本，缩短了交易过程和清算时间，数以亿元计的资金交易在瞬间就能完成。（3）金融产品的交换价格波动很大，因为投机者为了斩获价格快速波动带来的利润，会主动制造并加速价格的波动。例如，以资产抵押为基础的次级抵押贷款和债务担保凭证（CDOs），CDOs 最初在次级抵押债券基础上创造出来，然后与其他纯金融工具打包在一起，被定出更高的价格。然后那些 CDOs 又被相似的手法与其他金融工具打包在一起再次定价。这个过程事实上没有上限。③ （4）金融交换活动越来越独立于生产活动，甚至可以与生产活动没有任何关系，完全就是一种赌博交易。保罗·斯威齐曾指出，金融资本一旦摆脱作为以满足人类需求为目标的实体经济的温和辅助者角色，它就不可避免地演变为只适于自我扩张的投机资本。④ 金融产品交易数量和种类的膨胀，金融工具的快速流动性和可流通性极易诱发投机行为，使其演变为一种赌博资本，像利率期货、股指期货和物价指数期货交易与现实资本的积累基本没有任何现实关系。在投机性投资中，"投机者寻求价格波动的收益。它们很大程度上与公司所有

---

① 《马克思恩格斯文集》第八卷，人民出版社 2009 年版，第 23 页。
② ［美］杰克·拉斯姆斯、王姝：《投机资本、金融危机以及正在形成的大衰退》，《马克思主义与现实》2009 年第 3 期。
③ 同上。
④ Sweezy, P. M., "The Triumph of Financial Capital", *Monthly Review*, Vol. 46, No. 2, 1994, pp. 1–11.

权分离。由于它们无意长期投资，所以对公司的基本面不感兴趣。它们也不关心衍生金融工具的质量是'坏的'还是有毒的（例如次级抵押债券）。目标就是无论如何快速'抛出'。……作为一个群体，它们热衷于快速制造价格波动，在单边上升（牛市投机）和单边下降（熊市投机）中寻求获取利润；它们大量投资货币和汇率的波动，期权和期货、大宗商品甚至利率的波动，各种证券的信用保险、抵押债券和类似产品"。①

　　再次，在分配环节，金融化表现为金融部门支配了非金融部门的剩余价值分配方式。（1）非金融公司部门中用于支付股息和红利的比重越来越高。克罗蒂指出，20 世纪六七十年代至八九十年代，美国非金融公司对金融市场的回报支付额占其现金流的比重上升了一倍有余。② 埃尔多干·巴基尔和艾尔·坎贝尔考察了 1946—2008 年美国公司部门净红利支出占净税后利润份额的演变历程（见图 4 - 5）。1950—1966 年，红利支出约占剩余部分的 40%，而留存收益约占 60%。从那时起到 1997 年，红利支出持续增长，在美国金融危机前夕已占公司最终的资金分配的 80% 左右。③（2）企业用利润来回购股票。大公司的利润流向发生了转变，有相当多的一部分利润用于分红和股票回购。帕利的研究表明，1980 年以前，美国非金融公司的借款用于投资；1980 年以后，相当大的一部分借款用于回购股票，导致债务与权益比率的上升。2006 年，股票回购额达到了非住房性投资支出的 43.9%。④ 以股票为基础的金融工具成为高管收入的主要来源，回购可以在短时间内提高股票价格。据统计，449 家在 2003—2012 年上市的标准普尔 500 指数公司在此期间共斥资 2.4 万亿美元来收购自己

---

　　① ［美］杰克·拉斯姆斯、王姝：《投机资本、金融危机以及正在形成的大衰退》，《马克思主义与现实》2009 年第 3 期。

　　② ［美］戈拉德·A. 爱泼斯坦：《金融化与世界经济》，《国外理论动态》2007 年第 7 期。

　　③ ［美］埃尔多干·巴基尔、［美］艾尔·坎贝尔：《新自由主义、利润率和积累率》，《国外理论动态》2011 年第 2 期。

　　④ ［美］托马斯·I. 帕利：《金融化：涵义和影响》，《国外理论动态》2010 年第 8 期。

的股票，占总收益的 54%，还有 37% 的收益被股息红利所吸收，企业最终只剩下很少一部分资金用于提高生产能力和员工薪酬。本来指望公司把利润用于提高生产能力、促进经济的共同繁荣，但这些钱的大部分投资却最终肥了公司高管的腰包。① 从 20 世纪 80 年代后期开始，排名前 0.1% 的高薪人群最主要的收入来源就是股票。② 由于股权激励的因素越来越重，高管既面临来自华尔街的压力，又受到股权激励的诱惑，因此，更有动力大规模进行系统性回购。③ 排在前 10 位的回购企业，它们在 2003—2012 年总共花费 8590 亿美元进行回购，相当于全部净收益的 68%。同期，这些企业的 CEO 人均薪酬为 1.68 亿美元。他们薪酬的 34% 是以期权形式发放的，而 24% 则是以股权奖励的形式发放。这些公司中排名后四位的 CEO 每人平均在十年内也赚了 7700 万美元，27% 是期权，29% 是股权奖励。④ 在经济增长停滞不前、产品市场竞争日趋激烈的同时，金融市场却在要求更多的收益，追求股价的快速上升，因而非金融公司既面临日渐上升的回报支付压力，又面临提升公司股价的压力。这就使非金融公司更难获取利润。由此形成了克罗蒂概括的"新自由主义悖论"。⑤ （3）金融部门的食利者增多，收入差距扩大。"对冲基金经理通常从交易费用以及年度利润中抽取大量收入。这些收入来自使用别人的钱投机金融资产。报酬常常采取金融资产的形式，从而带来资本收益并逃避了税负。相似地，企业经理以股票期权以及其他金融机制的形式获取收入，而这常常伪装成工资。最后，会计师、律师等为金融运作提供必要的技术支持的人，他们的收入也大幅度增加了。"⑥ 上层工薪人员以

---

① ［美］威廉·拉佐尼克：《只有利润，没有繁荣》（哈佛商业评论），http://www.hbrchina.org/2014 - 09 - 11/2354.html。

② 同上。

③ 同上。

④ 同上。

⑤ ［美］戈拉德·A. 爱泼斯坦：《金融化与世界经济》，《国外理论动态》2007 年第 7 期。

⑥ ［美］考斯达斯·拉帕维查斯：《金融化了的资本主义：危机和金融掠夺》，《政治经济学评论》2009 年第 1 期。

及自主就业的中产阶级也通过直接或间接（持有基金）方式持有证券。通过高涨的实际利率和飙升的股票市场，这些阶级的投资，特别是在养老金上的投资，分享了资本所有者的权益。[①] 这些高收入阶层直接或间接地持有股票、债券、基金，一个繁荣的金融市场将会提高他们的收入水平。因此，在有关资本利益的重要决策方面，这些卷入金融化经济进程中的工薪阶级会毫不犹豫地把票投向金融资本。金融资产的积累，在工人阶级内部也造成了阶层差异。[②] 金融化收入使收入更加集中于拥有财产性收入的群体，扩大了贫富差距。2001 年，美国 1% 的最富有人口所持有的金融财富（不包括其房产权益）比 80% 的最贫穷人口所拥有的金融财富多 4 倍。美国 1% 的最富有人口拥有价值 1.9 万亿美元的股票，这与其他 99% 的人口所持有的股票价值大致相当。[③]

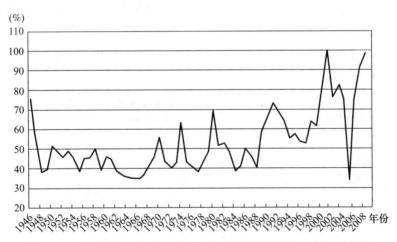

图 4 - 5　公司部门净红利支出占净税后利润的份额（1946—2008）

资料来源：［美］埃尔多干·巴基尔、［美］艾尔·坎贝尔：《新自由主义、利润率和积累率》，《国外理论动态》2011 年第 2 期。

①　［美］热拉尔·迪蒙、［美］多米尼克·莱维：《新自由主义与第二个金融霸权时期》，《国外理论动态》2005 年第 10 期。

②　肖斌：《金融化进程的资本主义经济运行透视》，博士学位论文，西南财经大学，2013 年，第 138 页。

③　［美］约翰·贝拉米·福斯特：《资本主义的金融化》，《国外理论动态》2007 年第 7 期。

最后，在消费环节，金融化突出地表现为消费行为的债务化。由于收入差距趋于增长，在新自由主义时期，低收入家庭不得不依赖借债消费来完成劳动力的生产和再生产。"工人在更大程度上参与了金融机制，以满足他们基本的需要，诸如住房、教育、医疗和养老。"[①]分期付款、贷款消费、信用卡购物、次级房贷等消费形式助长了"寅吃卯粮"行为。当然，债务消费所产生的利息和佣金收入也成为金融资本积累的重要来源，因为这些债务最终要用家庭收入去偿还。对于工薪阶层来说，住房贷款长达几十年付给银行的按揭利息，占去了工资收入的一个较大部分（见图4-6）。据2012年《美国总统经济报告》和美联储的相关数据，家庭债务占GDP的比重从1973年的45%上升至2007年的98%，个人可支配收入中用于偿还债务部分所占的平均比重也从1983年的15.6%上升到了2007年6月的19.3%。[②]由此可见，金融资本不仅分配产业资本带来的剩余价值，而且通过消费

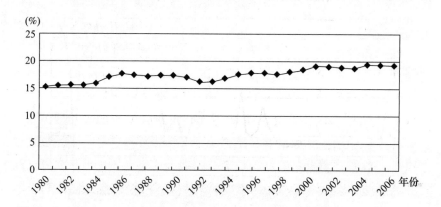

图4-6 美国抵押贷款、消费、汽车与其他贷款支付，
以及保险与其他住房相关支付占个人可支配收入的比重

资料来源：［美］考斯达斯·拉帕维查斯：《金融化了的资本主义：危机和金融掠夺》，《政治经济学评论》2009年第1期。

---

① ［美］考斯达斯·拉帕维查斯：《金融化了的资本主义：危机和金融掠夺》，《政治经济学评论》2009年第1期。

② 肖斌：《金融化进程的资本主义经济运行透视》，博士学位论文，西南财经大学，2013年，第164页。

活动的金融化进一步榨取雇佣工人的工资。垄断资本不仅从生产和流通行为中牟取利润，而且从消费行为中赚取利润。正因为如此，新自由主义时代的政府、媒体和经济学家鼓吹信贷消费的各种好处，并且将其宣传为一种明智之举，而金融机构也乐于支持人们的信贷消费。债务还成了金融衍生品创新的"发酵剂"，美国的各种所谓"金融创新产品"大都由美国政府债务、公司债务以至普通消费者的消费抵押债务等包装而成；同时，要高杠杆运作，购买这些金融衍生产品，又需要举借新的债务。①

随着资本金融化的发展，金融资本在整个社会中的经济和政治权力上升。正如保罗·斯威齐指出的那样：真正的权力与其说是在公司的董事会里，倒不如说是在金融市场里。而且，如同公司的 CEO 一样，金融市场越来越决定着政治权力的行使者什么可以做，什么不可以做。② 迪蒙和莱维指出，被削弱的金融资本权力的恢复与扩张使它支配着一个更大的集团，而这个集团又支配着社会的其余部分，这种情势可以称为金融霸权。③ 在新自由主义时代，政治上层建筑要服从和服务于金融资本的利益需求。例如，经合组织国家政府把国内生产总值相当可观的部分，预算开支的 20% 或国内生产总值的 3%—5%，转移到持有国债的金融资本所有者手中，从而使金融资本成为永久性实际正利率的受益者。④ 在美国，华尔街高管和政府官员的身份可以随意转换，政府制定的一系列法律都很难撼动金融资本的利益。例如，在里根总统执政期间，美国证券交易委员会（SEC）开始放宽规章制度的标准。1981—1987 年担任 SEC 的主席约翰·沙德（John Shad），曾任 E. F. Hutton 的副董事长，他认为，撤销对证券市场的管制有助于让存款更有效地流入经济领域，虽然个别诈骗和操纵股市案

① 何秉孟：《美国金融危机与国际金融垄断资本主义》，《中国社会科学》2010 年第 2 期。

② Sweezy, P. M. , "The Triumph of Financial Capital", *Monthly Review*, Vol. 46, No. 2, 1994, pp. 1 – 11.

③ ［美］热拉尔·迪蒙、多米尼克·莱维：《新自由主义与第二个金融霸权时期》，《国外理论动态》2005 年第 10 期。

④ 李其庆：《金融全球化的成因与特征》，《马克思主义与现实》2002 年第 4 期。

未被发现，但也不能证明让企业公开资料的要求是合理的。① 威廉·K. 塔布等指出，因为金融部门已经取得了对（美国）其他经济部门的操控，实际上，也取得了指挥债务人、弱势公司和（美国）政府的权力。由于它的权力增长，它可以要求在更大程度上不受管制，从而使它进一步膨胀，并危及更大的经济系统的稳定性。②

第四节　劳动挤压和新自由主义时代利润率的复苏

劳动挤压是和利润挤压相对应的概念，我们提出这一概念，旨在描述当收入分配发生了不利于劳动者的变化时，劳动份额受到挤压，利润份额得以扩张并能阻止利润率下降甚至推动利润率上升的情形。

一　劳动挤压和新自由主义时期利润率的复苏

（一）利润率的复苏

如果说战后资本主义经历了一段"利润挤压"期，那么新自由主义时代则见证了资本力量的崛起和劳工力量的衰退，而这导致了劳动挤压和劳动份额的萎缩。

20 世纪 70 年代，利润率的大幅收缩减缓了资本积累和经济增长的动力，资本主义经济遭受经济停滞和通货膨胀的双重困扰。由于凯恩斯主义政策在解释"滞胀"问题上出现理论失灵，货币主义、理性预期学派和供给学派趁机把"滞胀"归罪于凯恩斯主义的国家干预理念及其在战后的政策实践。与凯恩斯主义的国家干预主义相反，这些学派提出的理论和政策大都把古典自由主义奉为圭臬。在货币学派领袖弗里德曼看来，以需求管理为宗旨的财政政策最终都是通过货币量的扩张和收缩来实现经济调节作用的。财政政策只是在短期内对国民

---

① ［美］威廉·拉佐尼克：《只有利润，没有繁荣》（哈佛商业评论），http://www.hbrchina. org/2014 – 09 – 11/2354. html。

② ［美］威廉·K. 塔布、唐科：《当代世界资本主义体系面临四大危机》，《国外理论动态》2009 年第 6 期。

收入发生影响，而在长期内，政府的支出对私人投资具有挤出效应而不是刺激作用，结果只能引起通货膨胀和降低国民经济增长率。政府只需要执行单一的货币规则，尽量避免国家干预。供给学派认为，需求扩大不一定造成实际产量的增长，很有可能只是单纯增加货币量，引起物价上涨，储蓄率下降，这又必然引起利率上升，影响投资和设备更新，技术变革迟缓，从而造成"滞胀"的局面。供给学派建议从提高供给着手，采用降低税率的方法来刺激储蓄，提高私人部门的投资，从而达到经济增长的目的。①

随着里根和撒切尔夫人的上台，这些理论主张被付诸实施。在美国，里根总统接受了供给学派和货币学派的政策主张，实施了一整套以"减税、削减福利支出和减少政府干预"，以及货币紧缩为核心的改革方案。杜梅尼尔和莱维称：新自由主义作为一种新的社会秩序，它以恢复生产资料所有者的收入和财富为目的。②"里根革命"对资本松绑，创造了有利于资本盈利的环境，成功地扭转了经济利润率的下滑态势。20世纪80年代以后，劳动报酬在国民收入分配中的比重不断下降，资本收入在国民收入分配中的比重不断上升，利润份额日趋增大，利润份额的扩张推动了利润率的回升。如图4-7和图4-8所示，20世纪80年代以来，美国非金融公司部门的利润率经历了一个较大幅度的回升，税后利润率从1982年的3%多一点上升至2006年的6%左右，尤其是90年代，利润率的平均值达到5.52%，比70年代的利润率平均值高出约1.3个百分点。而公司部门的利润率则从1982年的6%回升至1997年的10%。利润率的回升增强了美国经济增长的活力，其不但摆脱了"滞胀"危机的困扰，而且在80年代后引领全球经济走向复苏，并于20世纪90年代开启了一个"高增长、低通胀、低失业"即"两高一低"并存的"新经济"时代。③

---

① 高德步、王珏：《世界经济史》，中国人民大学出版社2011年版，第363—364页。
② ［美］热拉尔·迪蒙、多米尼克·莱维：《新自由主义与第二个金融霸权时期》，《国外理论动态》2005年第10期。
③ 鲁保林：《利润挤压和利润非挤压：理论与实证》，《教学与研究》2013年第9期。

图4-7　公司部门利润率（1982—1997）

资料来源：美国商务部经济分析局。

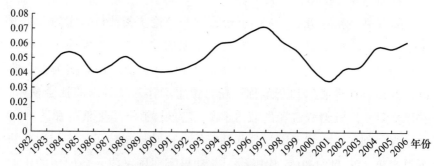

图4-8　非金融公司部门税后利润率（1982—2006）

资料来源：美国商务部经济分析局、美国劳工部劳工统计局。

　　对利润率的数学分解表明，产出资本比和利润份额都对利润率的回升和复苏做出了贡献。我们的计算显示，产出资本比对非金融公司部门利润率回升的贡献率为17.95%，利润份额的贡献率高达82.05%，可见，利润份额的增大对利润率回升起到了关键作用。根据我们的估算，非金融公司部门的利润份额在此期间上升了4.6个百分点，利润份额的增长主要发生在1982—1984年、1990—1997年和2001—2006年。因此，在新自由主义时期美国经济经历了一个典型的"劳动挤压"时期。

表4-3　非金融公司部门税后利润率变化、两种要素的贡献率

时间	利润率的变化 （百分点）	利润份额的贡献 （%）	产出资本比的贡献 （%）
1982—2006年	0.0277	82.05	17.95

　资料来源：美国商务部经济分析局、美国劳工部劳工统计局。

（二）利润份额的增加

从上述分析可知，劳动份额的下降即利润份额的上升是推动利润率上升的主要力量。那么，推动利润份额扩张的主要因素有哪些呢？我们知道，决定利润份额变化的直接变量为劳动份额和非生产性支出份额。如果两者同时下降，或者其中一个下降的幅度大于另外一个增长的幅度，那么利润份额都会增加。1982—2006 年，美国非金融公司部门的劳动份额下滑了 12.9 个百分点，劳动份额的下滑源于实际工资的停滞和劳动生产率的回升。在这一时期，非金融公司部门生产工人的实际工资增长率仅为 1.1%，不仅远低于 1958—1966 年的 2.43%，而且低于 1966—1982 年经济下行时期的 1.68%。与此同时，劳动生产率增长率在一定程度上得到了恢复，增速为 2.1%，比 1966—1982 年的水平高出约 0.8 个百分点。

1. 实际工资停滞不前的根源

实际工资的停滞不前与全球价值链分工的发展以及新自由主义政策的实施有很大关系。

首先，资本在全球的流动性增加，强化了资本对劳动力的控制，使雇主可以凌驾于工会成员和其他雇员之上。在全球价值链分工模式下，工人现在不仅要和国内工人竞争，还要和遍布全球的他国工人竞争。资本的自由流动可以要挟劳动者，并将"劳资对立转变为不同国家劳动者之间的对立"[①]，劳资妥协更难达成。产业或生产环节向他国转移还"使大量新增就业岗位来自低工资、低福利、高流动性的服务业。服务业的工会化和集体协商程度非常低，工人要么选择低工资，要么失业"。[②] 因此，不平等在工资和薪金所有者中增加，获得较好收入的人从获得较差收入的人手中夺走了机会和生活品质，获得较好收入的人害怕失去工作，主要不是因为失业，而是因为结果是利益无多

---

① 钱箭星：《全球化时代发达国家劳资关系的演变及其新动向》，《社会主义研究》2009 年第 6 期。

② 崔学东：《金融危机是美国劳资关系的转折点吗?》，《教学与研究》2011 年第 10 期。

的低工资工作。①

主流经济学理论认为，经济全球化有利于资本在全球范围内自由流动，提高资本的使用效率，促进全球经济发展。然而，资本积累的全球化增强了资本的盈利能力。在全球价值链分工体系下，发达国家主要从事知识密集型和技术密集型产业，控制了科技含量高的价值链环节。发展中国家从事劳动密集型环节的生产活动，位于价值链低端。科技含量决定产品的附加值，在全球价值链分工体系下，发达国家因为占据了国际分工体系中的高附加值环节，具有技术水平、产业结构和产品结构的优势，获得的利润较多，从而缓解了利润率下降的压力。而且跨国公司在母国和东道主国家都可以游说政府制定有利于资本流动和外商直接投资优惠的政策，总之，生产过程的国际化使资本的毛细血管却可以遍布全球，虹吸全球剩余价值。如图 4-9 所示，战后以来，美国经济在国外赚取的利润趋于上升。20 世纪 40 年代末，每 20 元利润中只有 1 美元是在美国本土之外产生的，到了 21 世纪初，1/3 的利润都来自国外。从根本上说，跨国公司主导的全球生产网络可以确保每一生产环节都置于成本最低的地区。新自由主义时代的全球化就是国际垄断资本谋求利益最大化的途径。

其次，生产工人实际工资的停滞与战后"劳动协议"的解体有关，而"劳动协议"的解体与美国实行的新自由主义经济政策密不可分。以自由化、私有化、市场化和国家干预最小化为宗旨的新自由主义经济政策，大大削弱了劳工阶级的力量，使强资本、弱劳动的局面进一步恶化。（1）政府偏爱资本。在 20 世纪 80 年代，为摆脱经济危机的困扰，政府把矛头对准工人阶级，各种保护工人利益的法律被取消和修改，集体谈判趋于分散化。随着里根入主白宫和公司院外游说集团对国会的威胁，联邦最低工资的法定水平竟冻结了七年多，实际最低工资从 1979 年的 5.81 美元（按 1994 年美元）跌落到 1989 年的

---

① ［美］塞缪尔·鲍尔斯、［美］理查德·爱德华兹、［美］弗兰克·罗斯福：《理解资本主义：竞争、统制与变革》，孟捷、赵准、徐华译，中国人民大学出版社 2013 年版，第 183 页。

图 4 - 9　来自国外的利润占总利润的比重（1948—2000）

资料来源：［美］塞缪尔·鲍尔斯、［美］理查德·爱德华兹、［美］弗兰克·罗斯福：《理解资本主义：竞争、统制与变革》，孟捷等译，中国人民大学出版社 2013 年版，第 174 页。

4.00 美元，下降了约 1/3。虽然法定最低工资在 1989—1991 年有所提高，但随后又被冻结直到 20 世纪 90 年代中期。[①] 塞缪尔·鲍尔斯等指出，最低工资实际价值的下降，以及所有产业工人实际工资的下降，均反映出在 20 世纪最后 25 年里，企业主相对于劳动者不断增加的政治影响。[②]（2）工会力量遭到严重削弱。大量公共部门和私营部

---

① 高峰：《"新经济"，还是新的"经济长波"》，《南开学报》（哲学社会科学版）2002 年第 5 期。

② ［美］塞缪尔·鲍尔斯、［美］理查德·爱德华兹、［美］弗兰克·罗斯福：《理解资本主义：竞争、统制与变革》，孟捷、赵准、徐华译，中国人民大学出版社 2013 年版，第 186 页。

门的工会被解散，结果导致工会权力弱化、工会成员率大幅下降。在20世纪50年代，工会成员数达到顶峰（见图4-10），略超过工人总数的1/3，自此以后，一直呈下降趋势。在20世纪70年代还有将近25%的工人参加工会，在2003年，只有12.9%的靠工资和薪水为生的工人参加了工会，而私有部门的比例更低，仅仅为8.2%。① 从图4-10可以看出，随着工会力量的衰退，所有的产业工人的小时工资都经历了20年较长时期的下降。米切尔等三位经济学家估计，美国拉大了的工资差距中约有1/3应归因于工会的削弱和最低工资购买力的下降。② （3）核心—外围网络化组织结构降低了工资水平。纵向一体化的适当分解使制造商和供应商通过层级分包形成了一种核心—外围的网络化组织。在整个精益化生产网络中，只有相对很小一部分核心企业的工人实现了终身雇佣或提供了就业安全。外围小规模企业雇用的工人在很差的劳动环境下从事着非全日制的、低工资、没有保障的非正式工作。③ 外围工人的工资水平往往被压低于劳动力价值以下，处于过度剥削状态。

2. 劳动生产率的恢复

劳动生产率的恢复与分工的深化，新福特主义与后福特主义生产方式的形成以及竞争环境的变化是分不开的。（1）随着分工的深化和广化，新的产业部门开始形成，特别是信息技术产业，其对其他行业的渗透效应以及劳动生产率的促进效应非常大。20世纪80年代以来，美国信息技术产业的投资增速加快，信息处理和设备软件的投资占整个私人非住宅设备和软件投资的比重从1980年的30%提高到1990年的43%，到2000年，几乎占一半的比重。信息技术设备投资在20世

---

① 李民骐、朱安东：《新自由主义时期的世界经济》，《高校理论战线》2005年第7期；［美］塞缪尔·鲍尔斯、［美］理查德·爱德华兹、［美］弗兰克·罗斯福：《理解资本主义：竞争、统制与变革》，孟捷、赵准、徐华译，中国人民大学出版社2013年版，第186页。

② 申丹虹：《劳动力市场与收入分配研究综述》，全国高校社会主义理论与实践研讨会第25届年会论文，沈阳，2011年9月。

③ 谢富胜：《控制和效率：资本主义劳动过程理论与当代实践》，中国环境科学出版社2012年版，第195—197页。

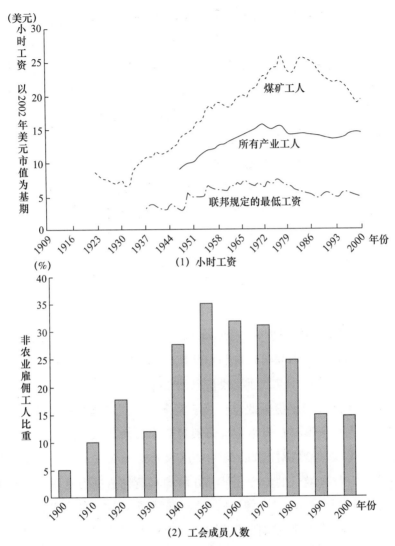

图 4 - 10　20 世纪美国的工资和工会成员

资料来源：［美］塞缪尔·鲍尔斯、［美］理查德·爱德华兹、［美］弗兰克·罗斯福：《理解资本主义：竞争、统制与变革》，孟捷等译，中国人民大学出版社 2013 年版，第 187 页。

纪 90 年代前半期以年均 14.2% 的速率增长，到后半期高达 20.2%。信息技术产业迅猛发展并迅速向其他产业行业部门扩散，带动其他产业部门的劳动生产率一同加速。（2）精益生产方式提高了劳动生产率。精益生产的核心思想是用最小的投入、最少的时间生产更高质量、更多的产品，即通过尽可能消除生产过程的非生产时间与活动来提高劳动生产率。非生产时间活动的消除大大提高了工人从事生产活动的强度。① 而且，弹性工资制度和劳动力市场制度以及对社会保障制度的改造弱化了劳工阶级的谈判地位，迫使工资在相同的薪金水平下接受更大的劳动强度和劳动时间。② 另外，随着外包活动的增加，生产越来越分散，缩短了核心企业的资本周转时间。③ （3）全球经济竞争加大。资本全球化流动改变了企业的竞争方式，许多行业的美国企业现在不仅要和为数不多、通常规模很大的美国企业竞争，而且还要和来自全球其他国家的大量同类企业竞争。④ 激烈的国际竞争推动企业不断变革，无论是采用新的生产方法、引入新的生产技术，其目标都指向提高劳动生产率。

3. 非生产性支出上升的负效应

非生产性支出在新自由主义时期急剧增长。1982—2009 年，非生产性支出份额增长了 8 个百分点。对非生产性支出份额构成演变的分析可知，管理人员剥削收入份额在此期间增加了 8 个百分点，利息份额降低了 2.3 个百分点，而税收份额增加了 2.4 个百分点。所以，这一时期非生产性支出份额的增长几乎完全来自管理人员剥削收入占比的增加。这种情形与新自由主义时期管理人员和普通生产工人的收入差距日益增大是恰好对应的。新自由主义经济政策一方面极力限制普通生产工人收入增长的步伐，另一方面却将新创造的财富源源不断地"输送"给上层管理人员。但是，这种偏爱精英人士的分配格局不仅严重限制了普通大众的实际消费能力，而且抑制了利润份额与利润率

① 谢富胜：《控制和效率：资本主义劳动过程理论与当代实践》，中国环境科学出版社 2012 年版，第 198 页。

② 赵峰：《新自由主义的资本主义经济增长》，载张宇《金融危机的政治经济学分析》，经济科学出版社 2009 年版，第 145—158 页。

③ 谢富胜：《控制和效率：资本主义劳动过程理论与当代实践》，中国环境科学出版社 2012 年版，第 196 页。

④ ［美］塞缪尔·鲍尔斯、［美］理查德·爱德华兹、［美］弗兰克·罗斯福：《理解资本主义：竞争、统制与变革》，孟捷、赵准、徐华译，中国人民大学出版社 2013 年版，第 182 页。

上升的力度和速度。非生产性支出份额的上升抑制了利润份额上升的幅度，假设非生产性支出份额在此期间保持不变，就会有更多的利润流保留在非金融公司部门，那么利润份额和利润率回升的幅度也会更大。

（三）名义产出资本比的贡献

在新自由主义时代利润率的回升中，产出资本比的贡献率为18%，本来产出资本比在长期中应该趋于下降，对利润率施加向下的压力，那么，产出资本比在此期间为何趋于增长呢？

我们知道，名义产出资本比$\frac{Y}{K}$可以分解为：

$$\frac{Y}{K} = \frac{P_y y}{P_k k} = \frac{P_y}{P_k} \times \frac{y/l}{k/l}$$

上式表明：名义产出资本比受产出品与资本品的比价关系$\frac{P_y}{P_k}$以及

实际产出资本比$\frac{y}{k}$两个因素的综合影响，而实际产出资本比又受实际

劳动生产率$\frac{y}{l}$与资本技术构成$\frac{k}{l}$的影响。当劳动生产率增速超过资本

技术构成增速时，实际产出资本比就会上升；反之，就要下降。图4-11 显示，1982—2006 年，名义产出资本比趋向上升，特别是1982—1999 年上升的幅度比较大。产出资本比上升较慢还意味着资本有机构成可能会下降，我们的计算显示，这一时段资本有机构成增速为-0.55%，资本技术构成增速为-0.42%。

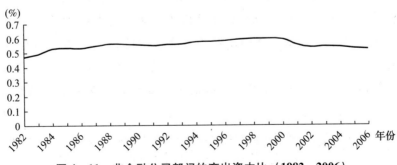

图4-11　非金融公司部门的产出资本比（1982—2006）

资料来源：美国商务部经济分析局、美国劳工部劳工统计局。

　　为什么资本技术有机构成会趋于下降呢？我们认为，以下四个方面值得注意。

　　第一，信息技术革命节约了不变资本的投入。社会生产信息化是一种高效率、高产出、低投入、低能耗，以信息、知识、技术为核心的全新的生产方式。① 由于经济变得更"轻"，以往的产品体现得更多的是物质资本，而现在却向更多的知识资本转化。信息技术通过对传统产业的设备研制、产品开发、生产、销售等所有的环节进行改造升级，使各种资源得到充分有效的利用，降低了生产成本，节约了不变资本支出。

　　第二，后福特主义劳动过程的应用节省了不变资本投入，提高了资本周转速度。高峰认为，劳动组织和企业管理的改进，即使在既定的设备条件和技术条件下，也能大大提高劳动生产率，相对节省不变资本特别是固定资本的使用。② 后福特主义的"全面质量管理""工人自主参与"等措施可以发挥每个劳动者的主动精神，提高劳动效率。后福特主义通过各种工作轮训，将车间工人培养成能自我管理的多技能的劳动者。通过努力协调供应、制造和销售三个环节，将原材料、零部件、在制品、产成品的库存和浪费降低到最小限度，信息化发展还使供应、生产和销售三个环节都能快速地对下一个环节做出反应，减少了各种不必要的生产消耗以及生产和销售中的过剩人员。③

　　第三，生产过程的国际化降低了不变资本的增速。20 世纪 80 年代以来，全球价值链分工等形式将全球大多数国家都卷入了跨国公司主导的全球分工体系。发达国家掌控着全球价值链的研发、设计等高端环节，专业化程度比较高、创新能力很强，这些环节的有形投入少，人力资本投入增多，固定资本投入放缓降低了资本有机构成的增速。

　　第四，资本主义金融化发展降低了资本有机构成上升的速率。金

---

　　① 陈智：《马克思的资本有机构成理论与当代中国的经济发展》，《学术探索》2011 年第 2 期。

　　② 高峰：《资本积累理论与现代资本主义》，南开大学出版社 1991 年版，第 136 页。

　　③ 谢富胜：《从福特主义向后福特主义转变》，《中国人民大学学报》2007 年第 2 期。

融、保险、房地产业（FIRE）不同于实体经济，其G—G'的盈利模式无须经历生产环节，不需要进行大规模固定资产投资。由于社会的产业结构"软化"，对信息、服务、技术和知识等（软要素）的依赖程度加深，可以减缓资本有机构成上升的速率。

总体来看，劳动挤压是新自由主义时期利润率上升的直接原因。全球化、金融化和新自由主义政策对劳工构成了三重挤压。这里用一个三角形表示，如图4-12所示。

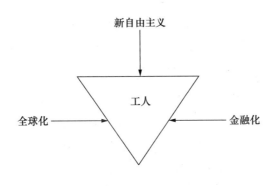

图4-12　三重挤压

全球化、金融化和新自由主义对劳动的挤压又可以从对实际工资、劳动效率和劳动强度三个变量的影响进行说明。在表4-4中，如果对这三个变量施加的影响是提高了该变量的增速或程度，则用"↑"表示；如果影响是降低了，则用"↓"表示；如果没有影响，则用"/"表示。

表4-4　　全球化、金融自由化与新自由主义对劳动的挤压

	实际工资	劳动效率	劳动强度
新自由主义	↓	↑	↑
全球化	↓	↑	↑
金融化	↓	↑	/

二 利润率复苏与资本积累过程矛盾的展开

马克思在评论自由贸易时曾指出："实行自由贸易以后所有其余的政治经济学规律都将发生更强烈的作用，应验得更加准确。"在实行自由贸易以后，政治经济学的全部规律及其最惊人的矛盾将在更大的范围内，在更广的区域里，在全世界的土地上发生作用。① 20 世纪80 年代以来，全球化金融化的新自由主义资本积累体制的形成，为利润增长和资本积累创造了更好的条件，推动了利润率的复苏和经济增长。全球价值链分工形态将全球大多数国家都卷入了跨国公司主导的全球分工体系。在全球价值链分工格局下，发达国家与发展中国家的界限分明，核心、外围或半外围的区分仍然存在。位于价值链高端的发达国家技术创新能力强，利润丰厚，具有更强的迂回式分工拓展特征。相反，处于价值链低端的发展中国家，基于廉价劳动力参与全球分工，缺乏核心技术和专业化知识以及高层次人力资本，生产链条短，市场竞争激烈，专业化程度较低、创新能力较弱，主要依靠模仿，满足较低收入水平的市场需求或供应发达国家的市场，资本积累能力遭受严重挤压。因此，处于价值链低端的发展中国家缺乏必要的资本积累来改善其创新能力。这样就形成一种恶性循环：收入和资本积累率提高缓慢→分工程度不高→技术创新迟缓→效率难以提高→收入增长缓慢。由此，它们可能会陷入恶性循环的累积。

在全球化金融化的新自由主义积累体制下，资本积累过程的矛盾必然在更大范围展开。这种分工和积累模式造成剩余价值的生产和实现的矛盾、生产扩大和价值增殖的矛盾，以及人口过剩与资本过剩所包含的矛盾，从核心资本主义国家向"边缘""半边缘"的国家和地区蔓延，在更大的范围和更广的区域里不断发酵激化。全球化金融化的新自由主义积累体系改变了生产资本和金融资本的区域分工，从而也改变了生产过剩的形式。从过剩的形态和分布区域来看，全球化金融化资本积累方式使生产过剩在发展中国家集中表现为实体经济的产

---

① 《马克思恩格斯全集》第 4 卷，人民出版社 1965 年版，第 295—296 页。

能过剩，在发达国家则异化为虚拟经济的过度繁荣。[①] 当然，我们也可以说，资本主义的金融化发展使发达国家的生产过剩主要表现为金融资产的过剩，而发展中国家的过剩表现为实物产品或生产资本的过剩。新国际分工格局的演变、矛盾及其不平衡发展可以用马克思经济学的再生产图式进行说明。

全社会生产活动可以简要划分为第一部类和第二部类，第一部类为生产资料生产部门，第二部类为生活资料生产部门。我们假设发达国家只从事第一部类生产，发展中国家只从事第二部类生产。每个生产部门产品的价值都由不变资本、可变资本和剩余价值三部分组成，即 $W = C + V + M$。在扩大再生产中，剩余价值将被分为企业主的个人消费和追加投资两部分，而追加投资又分为追加不变资本和追加可变资本两部分。即有：

$$M_{1D} = E_{1D} + \Delta_{1D} = E_{1D} + \Delta C_{1D} + \Delta V_{1D}$$

$$M_{2U} = E_{2U} + \Delta_{2U} = E_{2U} + \Delta C_{2U} + \Delta V_{2U}$$

式中，下标 1 和下标 2 分别表示第一部类和第二部类，下标 D 和下标 U 分别表示发达国家和发展中国家，M 表示剩余价值，E 表示资本家的消费部分，Δ 表示追加投资，C 表示不变资本，V 表示可变资本，通过对剩余价值的分割，产品的价值构成组合发生了变化。假设资本有机构成不变，第二部类的可变资本量应等于 $\dfrac{V_{2U}}{C_{2U}}(\Delta C_{2U} + C_{2U})$，这是因为，$\dfrac{C_{2U}}{V_{2U}} = \dfrac{C_{2U} + \Delta C_{2U}}{V_{2U} + \Delta V_{2U}}$，所以，$V_{2U} + \Delta V_{2U} = \dfrac{V_{2U}}{C_{2U}}(\Delta C_{2U} + C_{2U})$。由此，全社会的产品价值构成可以表示为：

$$C_{1D} + \Delta C_{1D} + V_{1D} + \Delta V_{1D} + E_{1D} = W_{1D}$$

$$C_{2U} + \Delta C_{2U} + \frac{V_{2U}}{C_{2U}}(\Delta C_{2U} + C_{2U}) + E_{2U} = W_{2U}$$

第一部类的不变资本和第二部类的可变资本及资本家消费需要可以在本部类完成，社会再生产的顺利进行要求第一部类的可变资本与

---

① 赵磊：《当代资本主义危机与中国的改革发展》，《国外理论动态》2011 年第 12 期。

资本家的消费需要与第二部类的不变资本在价值上相等，在使用价值上互补，即：

$$\Delta V_{1D} + V_{1D} + E_{1D} = C_{2U} + \Delta C_{2U}$$

20 世纪 80 年代以来，发达资本主义越来越专注于知识和技术密集型的研发、设计产业以及金融服务业的发展，加大了对核心雇员的人力资本投资；同时，资本家由于财富的增长增加了对奢侈品的非生产性消费。这几种因素的综合作用相应地提高了 $\Delta V_{1D} + V_{1D} + E_{1D}$。而劳动密集型向发展中国家的转移，增加了发展中国家对发达资本主义国家设备、技术和专利的购买，发展中国家的不变资本投资增加，即 $C_{2U} + \Delta C_{2U}$ 上升，但同时恶化了可变资本投资。在此种情况下，发达资本主义国家中的被去技能化的低端劳动力通过借债完成劳动力的生产和再生产。此外，发展中国家的产业利润又通过购买国债的方式大量流入发达资本主义国家的债券市场，以支撑发达资本主义的军事支出和债务消费，进而保持上述再生产循环的正常运行。

综上所述，全球化金融化的新自由主义积累体制是 20 世纪 70 年代以来，资本主义国家在利润率下降压力下，把一般的生产环节向外转移，以寻求新的利润增长点，进而重塑国内产业竞争优势的结果。这种积累体系固然有利于增强资本的权力，并在一定时期内推动了中心国——美国——利润率的回升，但与这种分工格局相伴的去工业化、收入分配两极分化以及全球经济失衡也导致了更为严重的结构失衡。因此，这种建立在债务消费、虚拟经济，以及国内国际经济关系都已经严重失衡之上的全球化金融化的新自由主义积累体制必然是不可持续的，因为其内部潜藏着一系列严重的危机诱发因素。2007 年，美国次贷危机爆发，然后向全球蔓延，至今全球经济仍未彻底走出国际金融危机的萧条。这就充分表明自由放任的资本主义生产方式需要一场全面而彻底的变革。

第五章 新自由主义时代经济关系的失衡与矛盾积累

"资本和劳动的关系，是我们全部现代社会体系所围绕旋转的轴心，这种关系在这里第一次得到了科学的说明，而这种说明之透彻和精辟，只有一个德国人才能做得到。"① 而且这一著作让马克思攀登到最高处，从而"把现代社会关系的全部领域看得明白而且一览无遗，就像一个观察者站在最高的山巅观赏下面的山景那样"。② 对于新自由主义时代的经济关系和结构失衡，只要我们运用马克思的"资本与劳动"的理论加以认真审视，就能将其本质"看得明白且一览无遗"。

第一节 资本与劳动失衡

一 马克思的"资本与劳动"关系理论

在资本主义条件下，商品生产占统治地位，劳动力也成为商品。通过劳动力的买卖，劳动条件和劳动力得以重新结合，占有生产资料的货币所有者成为资本家，劳动者成为雇佣劳动者。劳动力商品的买卖在流通领域完成，表面看起来是平等自愿的交易，但是，只要深入到资本主义生产过程，就会发现，资本主义生产过程是资本家消费劳动力的过程，实质是资本家榨取雇佣劳动者的剩余价值的过程。这一

① 《马克思恩格斯选集》第二卷，人民出版社 1995 年版，第 589 页。
② 同上。

过程不仅是剩余价值的生产和再生产，也是资本主义生产关系的生产和再生产。在资本主义社会，劳动与资本的关系体现的是无产阶级与资产阶级之间剥削与被剥削的对抗性的阶级关系。① 两大阶级之间一直存在着关于劳动条件、劳动时间、劳动强度以及劳动成果分配的对立与斗争。

二　新自由主义时期劳资关系的失衡

马克思尖锐地指出，资本主义社会"一切提高社会劳动生产力的方法都是靠牺牲工人个人来实现的；一切发展生产的手段都转变为统治和剥削生产者的手段"。② 里根和撒切尔夫人执政期间，打着提高效率的旗号，制定了很多改善供给的政策，也是靠牺牲工人的利益来实现的，其真正目的在于提高垄断资本的盈利能力。

首先，改革工资法和工会制度，名曰改善劳动供给，实则削弱了工人的权力和谈判能力。哈耶克说："工会自己正在尽其所能地拼命地摧毁着市场经济。"③ 在美国，政府和资本家联手打击公共部门与私人部门的工会，解雇工会的领导人和组织者。1981 年，里根总统对空运管理人员的罢工进行干预，解雇了 11301 名罢工参与者。对工会的打击导致工会成员率大幅减少，在 20 世纪 70 年代还有将近 25% 的美国工人参加工会，但是，到 21 世纪初，这一数字低于 13%。④ 克鲁格曼写道，20 世纪 60 年代似乎与工会运动达成了和解的企业利益集团，从 20 世纪 70 年代开始对工会发动反击。我们并不是在谈论温文尔雅的劝服，而是真刀真枪的手段。例如，试图组织或支持工会活动的工人就常常遭到非法解雇。从 70 年代后期到 80 年代初期，投票支持工会的人，至少有 5% 遭到非法解雇，一些

---

① 陈学明：《〈资本论〉对当今中国的意义》，《南京政治学院学报》2014 年第 3 期。
② 《资本论》第一卷，人民出版社 2004 年版，第 743 页。
③ ［英］哈耶克：《自由秩序原理》下册，邓正来译，生活·读书·新知三联书店 1997 年版，第 42 页，转引自陈波《经济金融化与劳资利益关系的变化》，《社会科学》2012 年第 6 期。
④ 李民骐、朱安东：《新自由主义时期的世界经济》，《高校理论战线》2005 年第 7 期。

估计甚至认为是 12.5%。① 此外，联邦最低工资的法定水平被冻结了七年多。在英国，撒切尔认为："几乎毁掉了英国在全世界都曾经非常有名的福利制度，被称为民主国家独裁者。并且她对工会奉行强硬路线，在 1984 年的煤矿工人大罢工中态度强硬，通过修改工会法、派遣军情五处人员渗透进入全国矿工工会等手段，不惜让警察和矿工发生流血冲突，从而彻底击败了工会组织，极大地削弱了曾经非常强大的英国工会势力。"② 英国政府还通过了一系列法律限制工会的权力，包括 1980 年的《雇佣法》、1982 年的《雇佣法》、1984 年的《工会法》、1988 年的《雇佣法》、1990 年的《雇佣法》、1993 年的《工会改革和雇用权利法》等，工会力量被逐步削弱到无力对抗资方的状况。③

其次，新自由主义的鼓吹手强调，只有减轻大资本、大企业的税收负担，市场才能真正发挥其力量。里根时期实施的《1981 年经济复苏税收法案》把最高边际收入税从 70% 减少到 1982 年的 50%，把最高资本收益税从 28% 减少到 20%。《1986 年税收改革法案》进一步降低了 1987—1988 年的边际税率。最高边际税率从 50% 下降至 28%，公司税从 50% 下降到 35%。1986 年税制改革将个人税级由 14 级简化为两级，从总体上说，降低了税率。公司税收的等级从原来的 5 个减少为 3 个，税率也有所下降。1986 年法案使个人的最高边际税率降低了，企业税率降低了。④

再次，高管薪酬的制度设计扩大了劳资收入差距。以股票为基础的金融工具成为高管收入的主要来源。从 20 世纪 80 年代后期开始，排名前 0.1% 的高薪人群最主要收入来源就是股票。由于股权激励

---

① ［美］克鲁格曼：《美国怎么了？》，中信出版社 2008 年版，第 117 页，转引自孟捷《新自由主义积累体制的矛盾与 2008 年经济—金融危机》，《学术月刊》2012 年第 9 期。

② 朱继东：《还原真实的撒切尔夫人——终生反对共产主义的新自由主义者》，《红旗文稿》2013 年第 9 期。

③ ［英］哈耶克：《自由秩序原理》（下册），邓正来译，三联书店 1997 年版，第 42 页，转引自陈波《经济金融化与劳资利益关系的变化》，《社会科学》2012 年第 6 期。

④ 胡莹：《从收入分配看"美国式"的公平效率观——以里根时期美国的收入分配政策为例》，《马克思主义研究》2013 年第 6 期。

的因素越来越重，高管既面临来自华尔街的压力，又受到股权激励的诱惑，因此，更有动力大规模进行系统性回购。449 家在 2003——2012 年上市的标准普尔 500 指数公司在此期间总共斥资 2.4 万亿美元来收购自己的股票，占总收益的 54%。还有 37% 的收益被股息红利所吸收，这些钱的大部分投资却最终肥了公司高管的腰包。① 排在前 10 位的回购企业，它们在 2003——2012 年总共花费 8590 亿美元进行回购，相当于全部净收益的 68%。同期，这些企业的 CEO 人均薪酬为 1.68 亿美元。他们薪酬的 34% 是以期权形式发放的，而 24% 则是以股权奖励的形式。这些公司中排名后四位的 CEO 每人平均在十年内也赚了 7700 万美元，27% 是期权，29% 是股权奖励。②

最后，大规模私有化改革让就业变得更不稳定，降低了工人的议价能力。新自由主义认为，只有私有财产，才能够给个人以充分的自由选择权利；只有私有化，才能使经济发展具有最充分的动力。在英国，像英国石油公司、英国燃气公司、英国钢铁公司等这样的关系到国计民生的大型国有公司先后被私有化。与此相适应，公共部门的就业率也从 1979 年的 29% 下降到 1996 年的 20%。③

给企业减税、削弱工人的权力和福利，尽管减轻了企业负担，促进了供给增加，但是，劳资双方的力量对比却进一步失衡。在美国，政府对资本的偏袒和工会密集度的下降，削弱了工人的议价能力，导致实际工资和劳动生产率脱节日趋扩大。从图 5 - 1 可以看出，整个 20 世纪 80 年代，也就是里根总统执政期间，美国非金融公司生产性雇员的平均小时实际工资几乎没有增长，进入 20 世纪 90 年代，生产性雇员的实际工资增速有所提升，但是，其与劳动生产率的差距越来越大。

---

① ［美］威廉·拉佐尼克：《只有利润，没有繁荣》（哈佛商业评论），http://www.hbrchina.org/2014 - 09 - 11/2354.html。

② 同上。

③ 陈波：《经济金融化与劳资利益关系的变化》，《社会科学》2012 年第 6 期。

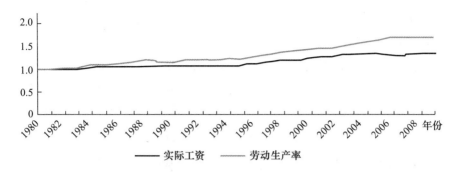

图 5 - 1　美国非金融公司部门平均实际工资与劳动生产率
（1980—2009）（指数以 1980 = 1）

资料来源：美国商务部经济分析局、美国劳工部劳工统计局。

第二节　生产与消费失衡

一　生产和消费的辩证统一关系理论

生产和消费是经济活动中一种客观存在的联系，是辩证的对立统一。关于这种辩证关系，马克思指出："没有生产，就没有消费；但是，没有消费，也就没有生产，因为如果没有消费，生产就没有目的。"[①] 资本主义生产关系的建立极大地解放和发展了社会生产力，资本主义制度把人、机器、科学技术以及自然力导向为资本增殖的结构体系中，使财富创造达到空前绝后的速度和规模。正如在《共产党宣言》中所描述的那样："资产阶级在它的不到一百年的阶级统治中所创造的生产力，比过去一切世代创造的全部生产力还要多，还要大。……过去哪一个世纪料想到在社会劳动里蕴藏有这样的生产力呢？"[②] 在资本主义社会，生产表现为过度生产，消费表现为跟不上生产的规模，由此造成产品难以"成为现实的产品"，并且"生产的观

---

① 《马克思恩格斯文集》第八卷，人民出版社 2009 年版，第 15 页。
② 《马克思恩格斯文集》第二卷，人民出版社 2009 年版，第 36 页。

念上的内在动机"不足。① 过度生产与消费不足的矛盾累积到一定程度就可能引燃经济危机。正如马克思所说的那样："一切现实的危机的最后原因，总是群众的贫穷和他们的消费受到限制，而与此相对比的是，资本主义生产竭力发展生产力，好像只有社会的绝对的消费能力才是生产力发展的界限。"② 资本主义条件下的生产力发展并未导向持久的繁荣，资本主义经济就如同一个蜗牛，这种过度的盈余就仿佛蜗牛的外壳。只有周期性爆发的经济和金融危机所带来的生产力破坏和价值贬值，才能暂时减轻它外壳的重量，让它能够在接下来的十几年时间内可以迈着轻盈的步伐前进。1825 年以来，周期性和结构性经济危机不断重创资本主义的经济基础和政治基础，敲响了资本主义的丧钟。

资本主义标榜自由、民主、平等，但是，绝非利益均沾，其实质是一部分人的发展建立在另一部分人的不发展之上。在资本主义经济条件下，社会生产的目的被异化和物欲化，资本家狂热地追逐价值增殖，毫不留情和肆无忌惮地迫使工人去为生产而生产，从而去发展生产力以获取更多的利润。因此，在资本占统治地位的社会，资本积累规律以"铁"的必然性发挥作用，普通劳动者创造的财富越多，他们的生活相对地越贫困，两极分化也越严重。资本主义生产方式必然造成人与劳动、人与人、人与劳动成果的异化，劳动不再是人的本质力量的确证和表现，劳动成果成为劳动者不能支配的异己物。相反，物化的生产力总和控制着人、束缚着人。在资本主义生产方式下，一方面，劳动不是一种自主活动，而是生产财富的手段。另一方面，工人只是资本增殖的工具。③"物质生活一般都表现为目的，而这种物质生活的生产即劳动（它现在是自主活动的唯一可能的形式，然而正如我

---

① "消费从两方面生产着生产：（1）因为产品只是在消费中才成为现实的产品；（2）因为消费创造出新的生产的需要，也就是创造出生产的观念上的内在动机，后者是生产的前提。"参见《马克思恩格斯文集》第八卷，人民出版社 2009 年版，第 15 页。

② 《资本论》第三卷，人民出版社 2004 年版，第 548 页。

③ 鲁保林、赵磊：《转变经济发展方式：三个命题》，《马克思主义研究》2011 年第 1期。

们看到的，也是自主活动的否定形式）则表现为手段。"① 对于异化的根源，马克思深邃地指出："在一种不是物质财富为工人的发展需要而存在，相反是工人为现有价值的增殖需要而存在的生产方式下，事情也不可能是别的样子。正像人在宗教中受他自己头脑的产物的支配一样，人在资本主义生产中受他自己双手的产物的支配。"②

生产与消费的脱节源于生产与分配的矛盾，狭隘的分配格局构成了这对矛盾的基础，有效需求不足乃贫富悬殊所致，生产资料的资本主义私人占有制度是其中的主因。马克思说："照最浅薄的理解，分配表现为产品的分配，因此它离开生产很远，似乎对生产是独立的。但是，在分配是产品的分配之前，它是（1）生产工具的分配，（2）社会成员在各类生产之间的分配（个人从属于一定的生产关系）——这是同一关系的进一步规定。这种分配包含在生产过程本身中并且决定生产的结构，产品的分配显然只是这种分配的结果。"③

二　竞争与全球生产能力过剩

在一个为了生产而生产的纯粹资本主义体系里，资本循环何以能够长久持续下去？这曾是罗莎·卢森堡试图回答的问题。在她看来，资本主义体系要存在下去，就必须依赖非资本主义生产体系向其提供需求，附带地也提供原材料和劳动力。战后经济全球化的加速发展与卢森堡的理论推导比较吻合。经济全球化的本质是资本主义生产方式的全球化。资本主义关系要渗透到非资本主义国家，就要打破资本、技术、信息、劳务在全球自由流动的壁垒，而20世纪70年代以来的交通通信技术创新和各国的市场化导向变革已经扫除了这些障碍。资本主义生产方式在全球的扩张将更多国家纳入世界资本主义体系，但同时从两个方面加剧和诱发了全球生产能力过剩。第一，资本主义生产关系的全球化意味着有更多国家采取商品化市场化的生产方式，这种生产方式内生具有过度生产的倾向。可以说，在哪里复制资本主义

---

① 《马克思恩格斯选集》第一卷，人民出版社1995年版，第128页。
② 《马克思恩格斯文集》第五卷，人民出版社2009年版，第716—717页。
③ 《马克思恩格斯选集》第二卷，人民出版社1995年版，第14页。

生产模式，就在哪里埋下了生产过剩的种子。第二，全球资本主义的发展也增加了国家与国家、企业与企业间的竞争强度。战后以来，随着日本、欧洲的复苏和崛起，全球竞争更加激烈，过度投资与重复投资进一步加剧了全球生产能力过剩。布伦纳指出，东亚制造业的生产，主要不是对美国制造业的补充，而是复制已存制造业的产品，更在全球范围内加剧了制造业生产能力的过剩。靠美国家庭债务增加而增加的美国进口，造成了东亚地区生产以及全球制造业的过剩生产能力的进一步膨胀，市场饱和问题变得更加不可收拾。① 詹姆斯·克罗蒂（2013）认为，在新自由主义统治下，全球的自由化消除了商品和货币跨境流动的限制，全球竞争的强度加剧。初始存在的大量过剩产能，加上资本跨国流动的障碍被清除，引发了企业的生存竞争大战。面对竞争，大企业由于投资巨大，不愿轻易退出市场，于是一方面削减工人，减少工资；另一方面进一步扩大生产能力，企业的"强制投资"，更加剧了全球生产能力的过剩，激起了一个恶性的经济循环。②

三　生产过剩与透支消费

资本积累的金融化全球化构成了剥夺性积累的主要条件，越来越多的财富从普通大众手里转移至一小撮金融资本家，从全球落后贫穷国家转移至少数发达国家，所以，金融化全球化的新自由主义积累体制本质上是一个劫贫济富的不平等体制。那么在这个不平等体制下，全球生产过剩如何得以消化。赵磊教授指出，在资本占统治的背景下，除了"透支消费"，市场经济还能靠什么办法来扩大需求？正是因为实体经济建造的房屋、生产的汽车卖不出去，才引发了金融机构贷款给人们买房、买车的"透支消费"。③ 第二次世界大战后，西方国家普遍抛弃"量入为出"的观念，实行全社会范围内的透支消费：

---

① ［美］罗伯特·布伦纳：《全球生产能力过剩与1973年以来的美国经济史》（下），孙宗伟、许建康译，《国外理论动态》2006年第3期。

② ［美］詹姆斯·克罗蒂：《为什么全球市场会遭受长期的产能过剩？——来自凯恩斯、熊彼特和马克思的视角》，向悦文译，《当代经济研究》2013年第1期。

③ 赵磊：《金融危机：为什么要重提马克思》，《马克思主义研究》2009年第6期。

在宏观层面，频繁采用"赤字财政"和"货币超发"来刺激消费和投资；在微观层面，则通过信用卡、按揭贷款等不断衍生的金融工具来鼓励消费者提前消费。[①] 透支消费的人群更多的是低收入者，例如，在 2004—2006 年，美国次级抵押贷款的借款人通常是黑人或拉丁裔妇女。[②]

有学者将"透支消费"所完成的商品循环模式概括为"用剩余价值实现剩余价值"的办法。[③] 美国的透支消费拉动了投资和商品的大规模进口，在一定程度上缓和了全球的生产过剩，但是却带来了美国居民家庭债务和政府的累积。根据何秉孟的粗略估算，2006 年，美国居民人均消费 3 万美元左右。而占劳动力 70% 的普通员工家庭的平均年收入为 2.6 万美元。一个家庭按 4 口人计，人年均可支配收入当不足万元，远远不足以支付人年均 3 万美元的消费支出。美国家庭债务占其可支配收入的比重从 1983 年的 75% 左右上升至 2000 年的 125%；美国家庭债务占其税后收入的比重从 1980 年的 60% 上升至 2000 年的 110%。在 1971—2007 年的 26 年间，美国民众的消费信贷从 1200 亿美元激增至 2.5 万亿美元，增加了近 20 倍。如果把高达 11.5 万亿美元的住房负债算进去，总共负债 14 万亿美元，平均每个美国人负债近 5 万美元。美国普通民众工资的 40% 要用于偿还住房贷款，15% 要用于偿还上学贷款，11% 要用于缴纳社会保障基金，15% 要用于缴纳个人所得税，剩下用于日常生活消费的不足工资的 19%。不仅美国广大民众背负巨额债务，美国政府也靠举债维持经营或运转。2007 年，美国国债余额达到 10.35 万亿美元。[④]

从表 5-1 可以看出，1973—2005 年，美国家庭部门的债务从

---

①　王俊：《透支消费与现代资本主义社会再生产中的剩余价值实现——兼论资本主义危机的原因与后果》，《长白学刊》2015 年第 4 期。

②　[美] 考斯达斯·拉帕维查斯：《金融化了的资本主义：危机和金融掠夺》，《政治经济学评论》2009 年第 1 期。

③　王俊：《透支消费与现代资本主义社会再生产中的剩余价值实现——兼论资本主义危机的原因与后果》，《长白学刊》2015 年第 4 期。

④　何秉孟：《美国金融危机与国际金融垄断资本主义》，《中国社会科学》2010 年第 2 期。

6249 亿美元涨到 117070 亿美元，几乎翻了 9 倍，占 GDP 的比重也从 38.1% 增至 94%，翻了一番多。

表 5 - 1　　　　　　　　美国家庭债务（1973—2005）

年份	GDP（亿美元）	家庭部门债务（亿美元）	家庭债务/GDP（%）
1973	16383	6249	38.1
1979	25633	12761	49.8
1989	54844	33359	60.8
2000	98170	70088	71.4
2005	124558	117070	94.0

资料来源：根据［美］托马斯·I. 帕利《金融化：含义和影响》中的数据编制。

第三节　政府与市场失衡

一　新自由主义的市场—政府观

　　大萧条后的凯恩斯经济学为政府干预经济提供了理论基础。第二次世界大战后，西方国家普遍加强了政府对经济的干预，其表现是：制订经济恢复和发展计划，对国民经济运行实行计划调节；发展国有经济推动产业成长；通过立法，加强对市场主体的监督和控制；通过财政和货币政策，干预经济的周期性波动；通过社会福利和保障制度，调节收入分配；等等。① 正是国家一系列的干预政策才成就了战后 20 多年的繁荣，但是，20 世纪 70 年代的"滞胀"危机削弱了凯恩斯主义的影响力，而货币主义、供给学派、理性预期学派等新自由主义经济学乘势兴盛起来，新自由主义是"大市场、小政府"模式的价值观基础。"大市场、小政府"模式的信徒普遍认为，实行这种模式的国家，私人所支配的资源的价格都由市场决定，所有的资源都是

---

　　① 何自力：《对"大市场，小政府"市场经济模式的反思：基于西方和拉美国家教训的研究》，《政治经济学评论》2014 年第 1 期。

按照所谓效用最大化原则自发配置的，因此，配置效率是最高的。[①]

供给学派认为，政府过多的规制限制了企业和个人的自由活动空间。所以，信奉供给学派的里根和撒切尔反对国家对经济和社会活动进行干预，主张放松政府调节，削减福利开支，包括医疗保健、教育拨款、对国有企业进行私有化改革。撒切尔夫人认为，政府干预经济使企业的自由受到侵犯，损害了西方繁荣的基础，强调要把决定经济的权力从官员手中转到企业家手中。[②] 政府为什么不要干预经济？里根总统有句名言：“政府不能解决问题，因为政府本身就是问题。”里根就任美国总统之后，批准成立了以副总统布什为主任的撤销和放宽规章条例的总统特别小组。特别小组在 1981 年审核了 91 种现行管理企业生产经营的法令条例，当时已经撤销或即将撤销、放宽的有 65 种，包括《空气清洁法》《水污染控利法》《矿工安全法》《汽车交通安全法》《反噪声法》等。[③] 这些法令规章涉及生产安全、劳动保护、消费者利益保护等方面。撒切尔夫人在其执政期间更是力推国有企业私有化，到 1988 年 12 月底，英国已有 27 家国有企业全部或部分地实行非国有化，有约 70 万名职工从原国有部门转入私营部门。[④]

二　“大企业、大工会、大政府”演变为“大资本、小工会、小政府”

政府干预是战后“黄金时期”发展模式即“大企业、大工会、大政府”模式的重要支撑，不过，经过“里根革命”后，这种模式已经失去了非常关键的一环——大政府。形成于 20 世纪五六十年代的“大企业、大工会、大政府”[⑤] 模式曾有力地促进了生产力的发展和经济成长。其“秘诀”就在于：

第一，“大企业”可以确保劳动生产率的上升。“大企业”依托福

---

① 何自力：《对“大市场，小政府”市场经济模式的反思：基于西方和拉美国家教训的研究》，《政治经济学评论》2014 年第 1 期。

② 《撒切尔主义救英国》，《资本市场》2013 年第 11 期。

③ 毛晖：《供给学派的政策主张及启示》，《北方经济》2007 年第 3 期。

④ 《撒切尔主义救英国》，《资本市场》2013 年第 11 期。

⑤ 卢荻：《中国与“黄金时代模式”及其超越》，《经济导刊》2015 年第 1 期。

特制生产组织形式，以刚性积累过程为特征，批量生产标准化产品。

第二，"大工会"保证了收入的持续增加。一方面它可以确保工资增长不会严重滞后于劳动生产率的提高，收入差距处于可控范围，保证消费与产出同步增长；另一方面也可以保证工人的生产技能积累得到提升，增加了人力资本投资，这为生产率的持续改善以及工资的提高奠定了基础。

第三，"大政府"一方面为居民提供公共医疗和教育体系、城镇住房保障和相应的公共设施服务；另一方面也可以在技术进步投资成本过高的情况下，以各种方式（军工综合体、国有企业等）为私人资本提供激励。

大批量、标准化的生产方式提高了生产能力，与此同时，需要提高工人工资，增加消费能力，以消化因大批量、标准化生产模式下而产出的商品。企业因此获得利润后，进行技术投资和基础设备改良，从而进一步提高其生产能力。当然，这种良性循环不会自然形成，它依赖于凯恩斯主义的宏观经济政策，国家进行相应干预来维持有效需求。不难看出，正是依托"大政府"和"大工会"的存在，资本和劳动的矛盾一度得到了缓和，才形成了战后这样一种"收入增长—内需扩张—分工深化—生产率上升—工资递增"的斯密型增长路径。其中，"大企业、大工会、大政府"发展模式的核心要素是"大政府"的存在，如果消解了"大政府"，所谓的"大工会"以及福利国家将不复存在。然而，在新自由主义经济学大行其道的时期，特别是由于里根经济学的推行，"大企业、大工会、大政府"模式逐渐蜕变为"强资本、弱工会、小政府"模式。

实际上，新自由主义经济学所倡导的政府放松管制，本质上就是宣告政府权力向资本投降，政府权力要为垄断金融资本谋取利益。在美国，"高盛的利益就是美国的利益"，对华尔街有益的就对美国有益的，政府演变为金融寡头谋取巨额经济利益的工具。普林斯顿大学对1779份政策资料的分析得出结论：经济领域的精英以及代表了经济利益的团体对美国政府的决策有着实质性影响，而普通大众及代表大部分人利益的团体没有或者仅有很小的影响力。据美国财经博客网披露，2007—2012 年，在政治方面，最活跃的 200 家企业共耗费 58 亿美元用于联邦游说和竞选捐款，而这些公司却从联邦政府的生意和支持中得到了 4.4 万亿美元的回报，占美国个人纳税者向联邦政府所缴 6.5 万亿美元税款的 2/3。这意味着，企业为影响美国政治花费的每一美元可以获取 760 美元的回报。①

第四节　实体经济与虚拟经济失衡

一　虚拟经济及其特征

虚拟经济是在实体经济的基础上产生和发展起来的。20 世纪下半叶以来，经济虚拟化进程伴随金融自由化的推动而加深，虚拟经济已成为现代市场经济中不可或缺的重要组成部分。何为虚拟经济，成思危将其定义为："与虚拟资本以金融系统为主要依托的循环运动有关的经济活动，货币资本不经过实体经济循环就可以取得盈利，简单地说，就是直接以钱生钱的活动。"② 可见，虚拟经济的载体是金融市场，核心是虚拟资本。虚拟资本是虚拟经济的主要内容，没有虚拟资本的运作，虚拟经济便成了无源之水、无本之木。虚拟资本源于实体资本又日益脱离实体资本而实现虚拟的价值增殖，并呈现出相对独立的运行过程，通过考察马克思在《资本论》中对资本派生机制、股票和国债券的论述，我们会发现，虚拟资本总是作为实体资本的代表来说的：其一，"随着生息资本和信用制度的发展，一切资本好象都会增加一倍，有时甚至增加两倍，因为有各种方式使同一资本，甚至同一债权在不同的人手里以不同的形式出现。这种'货币资本'的最大部分纯粹是虚拟的。"③ 一方面，同一货币"作为不同商品资本的价值形式执行职能"④，实际上，代表多个资本，多个资本价值。另一方

---

① 常健：《美国大选尽显金钱政治本质》，《人民日报》2016 年 4 月 18 日第 21 版。
② 成思危：《虚拟经济探微》，《南开学报》（哲学社会科学版）2003 年第 2 期。
③ 《资本论》第三卷，人民出版社 1975 年版，第 533—534 页。
④ 同上书，第 535 页。

面，"同一些货币可以充当不知多少次存款的工具"。① 在信用制度高度发展的基础上，同一笔货币可以代表多个资本，但是，其对应的实体资本只有一个，通过实体资本衍生或创造的资本皆为虚拟资本。但是，"它只是在一点上作为金属货币存在，而在所有其他点上，它只是以资本索取权的形式存在"。② 其二，就股票来说，信用制度创造了一种联合的资本。马克思认为："证券就是代表这种资本的所有权证书。铁路、采矿、轮船等公司的股票是代表现实资本，也就是代表在这些企业中投入的并执行职能的资本……但是，这个资本不能有双重存在：一次是作为所有权证书即股票的资本价值，另一次是作为在这些企业中实际已经投入或将要投入的资本。它只存在于后一种形式，股票只是对这个资本所实现的剩余价值的相应部分的所有权证书。"③ 从这里的叙述可以知道，股票的价值只有一种存在形式，股票作为"实际已经投入或将要投入的资本"的代表被称为虚拟资本。其三，就国债券来说，它们作为"原来借入的并且早已用掉的资本而发行的债券，这些代表已经消灭的资本的纸制复本，在它们是可卖商品，因而可以再转化为资本的情况下，对它们的所有者来说，就作为资本执行职能"。④ 国债券作为"已经消灭的资本"的代表因而是虚拟的资本。

我们认为，虚拟经济就是虚拟资本的持有和交易所形成的经济活动的总和。这里的虚拟性有三层含义：一是资本形态的虚拟性；二是资本定价方式的虚拟性；三是资本价值增殖的虚拟性。关于虚拟资本定价方式的独特性，马克思说："这些所有权证书——不仅是国家证券，而且是股票——的价值的独立运动，加深了这种假象，好象除了它们可能有权索取的资本或权益之外，它们还构成现实资本。这就是说，它们已经成为商品，而这些商品的价格有独特的运动和决定方

---

① 《资本论》第三卷，人民出版社 1975 年版，第 535 页。
② 同上书，第 576 页。
③ 同上书，第 529 页。
④ 同上书，第 540 页。

法。"① 股票的市场价值不是由现实收入决定，而是由预期获取的收入、预先计算的收入决定，即预期收入的资本化，但是，预期收入是不确定的，且利率也受宏观经济的影响，那么根据资本化定价得到的股票价格就"部分地具有投机的性质"。② 虽然股票的持有者除能获得股息外，他可以把股票出售，转换成现实的货币，并且可以从价格的波动中获取收入（或导致损失）。虚拟资本价值增殖部分同样是虚拟的。产业资本只有依靠剥削雇佣工人，吸吮活劳动才能实现价值增殖，但是，买卖股票、债券获得的收益仿佛是钱生出的一样，在这里，资本变成了"一个自行增殖的自动机"。③ 在我们看来，虚拟资本的价值增殖过程是经济发展到一定阶段后实体资本价值增殖过程的异化表现。"作为虚拟的价值增殖过程，也像虚拟的货币与商品家族的对立一样，它也越来越朝着与整个实际生产过程相对立的方向发展。"④ 不过，虚拟的价值积累仍然来源于实体经济创造的剩余价值。金融资产在市场流通过程所发生的价值增殖来自流通过程之外的生产过程，增殖的部分只不过是对于实体经济创造的利润的分配和再分配。当代资本主义的金融化进程突飞猛进只不过是在证明马克思的预言："一切资本主义生产方式的国家，都周期地患一种狂想病，企图不用生产过程作媒介而赚到钱。"⑤ 关于虚拟经济的特点，我们概括为以下四个方面：

第一，虚拟经济的交易过程是 G—W—G′，这里的 W 是指股票、债券等金融产品。交易主体是为卖而买，投资（机）者持有金融资产的目的在于增殖而不在于使用价值的享用或满足持有者本身的生理或心理需要。

第二，虚拟经济的运行都不会直接创造价值和剩余价值。流通过程不创造价值，尽管很多人依靠金融资产和准虚拟资产的交易而发财

---

① 《资本论》第三卷，人民出版社 1975 年版，第 529—530 页。
② 同上书，第 530 页。
③ 同上书，第 529 页。
④ 刘骏民：《从虚拟资本到虚拟经济》，山东人民出版社 1998 年版，第 53—54 页。
⑤ 《资本论》第二卷，人民出版社 1975 年版，第 68 页。

致富，但是，不是所有的人都能依靠这种交易而致富，其实，股票"创造"的利润来源于实体经济创造的财富和财富的再分配。虚拟资本交易是零和游戏，一部人获利以另一部分人的损失为代价。虚拟经济的做大不直接使社会的实际财富增加，当虚拟资产的泡沫破裂时，这些财富就被打回了原形。

第三，过度投机都容易演变为泡沫经济。虚拟资产价格由需求者预期来决定，预期是心理现象，受外界的影响比较大，信用制度也极容易演变为买空卖空和投机交易的助手。在虚拟经济的繁荣景象中，我们往往都能看到活跃的投机现象或公众的狂热行为。每个人仿佛都像失去了理智一样，相信资产的价格只升不降。投机虽不是造成泡沫经济的内在原因，但是，投机行为加速了经济泡沫的自我膨胀并放大了经济运行的不确定和风险因素，促使经济泡沫发展为泡沫经济。

第四，虚拟经济的运行过程越来越脱离实体经济所决定的运行轨道而"自弹自唱"，像期货、期权等金融衍生品作为虚拟资本与实体经济的联系越来越远。

二 当代资本主义经济的"实冷虚热"

新自由主义时期，战后一度被削弱的金融资本权力重新获得恢复与扩张，里根政府于 1980 年和 1982 年颁布了两项放松金融监管的新法规，分别是《储蓄机构取消管制与货币控制法案》与《储蓄机构法规》，允许商业银行涉足证券投资等非银行金融业务。而混业经营在战后黄金年代是不允许的。但是，在新自由主义时期，金融自由化导致资本证券化和金融创新像脱缰的野马一样难以管束，快速膨胀。

由于生产性和非管理人员的收入水平增长迟缓，消费需求缺乏支撑，继续增加供给只会导致更多的无效供给。为缓解生产过剩带来的压力，各种形式的金融创新就被创造出来，以刺激低收入阶层透支未来的消费能力。[①] 金融资本具有高投机性、高营利性和高度灵活性，最符合资本最大限度追逐剩余价值的本性。拉斯姆斯（2009）指出：

---

① 赵磊：《金融危机：为什么要重提马克思》，《马克思主义研究》2009 年第 6 期。

"金融资产形式实际上没有产品成本或者销售成本，对它们的需求和市场是即刻发生的和全球性的，所以更具营利性。"① 实体经济的低迷与虚拟经济的火热并不矛盾，实体经济的进一步扩张日益依赖于资产泡沫的膨胀所产生的虚假购买力，衍生金融产品的创新和资产泡沫膨胀所产生的巨大财富效应又吸引更多的资本涌向虚拟经济，进一步推高资产价格。许多非金融公司也趁机把利润用于回购本公司的股票以推高股价。虚拟资本和金融部门相对于实体经济急剧膨胀，经济关系和社会资产越来越表现为债权股权等金融关系和金融资产。② "实冷虚热"致使大量的社会资本从创造价值的实体经济退出，投身于并不创造价值的金融、保险、房地产业，实体经济更加依赖金融活动提高盈利能力，利润越来越多地来源于金融渠道，而非商品生产和贸易。1982—1990 年，私人实体经济中几乎 1/4 的工厂和设备投资转向了金融、保险和不动产部门。③ "1989 年，也是里根总统任期届满的那一年，美国金融类公司的利润在美国企业部门税前利润中的比重首度超过 20 世纪 70 年代的最高水平，此后一直处于上升趋势。"④ 世纪交替时期，信息技术泡沫崩溃以后，美国大资本就更加依靠金融因素来刺激消费与投资，以保持经济的表面繁荣，攫取大量金融利润与实际利润。⑤

2006 年年底，美国境内的股票、债券、外汇、大宗商品期货和金融衍生品市值约为 400 万亿美元，为当年美国实体经济的 36 倍左右，这表明，实体经济与虚拟经济的比重已经严重失调。由于缺乏真实收入支撑，虚拟财富增长和居民举债推动的即期消费扩张往往是异常脆弱和难以持久的。金融衍生品的泛滥导致金融资本一步步脱离实体经济的约束，虚拟泡沫不断地吹大，金融领域的风险不断累积。现实资本

---

① ［美］杰克·拉斯姆斯：《投机资本、金融危机以及正在形成的大衰退》，王姝译，《马克思主义与现实》2009 年第 3 期。

② 张宇：《金融危机、新自由主义与中国的道路》，《经济学动态》2009 年第 4 期。

③ ［美］罗伯特·布伦纳：《全球动荡的经济学》，郑吉伟译，中国人民大学出版社2012 年版，第 218 页。

④ ［美］大卫·科茨：《金融化与新自由主义》，《国外理论动态》2011 年第 11 期。

⑤ 高峰：《关于当前全球金融经济危机的几点看法》，《经济学动态》2010 年第 2 期。

积累和总需求的长期下降，最终转化为灾难性的金融危机和长期停滞。

第五节　公平与效率失衡

经济学意义上的公平，是指有关经济活动的制度、权利、机会和结果等方面的平等和合理。经济学意义上的效率，是指经济资源的配置和产出状态。① 公平和效率都是人类经济活动追求的目标，但是，这两个目标在一定的时候是相互冲突的，所以，它们构成了一对矛盾，在市场经济条件下，如何看待和解决这对矛盾，也成了经济学和政策部门常常论争的主题。西方主流经济学往往秉持这样的观点：公平和效率如同鱼和熊掌，不可兼得，若要得到其中一个就必须以放弃另外一个为代价。例如，如果你想要更大程度的公平，就必须忍受低效率和低增长。相反，拉开收入差距会刺激人们努力工作。

新自由主义经济学中的"涓滴理论"认为，社会财富会有一个自然的渗漏过程，不需要政府采取措施对分配进行干预就可以实现社会的平等。② 也就是说，如果把公平作为最终目标的话，效率就是达到这一目标的手段，如此一来，效率就是经济活动首先追求的目标。这一理论的鼓吹者笃信，可以通过提高效率来促进公平的改善，而减税就能提高效率，增加有效供给。他们认为，降低富裕阶层的税率可以激发经济增长和创造就业，实现总体的经济繁荣。里根和撒切尔认为，让穷人变富的最好方法是把"蛋糕"做大，而不是分配有限的"蛋糕"。在他们执政时期，政府大举减税，特别是富人的个人所得税，里根任内将平均税率从70%大幅削减到28%，撒切尔也将最高税率从82%削减至40%。③

---

① 程恩富：《现代马克思主义政治经济学的四大理论假设》，《中国社会科学》2007年第1期。

② 刘志国、边魏魏：《负向涓滴效应：经济增长与收入分配的恶化》，《南京财经大学学报》2013年第4期。

③ 管清友：《供给学派的实践典范》，《金融博览》2013年第6期。

　　给富人减税的目的是想激发富人做大蛋糕的积极性，然后通过富人的消费、创业等带动贫困阶层走向致富，这就是西方经济学极力鼓吹的"涓滴效应"。撇开"涓滴经济学"理论本身的前提和假设存在错误不说，从实际操作层面来看，减税政策一开始明显是偏向富人的。例如，里根的税收改革虽然使全体美国人平均减少税额 6.4%，但是，超富裕阶层平均降低了 16%，低收入者的实际税率下降不多。与此同时，里根政府削减了大多集中在低收入群体的补助项目，涉及几千万美国人，包括退伍军人福利、老年残疾救济等在内的社会福利计划。[①] 据统计，里根政府时代的社会福利支出明显放缓，增长幅度不及 20 世纪 70 年代的一半。社会保障和福利支出的削减，既削弱了社会福利和保障制度作为经济自动稳定器的作用，也削弱了政府缓和劳资冲突的能力，劳动对资本的实际隶属一步步加深。[②]

　　在新自由主义时期，"涓滴理论"设想先富带动后富，最终实现总体繁荣。实际上，该理论从前提假设到具体操作实施，都是在为资本利益服务。美国的智库研究发现："这种误导性理论不仅没有使美国经济持续繁荣，反而影响了经济增长，最糟糕的是加剧了收入不平等。"[③] 令人讽刺的是，美国证券交易委员会的官网上写道："美国证券交易委员会的任务就是保护投资者，维持公平、有序、高效的市场，为募集资本提供便利。"但是，过去 30 年，虽然它的政策设计和监管漏洞让社会中包括企业高管在内的 0.1% 的最富有群体获得美国生产能力发展带来的巨大收益，却把绝大多数平民百姓抛在脑后。[④]1980 年年初以来，美国不仅没有出现先富带动后富的"涓滴效应"，

----

　　① 胡莹：《从收入分配看"美国式"的公平效率观——以里根时期美国的收入分配政策为例》，《马克思主义研究》2013 年第 6 期。

　　② 赵峰：《新自由主义与当前的经济危机：一个政治经济学分析》，《教学与研究》2009 年第 12 期。

　　③ 张小溪：《美智库发布 2013 年经济形势回顾"滴漏理论"加剧美国贫富差距》，《中国社会科学报》2013 年 12 月 9 日。

　　④ ［美］威廉·拉佐尼克：《只有利润，没有繁荣》（哈佛商业评论），http://www.hbrchina. org/2014 - 09 - 11/2354. html。

反而出现了穷人财富缩水，穷人财富向富人反向渗透的"负向涓滴效应"。[①] 托马斯·皮凯蒂的研究发现，美国收入前 10% 人群的收入占国民收入的比重从 70 年代的不足 35% 上升到 2000—2010 年的 45%—50%（见图 5-2）。5% 最富裕群体和 20% 最贫穷群体之间的收入差距达到 1967 年以来的最大值。[②]

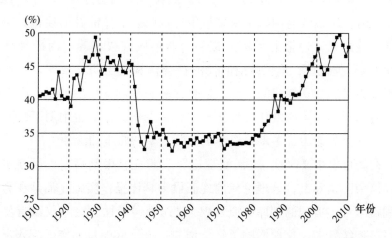

图 5-2　美国收入前 10% 人群的收入占国民收入的比重（1910—2010）

资料来源：〔美〕托马斯·皮凯蒂：《21 世纪资本论》，巴曙松等译，中信出版社 2014 年版，第 24 页。

戴维·豪威尔指出，被富豪控制的美国政府在制定政策时总是使财政部门的利益优先于大多数民众。越来越少的最低工资、越来越弱的工会力量以及对金融部门日渐松弛的监管都是证明。"滴漏经济学"已对美国的制度和政策造成了损害。[③] 难怪在 1988 年，老布什称里根"兜售的富人与企业减税是巫毒经济学。"[④]

① Daphne T. Greenwood, Richard P. F. Holt, "Growth, Inequality and Negative Trickle Down", *Journal of Economic Issues*, Vol. 44, No. 2, 2010, pp. 403-410.

② 张小溪：《美智库发布 2013 年经济形势回顾 "滴漏理论"加剧美国贫富差距》，《中国社会科学报》2013 年 12 月 9 日。

③ 同上。

④ 高连奎：《中国需要新需求主义》，《检察风云》2013 年第 21 期。

第六节　全球经济失衡

有学者指出，自从美元取代黄金以来，失衡就成为国际经济的常态。[①] 本轮全球经济失衡自 20 世纪 70 年代初露端倪，经过 30 多年的蓄积和演变，其包含的矛盾和风险不断累积，于 2008 年国际金融危机爆发之前，失衡的程度达到顶峰。这一轮全球经济失衡主要表现为：以美国为首的部分发达国家的经常账户赤字持续扩大，而以包括中国、日本、亚洲"四小龙"等国家和地区的经常账户却持续顺差，手中拥有大量的贸易盈余。总体来看，全球经济经常账户赤字的绝大部分集中于美国，1982—2006 年，美国经常项目除了 1991 年有微小是顺差，其余年份都是逆差；2006 年，美国经常账户逆差大约占全球逆差总额的 72%。全球经济失衡加剧不仅引发多轮贸易争端，而且为次贷危机爆发和危机的冲击向其他国家与区域蔓延埋下了祸根。

一　全球经济失衡的若干解释与评析

关于本轮全球经济失衡的成因，国内外学者开展了大量研究，并且从不同的视角给出了解释。[②] 归纳起来，主要有以下几种。

（一）新兴经济体汇率操纵说

这种观点把全球失衡的责任归结于新兴亚洲经济体，认为以中国为代表的新兴亚洲经济体为了扩大对美国和其他发达国家的出口，带动本国经济发展，而故意低估本币兑美元币值，限制汇率浮动，以增加出口产品的竞争性，结果导致本国出现巨额贸易盈余，加剧全球经

[①] 刘志明：《全球经济失衡原因析论：西方若干观点透视》，《开放导报》2011 年第 3 期。

[②] 关于全球失衡的文献综述可以参见胡渊、陈继勇《当前全球经济失衡的主要成因、可持续性及其调整——一个文献综述》，《国际商务》（对外经济贸易大学学报）2012 年第 4 期；王栋贵：《全球经济失衡原因论争综述——被忽视的基于美国视角的解释》，《经济评论》2013 年第 1 期；李扬、卢瑾：《全球经济失衡形成机制研究新进展》，《经济学动态》2010 年第 3 期。

济失衡。[①] 也有学者持不同观点。弗拉德和马里昂（Flood and Marion，2002）认为，东亚新兴国家通过经常项目顺差所积累的高额外汇储备能够抵消外部环境不稳定性的影响。麦金龙和施纳布尔（McKinnon and Schnabl，2009）认为，只有在币值稳定的前提下，中国才能够提高内部购买力，进而对全球经济失衡进行主动调整。[②]

（二）储蓄投资失衡说

从国民收入恒等式 $Y = C + I + G + NX = C + S + T$ 可以看出，$NX = (T - G) + (S - I)$。如果将该等式改写成净进口的形式，就是 $NM = (G - T) + (I - S)$。其中，Y 代表国民收入，C 代表消费，NX 代表净出口，NM 代表净进口，G 代表政府部门支出，T 代表税收，S 代表储蓄，I 代表投资。降低一国经常账户逆差的关键是降低政府财政赤字和增加国民储蓄率。[③] 投资储蓄不平衡理论主要学说包括"双赤字假说""美国国内低储蓄率学说"以及"全球储蓄过度供应说"。"双赤字假说"认为，政府部门支出增加及财政赤字上升，将会导致利率水平上升，外资流入，美元升值，从而产生经常账户逆差。而且，美国长期赤字财政政策导致美元信用的过度扩张，进一步加剧了全球经济失衡的程度。但是，美国扩张的财政赤字对经常项目赤字影响的大小存在很大争议。认为财政赤字重要者援引 2000 年以来美国财政赤字和经常项目赤字呈共同扩大趋势作为证据，反对者一般都转而追溯美国 2000 年之前这两组数据的历史关系，指出这两者一般而言并没有强正相关关系。如巴库斯（Backus）等（2009）援引的两个事实反例：一个是 20 世纪 90 年代以来特别是后期，美国经常项目赤字和财政赤字变动方向正好相反；另一个是德国、日本等国财政赤字占 GDP 规模和美国相当，但是经常项目却持续盈余。[④]

---

① Obstfeld, Maurice and Rogoff, Kenneth S., "Global Current Account Imbalances and Exchange Rate Adjustments", *Brookings Papers on Economic Activity*, No. 1, 2005, pp. 67 – 123.

② 李扬、卢瑾：《全球经济失衡形成机制研究新进展》，《经济学动态》2010 年第 3 期。

③ 同上。

④ 王栋贵：《全球经济失衡原因论争综述——被忽视的基于美国视角的解释》，《经济评论》2013 年第 1 期。

　　"美国国内低储蓄率学说"认为，美国的储蓄率过低，公共部门和私人部门储蓄下降。而储蓄率降低是过度支出的结果，它导致了国内投资不足，出口能力下降，引发美国经常项目出现赤字。[①] 表 5 - 2 反映了美国个人储蓄的下降，2000—2007 年，储蓄占个人可支配收入的比重从 2.3% 降至 0.4%。2002—2007 年，美国贸易赤字与储蓄超过投资的量占 GDP 的比重由 - 4.2% 上升到 - 5.1%（见表 5 - 3）。研究者一般都认同，美国大规模的经常项目赤字反映了美国储蓄的下降而非投资的上升。20 世纪 90 年代以来，美国总投资率基本稳定，没有大的变动，因此，2001 年后美国经常项目赤字的增加主要是财政赤字增加和消费繁荣所致，或者说美国储蓄不足是经常项目出现赤字的主要原因。1995—2007 年，美国的经常项目占 GDP 比重恶化了 4 个百分点，主要对应的是总投资和私人部门储蓄的缺口占 GDP 比重增长了 4 个百分点。其中私人部门中的企业储蓄几乎没有变化，个人储蓄则降到了接近于零（Feldstein，2008）。

表 5 - 2　　　　　　　　　2000—2007 年美国个人储蓄

年份	2000	2001	2002	2003	2004	2005	2006	2007
储蓄（亿美元）	1685	1323	1847	1749	1817	446	388	427
储蓄占可支配收入比重（%）	2.3	1.8	2.4	2.1	2.1	0.5	0.4	0.4

　　资料来源：根据考斯达斯·拉帕维查斯《金融化了的资本主义：危机和金融掠夺》中的数据编制。

表 5 - 3　　　　美国贸易赤字与储蓄超过投资的量占 GDP 的
　　　　　　　　　　　　比重（2002—2007）

年份	2002	2003	2004	2005	2006	2007
储蓄超过投资的量占 GDP 的比重(%)	- 4.2	- 5.1	- 5.5	- 6.0	- 5.9	- 5.1
赤字（亿美元）	4244	4994	6154	7146	7620	7086

　　资料来源：根据考斯达斯·拉帕维查斯《金融化了的资本主义：危机和金融掠夺》中的数据编制。

---

① 李扬、卢瑾：《全球经济失衡形成机制研究新进展》，《经济学动态》2010 年第 3 期。

　　用美国储蓄率下降来解释美国经常项目赤字或全球经济失衡，至少面临三方面的反对意见。首先，直接通过美国国民核算账户得出贸易赤字（经常项目的主要部分）与储蓄的因果关系，忽视了美国与世界经济的复杂性和交互性。其次，这一解释观点至少是不完整的，因为它没有对美国的低长期利率做出解释。最后，这种解释并没有给出美国赤字背后的真正原因，即美国的储蓄率为什么会下降。[1]

　　"全球储蓄过度供应说"认为，中国以及亚洲新兴市场国家过度储蓄，大量投资，大规模出口，导致美国的经常账户赤字。新兴国家出口所得的美元资金又以低成本流入美国，产生如下经济效应：（1）推高股价与房价，资产价格上升带来的财富效应刺激了美国人的消费意愿，推动进口增加。（2）在东亚国家有管理的浮动汇率下，美元币值坚挺，美国进口品价格低廉而出口品昂贵，刺激了美国人消费并加剧贸易赤字。（3）大量资金流入压低了美国国内利率水平，在便利的债务融资条件催化下，抵押贷款规模膨胀。全球储蓄过剩，过剩资金又流入美国，导致美国高消费、低储蓄，从而出现经常账户赤字。[2]"全球储蓄过度供应说"把美国人的"寅吃卯粮"、透支消费归结于新兴经济体的过度节欲。

（三）美国金融市场发达说

　　美国金融市场的规模、创新水平、灵活性以及产权保护等制度优势，使美国的金融资产具有更好的流动性、安全性以及多元化的机会，贸易顺差国愿意持有美元资产。[3] 1995—2004 年，美国吸收全球资金的净流入占比从 33% 上升到 70%，说明美国经济前景看好，投

---

　　① 王栋贵：《全球经济失衡原因论争综述——被忽视的基于美国视角的解释》，《经济评论》2013 年第 1 期。

　　② Ben S. Bernanke, "The Global Saving Glut and the U. S. Current Account Deficit", the Sandridge Lecture, Virginia Association of Economists, March10, 2005, http://www. federalreserve. gov/boarddocs/speeches/2005/200503102/; Roubini, N. and Setser, B., "The US as a Net Debtor: The Sustainability of the US External Imbalances", *Working Paper*, August, 2004, http://pages. stern. nyu. edu/nroubini/papers/Roubini - Setser - US - External - Imbalances. pdf.

　　③ 王栋贵：《全球经济失衡原因论争综述——被忽视的基于美国视角的解释》，《经济评论》2013 年第 1 期。

资收益率高，是有吸引力的投资地（Feldstein, 2006）。[1] 在国际金融背景下，由于新兴经济体自身落后、内部金融市场欠发达、金融资产短缺，投资机会缺乏，导致其对美国资产需求上升，这是造成全球经济失衡的主要原因。[2]

（四）全球产业分工差异说

20世纪70年代以来，以美国为首的部分发达国家，以产业高级化为目标，将加工制造产业向外迁移到劳动力成本较低的国家，从而形成了以金融与高端服务为比较优势的产业结构，以德国、日本和中国为首的国家，更注重发展制造业为主体的实体经济，从而形成了以制造业为比较优势的产业结构。制造业的相对发达易导致经常账户盈余，金融市场的相对发达容易产生经常账户赤字。[3]

（五）美国的"过度特权"与美元国际货币地位说

美国的"过度特权"一般是指虽然美国负的净外部资产不断积累，但是，美国的净外部资产收入却是正的，背后反映出美国超一般国家水平的净外部资产收益率。1990年以来，美国私人对世界其他国家的投资中，包括直接投资和股票投资的股权投资占61%，而在美国的投资中，国外私人股权投资只占35%。因此，美国的国外投资平均收益率在10%，而国外投资在美国的收益率只有6.2%。若将美国这种外部债权、债务的回报率差视为美国作为"世界的银行"或（更准确的）"世界风险资本家"的一种表现——认为其动机具有主动性，即美国一方面通过发行短期或固定收益负债（短借，同时为世界提供流动性），另一方面主要以股权投资和直接投资形式投资于国外（长

① 李扬、卢瑾：《全球经济失衡形成机制研究新进展》，《经济学动态》2010年第3期。

② Olivier Blanchard, Francesco Giavazzi, Filipa Sa, "The U. S. Current Account and the Dollar", *NBER Working Paper*, No. 11137, February, 2005; Gruber, Joseph & Kamin, Steven B., "Do Differences in Financial Development Explain the Global Pattern of Current Account Imbalances?", *Review of International Economics*, Vol. 17, No. 4, 2009, pp. 667–688.

③ 徐建炜、姚洋：《国际分工新形态、金融市场发展与全球失衡》，《世界经济》2010年第3期；张幼文、薛安伟：《要素流动的结构与全球经济再平衡》，《学术月刊》2013年第9期。

贷）；或者由此认为美国是精明的投资者，那么"过度特权"也能成为美国出现大规模经常项目赤字的一种解释。并且在事实上可以确认的是，美国这一特殊的权力确实使美国能够在均衡时维持更大的贸易赤字。一些研究者认为，美国作为世界货币发行国，其经常项目必然出现赤字。中国经济增长与宏观稳定课题组（2009）构建了一个存在货币发行国的简单两国模型，证明当存在国际货币发行国时，由于该国要为世界提供流动性，必然会出现经常项目赤字。①

二　资本积累与全球经济失衡的发生机制

始于 20 世纪 70 年代的全球经济失衡，是以美国为首的发达资本主义内部的资本积累矛盾发展和演化的必然结果。

（一）新自由主义积累体制与利润率

从第二次世界大战后至 20 世纪 70 年代初期，资本主义经历了一段比较长的黄金发展时期。20 世纪 70 年代后形成的新资本积累体制是对战后凯恩斯主义调节下所形成的管制资本积累体制的否定，这种积累体制以全球化和金融自由化为突出特征。尽管新自由主义时代的资本积累体制有效地刺激了利润增长和资本积累，但是，通过美国经济复苏和利润增长这些光鲜亮丽的数字背后，我们看到的却是内部经济关系的失衡不断恶化，它包括政府与市场有机的关系失调、资本与劳动失衡以及实体经济与虚拟经济的比重极度扭曲。正是这些经济关系的失衡投射到国际经济关系中，所以，才诱发了全球经济失衡，因而从这一角度来看，新自由主义时期的全球经济失衡不是外在于而是内生于美国内部经济关系的失衡。

（二）新自由主义改革实践与全球经济失衡

此轮全球经济失衡中所出现的美国储蓄率过低、全球储蓄过剩、新兴经济体内部金融市场的欠发达、"去工业化"以及全球产业分工结构的演化，都可以从新自由主义改革实践中找到"病灶"所在。

第一，"去工业化"和向全球产业分工布局转型是过剩资本全球

---

① 王栋贵：《全球经济失衡原因论争综述——被忽视的基于美国视角的解释》，《经济评论》2013 年第 1 期。

自由流动的必然结果。正如马克思在《共产党宣言》中所指出的：
"不断扩大产品销路的需要，驱使资产阶级奔走于全球各地。它必须
到处落户，到处开发，到处建立联系。……资产阶级，由于一切生产
工具的迅速改进，由于交通的极其便利，把一切民族甚至最野蛮的民
族都卷到文明中来了。它的商品的低廉价格，是它用来摧毁一切万里
长城、征服野蛮人最顽强的仇外心理的重炮。"① 在哈维看来，特定区
域系统的劳动盈余和资本盈余可能通过以下两种方式得到吸收：
"（a）通过投资长期资本项目或社会支出（如教育和科研）来进行时
间转移，以推迟资本价值在未来重新进入流通领域的时间；（b）通过
在别处开发新的市场，以新的生产能力和新的资源、社会和劳动可能
性来进行空间转移。"② 20 世纪 70 年代的产能过剩和盈利困境驱使垄
断资本不断突破领土边界而奔赴世界各地，利用各地的比较优势在全
球重新布局生产环节，生产过程分散化、国际化，与发展中国家进行
不对等贸易，以缓解日趋严重的资本积累危机。当生产要素以空前的
速度和规模在世界范围内流动时，必然要求政府放宽对资本自由流动
的管制，消除资本自由流动的一切障碍。由此，制造业产能大量转移
至像中国这样的发展中国家和地区，进而重塑全球产业分工格局。以
美国为首的发达资本主义国家以知识和技术见长，专注于高新技术产
业，金融业、高端服务业，尤其是生产性服务业的发展，以中国为代
表的发展中国家以劳动力成本低见长，专注于劳动密集型加工制造业
发展。马克思早在 100 多年前就已经做出了恰如其分的预见，他说：
"由于开拓了世界市场，使一切国家的生产和消费都成为世界性的
了……这些工业所加工的，已经不是本地的原料，而是来自极其遥远
的地区的原料；它们的产品不仅供本国消费，而且同时供世界各地消
费。旧的、靠本国产品来满足的需要，被新的、要靠极其遥远的国家
和地带的产品来满足的需要所代替了。"③ 尽管全球产业分工体系的发

---

① 《马克思恩格斯文集》第二卷，人民出版社 2009 年版，第 35 页。

② ［英］大卫·哈维：《新帝国主义》，初立忠、沈晓雷译，社会科学文献出版社 2009
年版，第 89、94 页。

③ 《马克思恩格斯文集》第二卷，人民出版社 2009 年版，第 35 页。

展为国际垄断资本积累创造了新的空间，但是，这种分工格局也是全球经济失衡的直接原因，因为服务业产品可贸易性差，制造业产品可贸易性强，全球分工格局导致以服务业为主的美国贸易逆差持续扩大，以制造业为主的中国等发展中国家和德国、日本等贸易顺差持续增加。哈维指出，如果某一地域并没有可资交换的储备或商品，那么它必须或者找到它们，或者进行赊账或接受援助。如果是后者，一个区域会向另一个区域出借或捐助货币，并让其利用这些货币来购买自己生产的剩余商品。① 以制造业为主体实体经济的萎缩迫使美国大量印钞或借债来购买外国商品，因为其需要从其他地区，比如中国，进口商品却不能出口足够的商品来支付进口所需的费用，所以不得不依靠美元霸权的有利地位，发行大量美元来结算贸易逆差。

第二，大规模减税导致储蓄率走低。供给学派认为，降低税率可以为企业和个人减轻负担，促使企业把更多的利润用于生产性投资和资本积累，如此一来，税基可以扩大，税源可以增加。然而，实际状况却是：一方面政府的收入因为减税而增长缓慢，另一方面刚性开支并未减少，两方面因素综合作用的结果就是公共储蓄下降，政府债务累积，财政赤字上升。② 家庭部门的低储蓄率也根源于减税政策。因为政府一方面大举减税，另一方面大举削减社会福利开支。③ 所以，伴有社会福利减少的减税必然是一种变相的"劫贫济富"，必然产生贫富两极分化。由于储蓄 S 是收入 Y 的函数，即 $s = f(r)$，两极分化的分配格局必然要导致储蓄率萎缩。在美国，个人储蓄占个人可支配收入的比率从 20 世纪 70 年代和 80 年代早期占个人收入的 9%—10%，逐渐下降到迫近零点，并于 2005 年开始转为负数。个人储蓄的下降根源于美国贫富差距的极度扩大，家庭债务的增长正是在此背

---

① ［英］大卫·哈维：《新帝国主义》，初立忠、沈晓雷译，社会科学文献出版社 2009 年版，第 96 页。

② 对于财政赤字和经常项目赤字的关系，研究者还提出了"双赤字说"，认为任何减少公共储蓄的财政赤字扩张必然导致经常项目赤字。参见徐建炜、姚洋《国际分工新形态、金融市场发展与全球失衡》，《世界经济》2010 年第 3 期。

③ 管清友：《供给学派的实践典范》，《金融博览》2013 年第 6 期。

景下形成的，但是，借助于发达的信贷市场，低收入阶层可以透支消费，掩盖了贫富差距的矛盾。

第三，东亚地区为什么会变成了美国的"提款机"？20世纪70年代以来，美国的过度消费和超前消费行为盛行。有学者指出，正是来自东亚地区的资金为这种过度消费融资，并促使利率维持在较低水平，才最终导致了全球经济失衡。也就是说，如果东亚地区不充当美国的"提款机"，过度消费和全球经济失衡都是可以避免的。这种论调把矛盾的主要方面归于东亚国家（主要是中国）而不是其始作俑者——美国自身。如果不是揣着明白装糊涂，那一定是别有用心。我们不禁要问：建立在两极分化之上的过度消费何以可能？一个非常奇特的现象是：20世纪70年代以来，美国消费率的增加似乎与自身的收入增长已经脱嵌了，不再依赖于收入可以自我增长。有数据显示，美国"工资和薪酬支出占GDP的百分比，从1970年的约53%，急剧下降为2005年的约46%。然而就在同一时期，消费似乎完全不顾这种趋势，其占GDP的比重从20世纪60年代早期的60%左右，上升到2007年的约70%"。福斯特对此曾有如下评论：这种互相矛盾的发展之所以可能，正是由于家庭债务的大规模扩张以及家庭资产泡沫的最终出现，而后者的根源是家庭住房贷款的证券化。[①] 在笔者看来，住房贷款的证券化作为金融创新，以刺激消费的名目出现，是不得已的选择。从拉动经济增长的三驾马车来看，投资和出口都已经积重难返，难以推动。一方面，生产过剩和生产能力过剩导致私人资本对实业投资十分谨慎，投资意愿低迷，但是，在美国，私人资本投资占据固定资产投资的主体，私人资本投资的减少必然导致固定资产投资这一拉动经济增长的关键一环失去支撑。出口为什么也不行呢？前已述及，由于"去工业化"和实体产业"空心化"，美国没有什么制造品可以用于出口。既然三驾马车中的投资和出口都出现了问题，那么经济增长的驱动只能依靠消费。但是，由于普通大众收入增速迟缓，决

---

① John Bellamy Foster and Robert W. McChesney, "Monopoly – Finance Capital and the Paradox of Accumulation", *Monthly Review*, Vol. 61, No. 5, 2009, pp. 1 – 20.

策部门就通过降低利息率、降低贷款标准以刺激普通家庭举债消费，而来自东亚地区的资金恰好扮演了为这种"过度消费"融资的角色。据学者研究，美国经常账户逆差持续占全球经常账户逆差的一半以上，全球净资本流入超过七成的目的地是美国。① 河合正弘指出，美国自从 20 世纪 80 年代开始有着非常长时间的经常项目赤字，虽然这主要是由日本、中国，还有其他石油生产国给美国提供资金让他去消费，但导致美国过度消费的责任绝对应该由美国的决策者负责。② 可以说，如果没有东亚顺差国的过剩资金为美国的"过度消费"买单，美国就难以实现经济扩张，或者说早已陷入经济危机。在 1985 年 1 月的国情咨文中，里根表示，将使美国成为"全球资本投资的乐园"。③

第四，美国金融市场相对发达④是多重因素综合作用的结果。有一种观点认为："制造业的相对发达容易导致经常账户盈余，而金融市场的相对发达倾向产生经常账户赤字。"⑤ 那么美国金融市场为何相对发达呢？可以从以下四个方面来解释。

（1）为经常项目逆差融资的需要。如果没有发达的金融市场，美国的经常项目逆差就难以获得持续大量融资。规模庞大、国际化程度高、流动性强的金融市场，不仅为国内过剩资本提供了出路，而且吸引了大量国际投资投机资本。在 1992—2006 年的 15 年间，每年境外投资者对美国债券和股票等虚拟资产的净购买量从 700 多亿美元增长到 1.14 万多亿美元。⑥

---

① 李扬、卢瑾：《全球经济失衡形成机制研究新进展》，《经济学动态》2010 年第 3 期。

② 刘志明：《全球经济失衡原因析论：西方若干观点透视》，《开放导报》2011 年第 3 期。

③ ［美］罗伯特·布伦纳：《繁荣与泡沫：全球视角中的美国经济》，王生升译，经济科学出版社 2003 年版，第 78 页。

④ 与之相比，新兴经济体内部金融市场欠发达。

⑤ 徐建炜、姚洋：《国际分工新形态、金融市场发展与全球失衡》，《世界经济》2010 年第 3 期。

⑥ 刘骏民、李凌云：《世界经济虚拟化中的全球经济失衡与金融危机》，《社会科学杂志》2009 年第 1 期。

（2）实体经济缺乏投资出路所致。由于生产性投资出路匮乏，经济增长日益依赖金融部门的扩张，以金融、保险和房地产为代表的虚拟经济具有高风险、投机性、高营利性和高度灵活性，不断增长的过剩资本试图通过虚拟经济来玩钱生钱的游戏。反过来，金融化资本积累方式又不断排挤生产性资本积累方式。"投资的高收益刺激短期投资飞速增长，也导致长期投资严重不足，大量实体企业转投金融，许多非金融企业把大量的利润①用于回购公司股票或者分发红利以推高股价、维持股市的虚假繁荣。"② 这样，金融资产就获得了自我膨胀、自我循环的能量。拉斯姆斯（2009）指出："由于金融资产形式实际上没有产品成本或者销售成本，对它们的需求和市场是即刻发生的和全球性的，所以更具营利性。"③

（3）贫富分化所致。大量财富集中在少数富人手中导致投机横行。一方面，"利润相对工资的增长，收入日益向富有家庭集中，产生了大量可供投资的基金，其规模超过了生产性投资机会，它们涌向不动产以及有价证券"。④ 另一方面，公司上层管理者的收入急剧膨胀，越来越多的利润转变为利息和红利，并最终加入到金融资本的循环中去。⑤

（4）刺激虚拟经济扩张以带动实体经济发展。在实体经济相对萧条的背景下，政府把目光转向资本市场，寄希望于"证券市场或资产价格的凯恩斯主义"，即资产价格升值所产生的财富效应。"股票价格上涨所导致的资产溢价使得家庭部门所拥有的财富急剧放大，这一方

---

① 货币供给宽松也是原因。"美联储对货币供给的放松使得公司的贷款也达到空前的规模，这为公司回购股票提供了必要的资金"，参见［美］罗伯特·布伦纳《繁荣与泡沫：全球视角中的美国经济》，王生升译，经济科学出版社 2003 年版，第 170 页。

② ［美］亚当·赫什：《美国经济的增长与停滞：基于政治经济学角度的分析》，《海派经济学》2011 年第 4 期。

③ ［美］杰克·拉斯姆斯：《投机资本、金融危机以及正在形成的大衰退》，《马克思主义与现实》2009 年第 3 期。

④ 张开、杨静：《危机后西方政治经济学新进展及其启示》，《教学与研究》2014 年第 10 期。

⑤ 孟捷：《新自由主义积累体制的矛盾与 2008 年经济—金融危机》，《学术月刊》2012 年第 9 期。

面致使家庭部门空前地削减储蓄，另一方面也极大地推动了家庭部门的贷款规模。而这两方面又共同促使消费支出的进一步提高。"① 在卡特和里根政府时期，放松金融管制成为主导型原则，其目的是打破限制金融机构业务范围和活动地域的壁垒。②

20 世纪 80 年代以来，美国掀起了以"自由化"为特征的金融改革浪潮。里根政府于 1980 年和 1982 年颁布了两项放松金融监管的新法规，战后受管制的金融业得以逐步放开。1995 年通过的《1995 年金融服务竞争法》、1999 年通过的《金融服务现代化法案》、2002 年通过的《金融服务管制放松法案》等，一步步放松了对金融体系和金融市场的监管与规制。③ 这一期间，金融衍生工具创新层出不穷，各种金融资产数量迅速膨胀。美国的政策制定者和监管者寄希望于"资产价格凯恩斯主义"以刺激疲弱的经济持续扩张，美联储放松借贷以鼓励对金融资产的投资。随着资产价格飙升，企业和居民户至少在纸面上经历了巨大的财富增长。因此，他们可以进行大规模的借款，大肆增加自己的投资与消费，以此来带动经济。④ 1995—2000 年，尽管利润越来越难以获得，但是，公司能够在大幅上升的证券价值基础上为资本积累提供资金，其证券价值使市场资本化膨胀起来。2000 年，非金融公司发行的总资本达到 20 世纪 80 年代高峰时期的 4 倍。家庭也将资产价格的快速上涨看作加速借贷，以及在此基础上扩大支出的机会。1994—2000 年，家庭持有的股票市值从 4 万亿美元猛增至 12 万亿美元。1995—2000 年，美国国内生产总值年均增长率达到 4.1%，根据美联储和经济顾问委员会的看法，资产价格增长占 1995—2000 年所发生的消费增长的 1/3，占这个时期国内生产总值增长的 1/3—

---

① ［美］罗伯特·布伦纳：《繁荣与泡沫：全球视角中的美国经济》，王生升译，经济科学出版社 2003 年版，第 147 页。

② 同上书，第 76 页。

③ 肖斌：《金融化进程的资本主义经济运行透视》，博士学位论文，西南财经大学，2013 年；王伟光、程恩富、胡乐明：《西方国家金融和经济危机与中国对策研究》（上、下），《马克思主义研究》2010 年第 7—8 期。

④ 蒋宏达、张露丹：《布伦纳认为生产能力过剩才是世界金融危机的根本原因》，《国外理论动态》2009 年第 5 期。

1/4。如果没有快速增长资产价格财富效应的影响，国内生产总值在这 5 年里可能就会以每年大约 3% 的速度增长。[①]

　　对新自由主义改革实践与全球经济失衡成因的分析不难发现，全球经济失衡不过是"利润私人化、损失社会化、危机全球化"中"危机全球化"的写照。金融垄断资本在新自由主义时代采取"剥夺性积累"的方式赚取了高额利润，但是却把损失转嫁给社会和其他国家。

　　① ［美］罗伯特·布伦纳：《全球动荡的经济学》，郑吉伟译，中国人民大学出版社 2012 年版，第 300—301 页。

第六章　利润率视角下我国实体经济的困境与治理

第一节　实体经济困境的历史与现实

2013 年 6 月 20 日，银行间银行拆借利率大幅飙涨，隔夜拆借利率达到 13.44% 的历史最高位，隔夜质押回购利率一度达到 30% 的水平，创历史新高。同时，信贷资金变得极其昂贵。中小企业私募债券价格是 14%—15%，民间短期利率是 20%—30%，信托是 7%—10%。[①] 但是，与"钱荒"形成鲜明对比的是，我国货币超发严重，M2 余额位居世界一，M2/GDP 持续攀升，在 20 国集团国家中，2013 年，除日本之外，其他国家均未超过中国。[②] 从表面上看，"钱荒"表现为金融市场货币资本流通不足。按照一些学者的理解，"钱荒"本质上是金融体系自身的问题，源于金融体系的资金"错配"，即金融资源对垄断性国有企业过度倾斜，中小企业缺乏资金支持。由此出发，提出的解决方案不外乎是鼓励银行对中小企业贷款、放宽对金融业的管制、降低民间资本进入金融行业的门槛、允许和提倡民间资本

[①] 贺强、徐云松：《"钱荒"溯源》，《价格理论与实践》2013 年第 7 期。
[②] 乔晓楠：《结构性货币沉淀与中国式钱荒：一个政治经济学的解析》，《政治经济学评论》2015 年第 2 期。

进入金融业、推动金融市场化改革等。[①] 当然，上述建议若能付诸实
施，确实能够增强金融部门的灵活性，增进金融行业的竞争，进一步
优化金融资源配置。但是，上述政策建议就金融谈金融，视野未免狭
窄。事实上，如果不联系金融的服务对象即实体经济来探讨"钱荒"
的形成机理，就难以抓住问题要害所在。即便也有些学者看到了实体
经济的问题，那也不过是指责金融体系歧视了中小企业。在政治经济
学看来，金融依附于实体经济，为实体经济提供货币流通服务。如果
我们转换视角，从实体经济与虚拟经济协调发展的角度来检视，那么
本次"钱荒"不外乎是实体经济矛盾积累到一定程度的瞬间爆发，而
实体经济的发展困境可追溯至 20 世纪 90 年代中后期。

一　20 世纪 90 年代中后期以来中国实体经济的发展困境

20 世纪最后 20 年见证了中国经济体制和经济运行环境的根本性
转变。从计划经济体制向市场经济体制转轨，并从"低端嵌入"发达
国家主导的世界分工体系，是这一时代最鲜明的标志。但是，伴随同
一进程的也有市场化改革所积累的各种矛盾，导致实体经济的发展日
益艰难。

（一）20 世纪 90 年代中后期实体经济陷入困境的表现

从微观层面来看，利润率水平表示资本的增殖程度，利润率高低
是反映企业经营状况好坏和评价企业经济效益高低的最重要指标。根
据工业部门的统计数据，我们绘出了 1979—1997 年中国工业部门平
均利润率与利润总额增速图。

观察图 6－1 我们不难发现，20 世纪 70 年代末至 90 年代中后期，
工业部门的平均利润率在波动中趋于下降。越过 1990 年，利润率逐
步下降至个位数，1995—1997 年利润率始终在 4% 左右，最低时期的
1989 年，其利润率尚不足最高时期的 1/5。工业部门盈利能力的大幅收
缩致使利润量的增幅日趋减缓，除 1997 年之外，1994—1997 年利润

---

　　① 王勇：《根治钱荒还靠金融市场化改革》，《上海证券报》2013 年 6 月 28 日；《正视
"钱荒"加快金融市场化改革》，《新华日报》2013 年 7 月 2 日第 B07 版；毛忠斌：《"钱荒"
是加速利率市场化的契机》，《浙江日报》2013 年 6 月 26 日第 3 版。

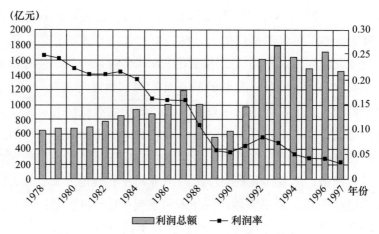

图 6 – 1　利润总额与利润率（1978—1997）

资料来源：历年《中国统计年鉴》和《中国工业经济统计年鉴》。

总额的增长均为负值。这一时段利润率和利润量的滑落与生产能力过剩恶化截然相关。第三次全国工业普查资料显示：在涉及的 900 多种主要工业产品中，1995 年工业生产能力利用率未达 60% 的超过了全部产品半数以上。在随后的几年，生产能力过剩依然不断恶化。1996年年末，全国 28 种主要工业品生产能力有四成处于闲置状态；1997年下半年，统计的消费品中有 1/3 供过于求；1998 年，在 900 多种主要工业产品中，多数工业产品生产能力利用率在 60% 以下，最低的仅有 10%。① 生产能力利用率下降必然会提高单位产品的资本成本和劳动成本，加剧通货紧缩。由于总有效需求不足，企业产成品库存总量也不断增加，1998 年中库存总量已达 4 万亿元，约相当于当年国内生产总值的一半。② 关于生产能力过剩的具体原因，我们认为，主要有四个方面：第一，市场化改革的制度红利引发投资过度。1992—1994年固定资产投资增速分别达到了 44.4%、61.8% 和 30.4%，信贷增速超过 20%。一些地区的低水平重复建设积累了大量低效产能。限于当时的技术水平和劳动力素质等因素，大量信贷资源投放于纺织行

① 许召元：《我国两轮大范围产能过剩现象及其比较》，《中国国情国力》2016 年第 3 期。
② 武力：《中华人民共和国经济史》（下），中国时代出版社 2010 年版，第 975 页。

业，行业产能在短期内快速增长。1993 年，全国棉纺行业多余生产能力达到 1000 万锭，许多企业处于停产或半停产状态。[①] 第二，为抑制 20 世纪 90 年代初的高通货膨胀和经济过热，政府从 1993 年开始采取了猛烈的紧缩性政策，但是，前几年大量投资形成的生产能力仍在持续释放过程中。第三，供需结构错配。20 世纪 90 年代初期的市场需求和供给能力决定了我国实施以满足初级消费为导向的轻工业为主的工业战略。20 世纪 90 年代中期以来，随着人均收入水平不断提高，居民消费结构开始由过去的以"吃、穿、用"等基本消费为主的阶段向以"住、行"及提高生活质量等消费为主的阶段升级。[②] 因此，轻工业产品供需状况迅速从短缺型向平衡和富余型转化。产能过剩主要分布于中下游的纺织、家电等轻工业、消费品行业，中上游的资本密集型行业并不过剩。[③] 第四，1997 年亚洲金融危机的冲击导致外需收缩。

　　20 世纪 90 年代中期，我国大多数消费品的供需格局开始由卖方市场向买方市场格局转变。在买方市场格局下，社会经济运行的常态表现为产品过剩，统计的消费品中有近 70% 处于供过于求状态。再加上紧缩性的货币政策和外部金融危机的冲击，有效需求显得越来越不足，因此，生产能力过剩到了 90 年代中后期越发突出。同时，投资预期收益的下降也抑制了资本积累和企业投资需求的增长。1997 年，全社会固定资产投资 10.1%，其中，国有投资增长 11.3%，集体投资增长 5.8%，居民个人投资增长 6.7%，其他经济类型投资增长 13.2%。与前一年相比，各类投资的增速均呈继续回落趋势。1998 年，政府采取了增加投资、扩大内需的扩张性政策措施，全社会固定资产投资增长比上一年增加 4 个百分点，但这主要是由政府投资推动的，其他类型的投资仍然低迷，当年城乡集体投资下降了 3.5%，城

---

　　① 杜传忠、宁朝山：《我国两轮大规模产能过剩特征的比较与启示》，《现代经济探讨》2016 年第 11 期。

　　② 《中国经济发展史》编写组：《中国经济发展史（1949—2010）》第一卷，上海财经大学出版社 2014 年版，第 464 页。

　　③ 杜传忠、宁朝山：《我国两轮大规模产能过剩特征的比较与启示》，《现代经济探讨》2016 年第 11 期。

乡个人投资仅增长 6.1%。据统计，"1998 年上半年，占全社会固定资产投资规模近一半的非国有经济的投资为零增长。"① 1998 年，我国经济运行遇到阻滞，经济增长率只有 7.8%，出现了轻微的通货紧缩，扩大内需成为国家面临的主要任务之一。

（二）20 世纪 90 年代中后期实体经济困境的治理

计划经济时代的产品短缺让不少人至今对饥肠辘辘仍然记忆犹新。可是，到了 20 世纪 90 年代中期，当中国第一次遇到了市场经济条件下普遍存在的产能过剩问题时，面对庞大的生产能力，有效需求却"拖了后腿"。这一次产能过剩的缓解依赖于政府的干预、市场的扩张和企业活力的进一步增强。

第一，国有企业、民营企业和外资企业三分天下的竞争性格局增强了企业的活力和压力。面对 90 年代中后期国有经济的发展困局，主流舆论将其归结为国有企业自身产权不明晰产权带来的效率低下。因此，国有企业民营化举措被很多人视为增强企业活力、提升企业效率、盘活存量资产的不二选择。1998 年开始以行政手段推进国有企业改革，主要表现为实施政企分开和减员增效。1998 年，国有企业的数量从 1996 年的 11.38 万家下降至 6.5 万家，减少幅度达到 42%。1998—1999 年，国有企业就业人数下降约 2200 万。② 随着"抓大放小""减员增效"、国有企业战略性改革重组等一系列政策的出台，大部分中小国有企业要么破产、要么改制、要么被收购。当经过一轮激烈的淘汰之后，跨国公司、民营企业与国有企业开始一道角逐中国市场，竞争机制固然残酷，但也激发了企业的活力和主动引进技术、改善管理的动力。首先，在国有企业户数不断减少和结构不断优化的情况下，国有资产总量大幅度增加，经济效益明显提高，市场竞争力显著增强，形成了一批具有国际竞争力的大型企业。其次，民营企业的数量与质量不断提升，成为推动现代化建设的重要力量，以中小企

---

① 张连城：《我国经济周期的阶段特征和经济增长趋势》，《经济与管理研究》1999 年第 1 期。

② 杜传忠、宁朝山：《我国两轮大规模产能过剩特征的比较与启示》，《现代经济探讨》2016 年第 11 期。

业为主的民营企业成为城乡居民就业的主体，其中一些民营企业成长为世界五百强企业。最后，跨国公司的技术、管理外溢效应和竞争效应，不断提高和壮大国有企业、民营企业的效率及竞争力。

第二，基础设施扩张和房地产的勃兴支撑了投资需求的新一轮扩张。在短期内要想扩大内需，扭转经济下行趋势，必须启动政府投资。20 世纪 90 年代中后期，面对经济萧条运行和有效需求严重不足，政府采取了积极的财政政策和稳健的货币政策来启动内需，以熨平经济周期，减轻经济大幅波动带来的不利影响。为此，党中央于年初及时做出了扩大内需，加强基础设施建设，推动经济发展的决策，将原定全社会固定资产投资增长 10% 以上，调整为增长 15%—20%，总投资增加 2200 亿元。投资重点放在农林水利、基础设施和基础工业、高技术产业、城镇居民住宅建设、企业技术改造等方面。[1] 1998 年，下半年，财政部向国有银行增发 1000 亿元人民币国债，银行配套发放 1000 亿元贷款，与增发的 1000 亿元国债相配套。除继续加大对农林水利、交通通信的投资外，重点加强了对环境保护、城乡电网改造、粮食仓库和城市公用事业等需要国家投资的基础设施的建设。1998 年全年财政支出比上一年增长了 19.3%，新增贷款近 1.45 万亿元。此外，货币政策也是比较宽松的，银行在增加信贷规模的同时，还采取了诸如取消商业银行贷款规模限制、降低利率和存款准备金率、延长贷款期限等多项措施扩大货币供给，以刺激企业投资和居民消费增长。[2] 1998—2003 年，我国财政赤字率以每年约 0.6% 的速度上升，地方政府财政赤字占 GDP 的比重也提高了 2.5%。[3]

1998 年 7 月 3 日，国务院下发《关于进一步深化城镇住房制度改革、加快住房建设的通知》，原有的福利分房体制被终止，住房制度实

---

① 武力：《中华人民共和国经济史》（下），中国时代出版社 2010 年版，第 965 页。

② 张连城：《我国经济周期的阶段特征和经济增长趋势》，《经济与管理研究》1999 年第 1 期；武力：《中华人民共和国经济史》（下），中国时代出版社 2010 年版，第 965—966 页。

③ 杜传忠、宁朝山：《我国两轮大规模产能过剩特征的比较与启示》，《现代经济探讨》2016 年第 11 期。

施货币化改革，前期沉寂的房地产市场被激活。由于房地产行业产业链长，能够带动钢铁、水泥、装饰装潢等几十个行业的发展，对于增加GDP 可谓立竿见影。并且，在分税制财政体制格局下，土地出让金收入是许多地方政府财政收入的主要来源。地方政府为了弥补财政资金不足，通过高价出让土地来筹集财政资金。① 因此，房地产业逐渐被各级政府定位于国民经济的支柱产业，并强力推动其发展。得益于宽松的金融环境（长期的低利率政策）和快速的城镇化，再加上地方政府的推波助澜，房地产业持续超长繁荣，房地产业的利润增长远远高于传统工业部门，房地产业的投资增速远远快于同期的固定资产投资。1997—2005 年，我国全社会固定资产投资增加了 2.56 倍，而房地产投资则增加了 4.01 倍，年均增长率分别为 17.2% 和 22.3%。1998 年，房地产投资占 GDP 比重约为 4%，而到了 2004 年该比重飙升至 8%，几乎以一己之力将中国 GDP 重新推回 10% 以上的超高速增长。② 克鲁格曼指出，在消费需求相对疲弱的背景下，刺激投资高企的因素主要是持续膨胀的房地产泡沫。自 2000 年以来，房地产投资占 GDP 比重基本上翻倍，对投资整体增长的直接贡献率超过 50%。此外，建筑业拉动的上游行业投资大规模扩张，也是中国投资高速增长的重要原因之一。③

　　第三，外需的开拓弥补了国内需求不足的缺口。20 世纪 80 年代后，优惠的政策再加上廉价的劳动力成本优势，发达国家将劳动密集型产业和低附加值的资本密集型生产环节转移至我国的珠三角、长三角地区，我国连续多年成为吸收外商直接投资最多的发展中国家。东南亚金融危机之后，国内消费市场疲软，经济增速降至 90 年代以来的最低点，进入经济矛盾和社会矛盾交织的凸显期。在此情景下，政府一方面采取扩张性财政政策和稳健的货币政策来启动内需，另一方面积极开拓外部市场。2001 年，我国成功加入世界贸易组织，日益开

---

　　① 乔晓楠：《结构性货币沉淀与中国式钱荒：一个政治经济学的解析》，《政治经济学评论》2015 年第 2 期。

　　② 徐朝阳：《供给侧改革：里根的教训与朱镕基的经验》，载吴敬琏、厉以宁《供给侧改革》，中国文史出版社 2016 年版，第 118 页。

　　③ ［美］克鲁格曼：《中国经济软着陆路径》，《财经国家周刊》2012 年第 6 期。

放的投资环境使我国吸引外资的优势进一步凸显，跨国公司大大强化了对我国的产业转移进程。以此为起点，外需对中国经济增长的贡献率加速提升。2002—2007 年，我国出口平均年增 30%（而投资年增26%、最终消费年增 16%），"外需"是拉动高速增长的第一位因素。[①] 可以想象一下，"三驾马车"中，如果缺少了欧美发达国家对"中国制造"的旺盛需求，中国经济何以能够在 2004—2007 年连续五年实现两位数的高速增长。我国加入世界贸易组织之后，出口依存度也迅速提高。1987—2002 年，我国经济对于出口的依存度从 11% 上升到 22%，但在 2001 年我国加入世界贸易组织之后，仅在五年的时间内就上升了 10 个百分点。作为我国从事加工贸易的主要行业，通信设备和计算机及其他电子设备制造业二十年来的增长有超过 80% 发生在 2002—2007 年，同时在 2002—2007 年大约有 65% 的行业增长是基于出口驱动的。[②]

二　实体经济盈利能力的回升与社会发展动力机制的增强

经过 20 世纪 90 年代大规模的企业改制以来，我国工业企业的经营效益不断改善，作为企业盈利能力的测量指标利润率逐年回升，利润总额大幅增长（见图 6-2），经济增长的动力机制大大加强。讨论其形成的原因，我们认为，至少存在以下四个方面的因素。

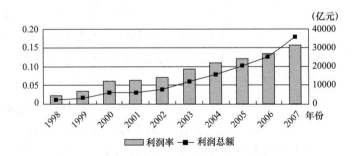

图 6-2　1998—2007 年利工业部门平均利润率和利润总额

资料来源：历年《中国统计年鉴》和《中国工业经济统计年鉴》。

---

① 高梁：《以产业升级转变发展方式》，《南风窗》2013 年第 19 期。
② 刘瑞翔、安同良：《中国经济增长的动力来源与转换展望》，《经济研究》2011 年第7 期。

其一，在政府主导下，一批过剩落后的设备和产能被削减或淘汰。1994 年，国务院下达了《国务院关于在若干城市试行国有企业破产有关问题的通知》，1997 年，国务院又下达了《关于在若干城市试行国有企业破产和职工再就业问题的补充通知》。1996 年 58 个"优化资本结构"试点城市兼并企业 1192 万户，资产总额 292 亿元。1997 年破产终结的企业 675 万户，被兼并企业 1022 万户。[①] 1997 年，国务院把纺织、兵器、航天 3 个行业列入优化资本结构试点计划。1998 年年初，国务院发出《关于纺织工业深化改革调整结构解困扭亏工作有关问题的通知》，开始了以压锭、减员、增效为主要内容的大调整。1998 年，纺织行业全年共压缩淘汰了 512 万棉纺锭，是 1991—1997 年六年压锭量总和的 24 倍多。1999 年，国家进一步加大压缩和调整过剩生产能力的步伐，整顿和关闭了许多技术落后、质量低劣、污染严重、浪费资源的小玻璃厂、小水泥厂、小炼钢厂等。2000 年，又确定了继续控制总量，大力调整工业结构的任务。通过三年努力，压缩生产总量、淘汰落后生产能力、改善供给结构的工作取得显著成效，产业集中度逐步提高，企业规模趋于大型化，新产品开发能力增强，创新步伐加快。1997—2002 年，全国工业企业中，大型工业企业比重由 1.5% 上升到 4.8%，年平均增幅在 40% 以上。[②] 效益下滑的企业走向破产或重组有利于推动资本集中，实现规模经济。同时，生产要素流向高效率的企业也意味着资源的配置效率得到了改善，这有利于提高行业整体的生产率。

其二，利润份额增加了。一般来说，在其他条件不变时，劳动生产率相对于实际工资的更快上升将提高利润份额。劳动生产率的提高在较大程度来自技术更新和产业的升级。1997—2002 年，全国制造业用于更新改造的投资由 1866.24 亿元上升到 3523.71 亿元，增幅将近 90%。经过调整，制造业产品结构得到持续改善。制造业中科技含量

---

① 汪海波：《中华人民共和国工业经济史》，山西经济出版社 1998 年版，第 743—745 页。

② 《中国经济发展史》编写组：《中国经济发展史（1949—2010）》第一卷，上海财经大学出版社 2014 年版，第 427 页。

高、附加价值大的电子、信息通信产品等生产获得较快增长。市场供大于求的一些纺织产品、一般耐用消费品、部分机电产品生产增长有所减慢。① 90 年代中后期，政府推行国有企业"减员增效"和劳动用工制度改革，把大批劳动力快速推向市场，"国有企业职工下岗潮"和"民工潮"相互叠加，增加了劳动力市场的竞争程度。在劳动力市场尤其是低端劳动力市场供大于求背景下，失业压力迫使在业工人付出更多的劳动，所以工人劳动强度更大。

其三，各类型企业之间的竞争更为激烈。20 世纪 90 年代后期的"国有经济战略性调整"实际上就是把没有必要保持国有性质的国有企业改革为非国有企业②，这就使公有制企业占比急剧收缩，按工业总产值计算，在 2000 年，国有和国有控股工业企业所占比重已经不足 50%。21 世纪初期，中国成功加入世界贸易组织，外资进入中国的门槛比之前更低，所以，国有企业、民营企业和外资企业之间争夺市场份额的竞争程度也变得更加激烈，而提高劳动生产率、降低生产资本和价格就是击垮对方的最好武器。此外，90 年代中期以后，买方市场向卖方市场的转变使越来越多的企业不再盲目去扩大产能，而转向提高劳动生产率。

其四，企业利息支出和税收负担有所减轻。在利润率相对停滞的 20 世纪 90 年代，工业企业利息负担也比较重。1990—1999 年，利息支出达到企业利润总额的 1.2 倍，庞大的利息支出让许多企业苦不堪言。而且，整个工业企业的税负在 90 年代也相对加重，1994—1998 年，企业税负达到企业利润总额的两倍多，1998 年更是达到 2.79 倍。21 世纪以来，工业企业的利息及税收负担均大幅减轻。2000—2007 年，利息支出仅相当于企业利润的 1/4，2002—2007 年，税收占企业剩余的平均比重也逐年下降，远低于 90 年代的平均值。

三　社会平衡机制的破坏与经济关系的失衡

20 世纪 90 年代以来，政府实施的一系列战略措施如淘汰落后过

---

① 《中国经济发展史》编写组：《中国经济发展史（1949—2010）》第一卷，上海财经大学出版社 2014 年版，第 427 页。

② 金碚：《中国工业改革开放 30 年》，《中国工业经济》2008 年第 5 期。

剩产能、扩大政府支出、收缩公有部门以及融入全球分工体系等改善了投资和增长的外部条件，不仅优化了资源配置效率，增强了社会运行的动力，而且企业的竞争意识和效率意识进一步增强。但是，由于相应的平衡机制还没有能及时健全起来，因而社会出现了很多不平衡现象。① 当然，社会不平衡现象很多，笔者认为，很多不平衡现象不外是以下五对经济关系失衡的注脚。

一是政府与市场关系失衡。从我国实际情况来看，尽管社会主义市场经济体制已基本建立，但是仍然不够完善，政府和市场的关系失衡就是其中的表现，这种失衡在现阶段主要表现为在市场力量变强的同时，政府职能却出现了缺位和错位。20世纪90年代以来，市场化、民营化取向改革使附属于国有企业本身的养老、医疗、教育和住房等方面的福利项目被削减，但是，医疗、教育、保障性住房、养老等公共品和服务的供给却严重不足。因此，预防性储蓄上升，结果导致中国高储蓄率与低消费率并存。从这个方面来看，储蓄与消费的不平衡源于政府与市场关系失衡。另外，政府部门对经济的不当干预又造成一部分高污染、高耗能、低附加值行业的过度投资与重复投资，过剩产能缺乏畅通有效的退出通道，造成投资效率下降，金融领域的风险不断累积。

二是资本与劳动关系失衡。资本所得与劳动所得失衡主要表现为普通工人的收入增长缓慢，劳动报酬在初次分配中所占比重偏低。这种失衡也可在政府与市场关系失衡找到根源，在GDP出政绩的时代，政府官员往往亲资本而远劳动，奉行做大"蛋糕"第一，分好"蛋糕"其次。在劳资关系中，劳动者本来就天然处于弱势地位，现在不少地方政府的官员又奉企业为上宾，自然劳资失衡更加严重。

三是资本与资本关系失衡。这里我们主要谈国内资本与国际资本关系失衡，因为我国大多数制造业本身处于全球价值链分工的中间环节，以劳动密集型产业为主，这些产业技术含量低，进入门槛不高，企业间的同质竞争异常激烈，价格的拼杀让原本就不多的利润进一步

---

① 李忠杰：《论社会发展的动力与平衡机制》，《中国社会科学》2007年第1期。

摊薄。尤其是处于珠三角、长三角的出口加工制造业，多为跨国公司的代工厂，在与外资的博弈中，只能分享微薄的利润。

四是内需与外需关系失衡。内需与外需关系失衡主要表现为对外需的高度依赖。21世纪以来，对国际市场的开拓和外需的稳定增长为国内的生产能力扩张提供了重要出路。随着中国加入世界贸易组织并成为全球的制造中心，出口总量呈现爆发式增长，出口需求对于中国经济增长的贡献与日俱增，中国经济对出口贸易的依赖逐年上升。据统计，中国的货物贸易出口依存度从2001年的20.1%上升到2005年的34.2%。值得注意的是，其他主要经济大国对外贸易依存度变动则相对平稳，例如，美国1978年的对外贸易依存度为14.9%，在整个20世纪80年代和90年代都基本维持在15%—18%的水平。日本则从20世纪70年代末和80年代初的21%—26%下降到80年代中期的20%以下。① 不仅如此，外贸顺差过大还造成基础货币供应量被动增加，贸易摩擦加剧，人民币升值压力增大。

五是实体经济与虚拟经济关系失衡。实体经济与虚拟经济关系失衡在发达国家主要表现为资本"脱实向虚"，大量资本在金融体系循环，在中国则主要表现为大量资本沉淀在房地产业，造成房地产泡沫膨胀。发展房地产业的初衷是为了刺激内需，缓解产能过剩的压力，为过剩资本寻找出路，培育新的经济增长点。然而，在实体经济盈利水平相对较低，居民收入差距日益增大和流动性过剩的背景下，房地产投资和投机的高盈利预期，吸引大量社会资金流向房地产业，而真正的实业投资却很少有人问津。而且房地产业的暴利与实体经济的低盈利能力相互作用，造成"实冷虚热"。一方面，由于转型升级动力不足，降成本的空间收窄，不少珠三角地区的制造业"南迁"或"西进"，去工业化的趋势日趋明显。另一方面，流动性过剩导致大量的低成本资金涌入虚拟经济领域追逐利润。在经济低迷期，放松银根固然会导致流动性增加，但是，融资成本降低，也会助长资产投机，

① 简新华：《中国经济结构调整和发展方式转变》，山东人民出版社2009年版，第299—300页。

同时，居民也会寻找替代品以规避贬值风险。结果是"实体经济并未因货币发行而获得任何好处，相反，货币越多，资产价格越高，资产价格越高，就有越多的投资者加入投机行列，于是留给实体经济的资金就越少，融资难、融资贵的矛盾愈加尖锐。"① 2008 年国际金融危机以来，不少实力非常雄厚的传统制造业企业开始涉足房地产业，更加助长了全民炒房的热潮。传统实体经济部门的虚拟化发展还意味着，产业升级的技术推动力不足和转变经济增长方式的迟滞。

四　后金融危机时代的盈利能力困境与产能过剩

改革开放以来，中国借助于廉价劳动力和资源吸引全球资本，输入技术和管理，发展加工制造业，一跃成为制造业第一大国和全球第二大经济体。2008 年国际金融危机以来，尽管中国经济增长与欧盟、美国、日本相比表现不俗，但同样面临资本盈余和劳动盈余的困扰，尤其是最近几年，过剩的压力急剧增大。由于欧盟、美国、日本经济复苏艰难，中国始终难以摆脱外需严重萎缩的困扰，同时，国内经济结构失衡在经济周期下滑阶段开始产生负反馈。随着国际金融危机的不断深化，发达资本主义经济体进入第五次长波周期的萧条阶段，中国经济也步入结构调整阵痛期和增长速度换挡期。内需不振，外需萎缩，实体经济的发展状况一步步走向恶化，经济增长面临前所未有的困难和挑战。上述经济关系失衡在经济周期的下滑阶段开始倒戈，这就使原本比较脆弱的内需进一步萎缩，实体经济的发展困境进一步恶化，长短期矛盾相互交织导致我国出现了自 20 世纪 90 年代中期以来最为严重的产能过剩。基于稳增长、保就业的调控目标，中央政府和地方政府的海量投资接连发力，延缓了利润和产出滑坡的速度。2008—2012 年，我国固定资产投资共计人民币 136 万亿元，相当于 2012 年 GDP 的 2.6 倍以上。对于严重的产能过剩，宽松的货币政策无异于一副助燃剂。凯恩斯主义调控政策只能解决燃眉之急，而实体经济盈利能力不足的病根仍未消除，所以，到了 2012 年，实体经济的软肋——盈利能力不足，再次暴露。

---

① 陆磊：《"钱荒"的本质是结构失衡》，《中国农村金融》2013 年第 13 期。

实体经济盈利能力日益糟糕的症结在于：第一，外需不振，出口增长乏力。由于美国经济前途渺茫，欧洲危机持续发酵，日本经济也并没有真正从长期低迷中彻底走出来，因此，出口对我国经济增长的拉动力持续减弱，很难恢复至金融危机以前的水平。而且，为促使经济复苏，不少发达国家实行贸易保护主义，限制进口，以鼓励和保护本国产业的发展，不同国家间贸易纠纷、冲突和摩擦日益频繁，作为出口大国的中国自然就成了世界各国贸易保护针对的主要对象。① 第二，原材料、能源和劳动力成本刚性上升进一步挤压了企业的利润空间。尽管受市场需求不足等因素影响，原材料价格涨幅趋缓，但仍明显偏高。而且，能源成本偏高，电力、石油、天然气等能源价格在高位徘徊，无形中增加了企业的生产和运输成本，从长期来看，能源价格维持波动攀升的势头。同时，由于劳动力、能源、土地使用成本的刚性上涨，直接推动了社会物流成本的上升。② 第三，由于分配结构失衡，内需乏力，使产品价格上升赶不上成本增加的速度。第四，由于房地产业的高盈利预期，不少企业缺乏产业升级的目标和动力，放弃了传统的实业，充斥于房地产业。21 世纪初以来，这种赚钱模式深受资本的青睐，因为它最符合资本的本性。第五，前期刺激政策的效果逐步衰退。2008 年国际金融危机爆发后，为保增长，财政政策与货币政策一起发力，2009 年全社会固定资产投资增长 30.1%；M2 全年增长 27.68%。2012 年以来，面对经济出现下行趋势，政府并没有采取刺激性措施来保增长，也不打算依赖宽松的货币政策去刺激经济进一步增长，而是试图通过调整经济结构来改善经济可持续增长的基础，因此，固定资产投资增速和货币供应增速远低于 2009 年。但是，一旦凯恩斯主义的干预政策退出，需求疲软的幽灵就到处游荡。第六，人民币升值。2008 年国际金融危机以来，货币大规模扩张，人民币实际完成了一轮对外大幅升值、对内大幅贬值的过程。人民币在启

---

① 刘满平：《两轮生产资料价格持续下跌的对比分析》，《宏观经济管理》2013 年第 9 期。

② 秦志辉：《千方百计促进中小企业持续健康发展》，《经济日报》2013 年 10 月 8 日第 15 版。

动重要的"7·21汇改"后，除2008年国际金融危机后有两年多的暂时停歇外，大部分时间相当于"汇改即升值"，人民币升值提高了企业的出口成本。据统计，人民币每升值1个百分点，沿海加工贸易企业的利润就会减少0.6个百分点，而大部分加工贸易行业的利润率仅为3%—5%。[①]

温州炒房团的出现、各地"跑路潮"的爆发，最后到2013年年中金融体系出现的"钱荒"，这些相互关联的事件一再提醒人们，产业资本的过剩非常严重，通往实体经济之路似乎已经"栓塞"。当我们进一步考察工业增加值、出厂价格等指标，则不难发现：国际金融危机以来，工业领域的产能过剩已经由局部向整体恶化。第一，工业增长明显疲弱。2007年以来，工业增速大幅放缓，从之前的两位数增速下降到2015年的个位数增长，2015年的工业增速仅相当于国际金融危机前一年的1/3左右（见图6-3）。第二，工业品出厂价格全面下跌。2015年12月，国家统计局公布的30个主要行业出厂价格同比涨跌幅数据显示，除烟草制品业、纺织服装服饰业、医药制造业、水的生产和供应业4个主要行业外，26个主要行业（占30个主要行业的近90%）的出厂价格都出现了下跌。第三，利润同比下降行业数量增多，亏损额上升。亏损面增大。如表6-1所示，2013年以来，利润同比下降的行业逐年增多，规模以上工业企业的亏损额逐年增长，亏损面也由2011年的9.35%上升至2014年的11.5%，亏损不断侵蚀利润。第四，工业投资增速大幅减缓。2012年以来，随着"四万亿元"投资的刺激效果逐年递减，工业企业盈利能力不断恶化，利润增速快速下滑，尤其是最近两年，利润已呈负增长态势（见图6-4）。由于企业对盈利和投资预期比较悲观，企业家信心指数持续走低，投资动力不足，固定资产投资以及经济增速快速下滑（见图6-5、图6-6和图6-7）。据国家统计局发布的数据，2015年工业固定资产投资增速仅为7.7%。

---

① 杨介棒：《我国制造业继续保持领先地位的思考》，《宏观经济管理》2013年第6期。

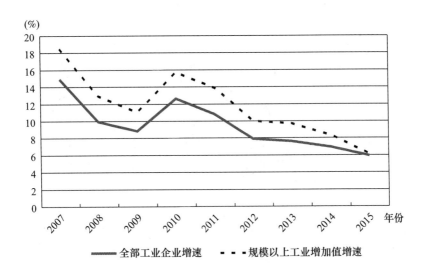

图 6 - 3　全部和规模以上工业增速（2007—2015）

资料来源：国家统计局数据库和历年国民经济和社会发展统计公报。

表 6 - 1　　　　工业部门利润同比升降行业占比和规模以上
工业企业亏损占比（2011—2015）

年份	行业总数（个）	利润同比增长的行业总数（个）	利润同比增长的行业占比（%）	利润同比下降的行业数（个）	利润同比下降的行业占比（%）	规模以上工业亏损总额（亿元）	亏损占利润与亏损之和的比重（%）
2011	39	37	94.87	2	5.13	2359.18	4.26
2012	41	29	70.73	11	26.83	3913.21	5.99
2013	41	31	75.61	9	21.95	5571.32	8.26
2014	41	28	68.29	11	26.83	7035.43	9.33
2015	41	29	70.73	12	29.27	—	—

资料来源：国家统计局数据库和历年国民经济和社会发展统计公报。

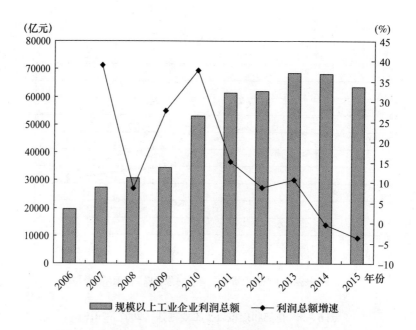

图6-4 规模以上工业企业利润总额及增速（2006—2015）

资料来源：国家统计局数据库和历年国民经济和社会发展统计公报。

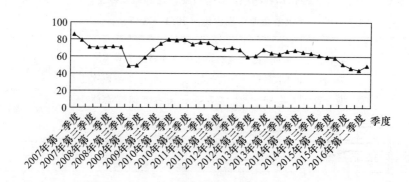

图6-5 企业家信心指数（2007年第一季度至2016年第二季度）

资料来源：中国人民银行。

当我们考察近几年工业运行的总体状况后，不难发现，国际金融危机以来，工业领域的产能过剩已经由局部向整体恶化。事实上，在利润率趋向下降的重压之下，产能过剩的压力不仅存在于低端产业与传统产业，也存在于高端产业和新兴产业。有学者指出，国际金融危

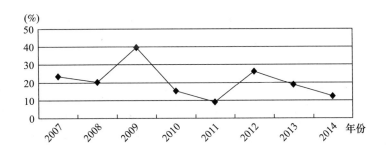

图6-6　工业固定资产投资增速（2007—2014）

资料来源：国家统计局数据库，历年国民经济和社会发展统计公报。

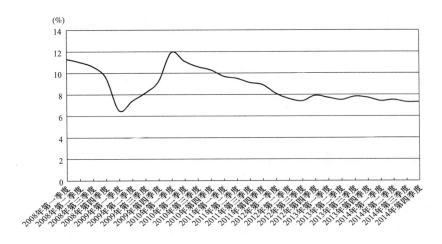

图6-7　中国经济季度国内生产总值增速

（2008年第一季度至2014年第四季度）

资料来源：国家统计局网站。

机之后，产能过剩的范围已经从钢铁、水泥、有色等传统产业扩大到造船、汽车、机械以及多晶硅、风电设备等新兴高科技产业。低端产品和高端产品均出现过剩，甚至出现同一产业内部高端产品卖不过低端产品的情况。[①] 当然，那些与房地产业和基建投资相关的钢铁、水泥、建材等产业，以及自主创新能力不强、依靠低生产要素成本参与

---

① 李晓华：《后危机时代我国产能过剩研究》，《财经问题研究》2013年第6期。

国际分工的出口导向型加工制造业，由于基建投资下滑和外需不振，面临的过剩压力更为严重。房地产业的过剩程度可见一斑，截至 2015 年年末，全国商品房待售面积高达 71853 万平方米，相当于当年商品房销售面积 128495 万平方米的一半，若按人均住房 30 平方米计算，可以满足 2395.1 万人的居住需求。如果把商品房在建面积、保障房以及小产权房、自建房等也考虑在内，楼市的过剩超乎想象。"十五"期间和"十一五"期间，工业和房地产业高速成长，带动投资率高企，是我国国民经济超常增长的主要原动力。2012 年以来，这两大传统的增长引擎动能日益减弱，压力迅速传导至相关的钢铁、建材、水泥、平板玻璃等行业，引发了严重的产能过剩危机。

第二节　结构性产能过剩的本质、成因和性质辨析

一　当前产能过剩的若干观点

学界关于我国当前产能过剩的主要特征、形成机理、具体根源和治理对策的认识，可以概括为五个方面。

第一，当前的产能过剩表现为结构性过剩。中低端产品过剩、高端产品供给不足，是学界对当前产能过剩主要特征的一个基本判断。[1]

第二，我国不存在需求不足问题，产能过剩的矛盾主要不在于需求侧。一般来说，只有当供求总量或（和）结构出现严重失衡时，才会形成产能过剩。主流的看法认为，当前的产能过剩与需求侧关系不大，至少需求侧不是过剩的主要根源。胡荣涛（2016）认为，部分行业出现产能过剩，实质上并非由消费者需求不足造成。[2] 黄志凌（2015）则更进一步认为，无论是消费水平、消费能力，抑或是消费

---

[1]　陈勇敢：《我国供给体系总体是中低端产品过剩高端产品供给不足——中央财经领导小组办公室副主任杨伟民谈供给侧改革》，《中国质量报》2015 年 11 月 23 日第 1 版。

[2]　胡荣涛：《产能过剩形成原因与化解的供给侧因素分析》，《现代经济探讨》2016 年第 2 期。

欲望，我国都不存在消费需求的约束。① 马建堂（2016）认为，我国不是需求不足或者没有需求，而是需求变了，供给的产品没有跟上。②

第三，产能过剩的主要矛盾在供给侧。供需出现错位源于供给端未能及时转换，不适应或滞后于消费需求的变化，而后者已经到了一个新阶段。杨振（2016）认为，国内供给体系低端化导致不断涌现的高端需求无法得到满足。③ 王一鸣等（2016）认为，由于高品质商品和服务需求难以得到满足，居民到境外大量采购日常用品，造成国内消费需求外流。④ 洪银兴（2016）认为，现行供给体系停留在低收入阶段，不能满足进入中等收入阶段的消费者对供给品的质量、安全和卫生的需求。⑤

第四，供给侧的问题来自政府干预过度。供求关系总是特定宏观经济体制和经济制度下的经济关系，不少学者在分析供需错位的体制缘由时，将其归因于政府对经济的过度干预。杨晓维（2016）认为，供给侧方面的问题在相当程度上与过去政府对市场的过度干预有关。⑥ 沈越等（2016）认为，由于政府不当地、过多地干预市场，致使中国经济一直是在一种病态下保持增长。⑦ 尹艳林（2016）认为，供给侧之所以有问题，是因为有一只"有形之手"在起反作用。⑧

第五，供给侧结构性改革需要发挥和强化市场在资源配置中的决

---

① 方烨、孙韶华：《供给端改革促消费思路确立—降流通成本等将成消费新政主要着力点》，《经济参考报》2015 年 11 月 16 日第 A02 版。

② 马建堂：《供给侧结构性改革的意义与途径》，《人民日报》2016 年 6 月 24 日第 7 版。

③ 杨振：《供给侧结构性改革化解产能过剩》，《理论视野》2016 年第 1 期。

④ 王一鸣、陈昌盛、李承健：《正确理解供给侧结构性改革》，《人民日报》2016 年 3 月 29 日第 7 版。

⑤ 洪银兴：《准确认识供给侧结构性改革的目标和任务》，《中国工业经济》2016 年第 6 期。

⑥ 杨晓维：《从经济新常态看供给侧结构性改革》，《光明日报》2016 年 5 月 25 日第 15 版。

⑦ 沈越、张文：《新旧常态转换与政府行为调整——兼论供给侧改革》，《天府新论》2016 年第 3 期。

⑧ 尹艳林：《正确理解和有效推进供给侧结构性改革》，凤凰网，http://finance.ifeng.com/a/20160711/14583518_0.shtml，2016 年 7 月 11 日。

定性作用。正因为把供给侧的问题归结于政府干预而生，所以，消除这个问题需要弱化政府的力量，强化市场的力量。《2016 年中国宏观经济形势分析与预测年中报告》称，供给侧结构性改革应以深层次市场化制度改革为内涵推进及让各种所有制公平竞争，以此提高市场效率，建立和维护服务型有限政府，提振民间信心和民营经济大发展。①廖清成、冯志峰（2016）认为，推进供给侧结构性改革的内在逻辑应该是"欲富民需先赋私权，欲保私权需先限公权"，推动政府向公共利益服务型的有限政府转变，在政府引导下发挥市场决定性作用。②王小广（2016）认为，结构性改革的重点是减少政府对市场的过度干预。从根本上改革残余的计划经济体制，建立发达完善的社会主义市场经济体制。③杨晓维（2016）认为，市场的有效运行，能够通过价格机制自动实现化解过剩产能、调结构、去库存、降成本、加快技术创新、增加有效供给的目的。④

现在，我们将上述五个方面的论述简化如下：当前的过剩主要表现为结构性产能过剩；结构性产能过剩的病灶在于供给侧调整滞后，跟不上需求侧的变化；供给侧之所以调整滞后，主要根源在于政府干预过度。这样一来，一个关于结构性产能过剩的逻辑清晰地展现在我们面前：政府干预过度→供给侧调整滞后→供求出现错位→结构性产能过剩。沿着这一逻辑求解，治理产能过剩须从供给侧入手，深化供给体制改革。其中，体制改革的核心环节主要是放松市场管制，减少政府干预，以进一步扩大和发挥市场的决定性作用。如此一来，供给侧结构性改革问题归根结底就是如何让市场在资源配置过程中发挥更大作用的问题。尽管上述论点对我国产能过剩的特征及原因等问题进

---

① 《2016 年中国宏观经济形势分析与预测年中报告》，上海财经大学高等研究院，http://iar2. shufe. edu. cn/。

② 廖清成、冯志峰：《供给侧结构性改革的认识误区与改革重点》，《求实》2016 年第 4 期。

③ 王小广：《供给侧结构性改革：本质内涵、理论源流和时代使命》，《中共贵州省委党校学报》2016 年第 2 期。

④ 杨晓维：《从经济新常态看供给侧结构性改革》，《光明日报》2016 年 5 月 25 日第 15 版。

行了非常有益的探讨，但是还不够全面，仍需进一步补充和讨论。我们引入收入分配这一因素，以期在"生产—分配—消费"框架中更好地认识和把握本轮产能过剩形成的基本逻辑。

二　对结构性产能过剩若干看法的质疑

（一）结构性产能过剩是不是简单的供给比例失调问题？

结构性产能过剩在产品形态上表现为低端产品产能过剩，高端产品供给不足。有学者称，正是因为高端产品供给不足，抑制了有效需求的释放，所以，才会导致市场出现过剩。照此推理，过剩的直接原因就是高端产品生产得太少，低端产品生产得太多，因而低端产品才形成过剩。实质上，这种说法仍然延续的是那种被凯恩斯所批判过的"在商品与商品之间的相互关系中——而不是在商品与消费者的关系中——来考察商品"的思路。[①] 确实，如果仅从"商品与商品"的角度看待当前的产能过剩，过剩的直接原因就是高端产品和低端产品的供给比例出现了失调，流通渠道被堵塞，由此引申出来的治理思路就是减少低端产品供给，增加高端产品供给。而就生产或供给的调节而言，市场机制又是目前最有效率的激励机制，因此，"激励生产是贤明的政策，鼓励消费是拙劣的政策"。[②] 可以说，这种思路又回到了萨伊和供给学派的思想谱系。

列宁指出：凡是资产阶级经济学家看到物与物之间的关系（商品交换商品）的地方，马克思都揭示了人与人之间的关系。[③] 关于供求关系，马克思也同样揭示了其背后的经济利益关系，即"供求还以不同的阶级和阶层的存在为前提，这些阶级和阶层在自己中间分配社会的总收入，把它当作收入来消费，因此造成那种由收入形成的需求"。[④] 显而易见，如果离开生产、分配和消费之间的有机联系而仅从

---

① ［英］约翰·梅纳德·凯恩斯：《就业、利息和货币通论》，高鸿业译，商务印书馆1999年版，第376页。

② ［法］萨伊：《政治经济学概论》，陈福生、陈振骅译，商务印书馆2011年版，第160页。

③ 《列宁专题文集：论马克思主义》，人民出版社2009年版，第69页。

④ 《资本论》第三卷，人民出版社2004年版，第217页。

"物与物之间的关系"去看待过剩问题，就往往会揪住表象不放，难以揭示问题的要害和本质。如果引入收入分配这一变量，我们就可以分析收入约束条件下的供需状况。这里，我们把消费者简单划分为低收入阶层和高收入阶层①，同样，把产品仅划分为高端产品和低端产品。为此，可以提出表6-2概括的四种组合。

表6-2　　　　　　　　　　收入与产品的四种组合

	低收入阶层	高收入阶层
低端产品	有效需求不足	无效供给
高端产品	有效需求不足	供给能力不足

（1）低收入阶层与低端产品组合。对于相当一部分低收入阶层来说，他们的衣食住行等基本需求还未得到根本解决，方福前教授已经指出了这种低端产能过剩与低端需求尚未满足的"悖论"，"一方面中国经济中存在大量的产能过剩和产品库存，许多产品苦于找不到销路；另一方面又存在7000多万需要扶贫的人口，他们的温饱问题还没有完全解决，基本消费需求还无法得到满足。"② 实际上，对于低端产品，低收入阶层也不乏消费欲望，但缺乏充足的消费能力。而且，还有一部分中等收入阶层，他们是"车奴""房奴""孩奴""卡奴"，背负几座"大山"，其消费能力和消费欲望处于抑制状态。一旦摆脱这些"大山"的压制，消费需求的释放是何等巨大？由此来看，低端产品过剩的背后实质是有效需求不足。

（2）高收入阶层与低端产品组合。显然，销售对象若定位于占人口很小部分的高收入人群，那些样式陈旧、价格低廉的低端商品与此类群体的偏好与需求实难匹配，自然难以激发他们的购买欲望，因

---

① 中国财富不平等程度很高，大量的财富集中在极少数人的手中。若将家庭财产按从低到高排序，排名在顶端25%的家庭拥有全国79%的财产，排名在顶端10%的家庭拥有全国61.9%的财产，排名在顶端5%的家庭拥有全国一半以上的财产，排名在顶端1%的精英阶层拥有全国1/3以上的财产。参见谢宇等《中国民生发展报告（2014）》，北京大学出版社2014年版，第30页。

② 方福前：《供给侧结构性改革需回答的两个问题》，《理论探索》2016年第3期。

此，对高收入阶层与低端产品组合来说，产品过剩的背后乃是供需层次错位。

（3）低收入阶层与高端产品组合。高端产品一般价格不菲，特别是奢侈品以及刚问世的新产品，通常来说，这些产品的定价和营销定位一开始都是面向高收入阶层。这就意味着，大多数低收入阶层，尽管对高端产品也有消费欲望，但是，其收入不足以充分支撑高档品的消费。①

（4）高收入阶层与高端产品组合。从人类对美好生活的追求来看，高端产品供给能力不足是客观规律，因为生产力和科技的变化是渐进的，很多消费需求还无法满足。高端产品供给不足和高端产品供给能力不足不是一回事，在市场经济条件下，生产过程具有巨大的扩张力，只可能（持续）存在高端产品供给能力不足问题，不会存在高端产品供给不足问题。一般来说，只要某一种产品存在有效的市场需求，在利润的刺激下，该产品的供给很快就能改善和增加。② 马克思也曾指出："一旦与大工业相适应的一般生产条件形成起来，这种生产方式就获得一种弹性，一种突然地跳跃式地扩展的能力，只有原料和销售市场才是它的限制。"③

就我国来说，我们有 220 多种工业品产量居世界第一位，拥有世界一流的加工制造能力，但高精尖技术的"瓶颈"制约依然存在。尽管我们在高铁、航空、核电等领域已经涌现出一批具有领先优势的产

---

①　中国家庭消费模式可以划分为五种类型：贫病型、蚂蚁型、蜗牛型、稳妥型和享乐型。贫病型的特点是医疗支出比重最高，但其他支出极低。蚂蚁型的特点是各项支出水平均很低。蜗牛型的特点是在房租房贷、医疗、教育上的支出水平和比重较高，而在其他方面的生活支出较低。稳妥型在所有的支出项目上均适中。享乐型在所有的支出水平都较高，尤其是文教娱乐的支出，从全国来看，中国家庭消费模式呈现出两极分化：蚂蚁型家庭最多，约占 1/3；其次是蜗牛型家庭，约占两成；稳妥型和贫病型各占 16%；享乐型占 15%。这样的结构反映出中国家庭消费模式的两极分化，一方面，不消费、抑制消费的家庭或者医疗、教育、住房负担沉重的家庭占大多数；另一方面，一小部分家庭已经进入了物质生活丰富、追求精神享受的消费模式。参见谢宇等《中国民生发展报告（2014）》，北京大学出版社 2014 年版，第 53—59 页。

②　必须承认，特定时空下，生产会受资源的约束，但是，科技进步会逐步消除资源的限制。同时，我们排除了不可再生的艺术品、古玩字画等。

③　《资本论》第一卷，人民出版社 2004 年版，第 519 页。

品和企业，但是，与欧美发达国家相比，生产力水平总体上还比较落后，高端产品供给能力相对不足，这其中既有历史原因，也与当前我国在全球产业分工体系中处于中低端环节有关。晚清以来，我国遭受列强侵略，工业化起步晚、起点低。改革开放以来，我国依靠廉价劳动力、廉价土地等低要素成本优势嵌入发达国家主导的全球价值链，承担劳动密集型的加工制造环节，决定着我国在全球产业分工体系中处于低端地位，核心技术和关键设备缺失。从全球价值链分工视角来看，我国制造业大多分布于中、低进入壁垒的加工制造环节，该环节进入壁垒比较低，易于陷入过度进入和无序竞争。近年来，由于劳动力、土地、能源等要素成本呈上升态势，加工制造业的国际竞争力被严重削弱。因此，我国并不缺乏制造低端产品的能力，但缺乏高精尖的技术。总体来说，高端产品的供给能力比较薄弱。

从对上述四种组合的分析可以看出，当前结构性产能过剩的根本症结在于低端产品的有效需求不足和高端产品的供给能力不足，因此，需求侧和供给侧都存在问题。

（二）我国是否存在有效需求不足？

讨论产能过剩恐怕不能回避这样一个问题：我国是否存在有效需求不足？有学者认为，需求不足仅是表象，实质是有效供给不足，产能过剩的根源在于产品不够高端化、多样化、个性化，这种说法不能说没有道理，但不完全准确。众所周知，"丰裕中的贫困"是市场经济的典型特征，目前能否说低端产品在我国绝对过剩了？恐怕不能这样认为。我国居民收入分配差距较大，决定着民众对低端产品和高端产品都存在需求。进一步来看，目前相对较低的人均国民收入水平决定着低端产品的需求空间还能够进一步挖掘。

当前的产能过剩，以及由产能过剩引发的经济下行，其症结在哪？究竟是有效供给不足（供给调整滞后，不适应需求的转变）还是有效需求不足？在我们看来，供需两侧的因素都存在，但后者才是难啃的"硬骨头"。

（1）以境外消费迅猛增长来否认我国不存在需求不足问题，实难成立。2015年，我国境外消费达1.5万亿元，有7000亿—8000亿元用于购物，并且买走了全球46%的奢侈品，奢侈品消费达到1168亿美元，大约有78%在国外发生。有学者看到这组数据就判断，有效和中高端供给不足是导致国内消费外流的主要原因。不过，笔者认为，境外消费数额非常庞大，既反映了居民对国外高品质产品的需求比较旺盛，同时也间接反映出，即使是在经济下行时期，高收入阶层的财富仍能逆势上涨以及消费模式两极分化的拉大，因为到境外消费和购买奢侈品不是普通收入家庭所能承担起的。①

（2）需求萎缩是引发当前产能过剩的导火索。产能过剩往往由市场需求急剧收缩引发，马克思对此早有洞见，他在《资本论》中写道："工厂制度的巨大的跳跃式的扩展能力和它对世界市场的依赖，必然造成热病似的生产，并随之造成市场商品充斥，而当市场收缩时，就出现瘫痪状态。"②

20世纪90年代以来，中国出现了两轮比较严重的产能过剩，都与在外部经济危机的严重冲击下，国内的经济关系失衡进一步加剧有关。商务部部长助理张骥指出："钢铁是工业的'粮食'，是经济发展的'粮食'，国际金融危机发生后，现在的主要问题是吃'粮食'的一方'得病了'，'胃口不好了'，显得'粮食'过剩了。……全球需求萎缩和经济下行是目前钢铁和其他一些行业产能过剩的根本原因。"③ 2002—2007年，我国出口平均年增30%，投资年增26%，最终消费年增16%……"外需"是拉动高速增长的第一位因素。④ 2008年以来，国内外需求严重萎缩使国内产品供给日趋相对过剩，造船行业就很有代表性，2007年全球造船市场成交量达到2.7亿载重吨，

---

① 中国家庭消费模式呈现两极分化，一方面，不消费、抑制消费的家庭或者医疗、教育、住房负担沉重的家庭占大多数，大约占85%；另一方面，一小部分家庭已经进入了物质生活丰富、追求精神享受的消费模式，仅占15%。参见谢宇等《中国民生发展报告（2014）》，北京大学出版社2014年版，第53—59页。

② 《资本论》第一卷，人民出版社2004年版，第522页。

③ 《张骥在钢铁行业产能过剩和结构调整高级别研讨会上阐述中方立场》，http://www.mofcom.gov.cn/article/ae/ai/201604/20160401299647.shtmlhttp://finance.ifeng.com/a/20160419/14332956_0.shtml，2016年4月19日。

④ 高梁：《以产业升级转变发展方式》，《南风窗》2013年第19期。

2009 年全球造船新订单量则大幅减少至 4219 万载重吨，2010 年虽恢复到 1.37 亿载重吨，但过了两年又降至 4686 万载重吨，仅仅是国际金融危机前的 1/6 左右。[①]

　　国际金融危机爆发后，全球经济步入第五轮长周期的萧条期，这一阶段估计会持续 10—20 年。从拉动经济增长的三大需求来看，与 2002—2007 年相比，2008 年以来，消费、投资、出口增速已大幅衰减（见图 6-8）。由于全球经济整体低速增长，对我国产品的吸纳能力日益萎缩。表 6-3 显示，我国出口增速已由 2002—2007 年的 28.27% 回落到 2012—2014 年的 5.46%，投资增速已由 2002—2007 年的年均 25.85% 回落到 2012—2014 年的年均 16.9%。特别是 2012 年以来，投资和出口的萎缩更加显著，2015 年的固定资产投资实际增长 11.8%，出口则负增长 1.8%。

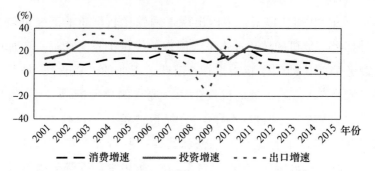

图 6-8　消费、投资和出口增速（2001—2015）

资料来源：国家统计局数据库和历年国民经济和社会发展统计公报。

表 6-3　　　　　　消费、投资与出口：各时段的增长速度

年份	消费增速（%）	投资增速（%）	出口增速（%）
2002—2007	12.96	25.85	28.27
2008—2011	15.27	21.70	7.07
2012—2014	10.11	16.9	5.46

资料来源：国家统计局数据库和历年国民经济和社会发展统计公报。

---

　　① 课题组：《当前我国产能过剩的特征、风险及对策研究——基于实地调研及微观数据的分析》，《管理世界》2015 年第 4 期。

（3）有效消费需求不足问题一直存在，并未得到彻底解决。改革开放以来，我国的生产力扩张很快，到了 20 世纪 90 年代中后期，我国经济运行遭遇了严重的有效需求不足问题，如何扩大内需成为当时的政策主题。2001 年，我国在经过漫长的谈判后成功加入世界贸易组织，以此为起点，出口和投资快速增长，相互发力，外需和投资需求对经济增长的贡献提升，有效地弥补了居民消费需求不足的缺口。①在 21 世纪前几年，尽管消费率仍然延续 20 世纪 90 年代以来的下滑态势，但是，经济增长仍然逆势上行，经济增长与消费率呈不对称发展态势。如图 6 - 9 所示，居民消费率从 2000 年的 47.0% 降至 2008 年的 36.4%，累计下降了 10.6 个百分点，经济增速平均值却仍然可以达到两位数。

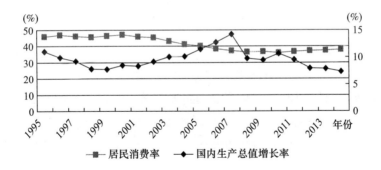

图 6 - 9　中国居民消费率和经济增长率（1995—2014）

资料来源：历年《中国统计年鉴》。

（4）诱发有效消费需求不足的病灶并未消除。收入差距扩大是有效需求不足的经济根源，马克思指出，"'社会需要'，也就是说，调节需求原则的东西，本质上是由不同阶级的互相关系和它们各自的经济地位决定的"。② 20 世纪 80 年代以来，经济市场化在我国全面铺

---

① 2001—2007 年，出口加上固定资产投资贡献了国内生产总值增长的 69.4%。参见朱安东、[美]大卫·科茨《中国的经济增长对出口和投资的依赖》，《国外理论动态》2012 年第 3 期。

② 《资本论》第三卷，人民出版社 2004 年版，第 202 页。

开，社会阶层出现明显分化，财富逐渐往少数群体集中。《中国民生发展报告（2015）》显示，我国目前的收入和财产不平等状况正在日趋严重。近30年来，居民收入基尼系数从80年代初的0.3左右上升到现在的0.45以上。财产不平等程度更加严重，中国家庭财产基尼系数从1995年的0.45扩大到2012年的0.73。顶端1%的家庭占有全国约1/3的财产，底端25%的家庭拥有的财产总量仅在1%左右。[①]皮凯蒂对中国收入分配和财产分配的一项最新研究发现，中国最富10%人群的收入和底层50%人群的收入占全部收入的比重在1978年已经都是27%，但是，前者在2015年已上升到41%，后者却下降至15%。财产不平等状况比收入不平等状况更为严重，1995—2015年，最富10%人群的财产占全部财产的比重从1995年的40%上升到2015年的大约65%。中国财产分配的不平等程度已经超过了欧洲，接近美国。[②]

（三）供给侧问题是否来自政府干预过度？

有学者认为，供给侧之所以有问题，是因为政府对经济干预过度，阻碍了市场机制对冗余产能的自发调节。可以肯定的是，我国作为一个发展中国家，不可能没有这样或那样的体制机制不健全问题，应当说当前的产能过剩与政治经济体制有一定关联，但不能完全归结为体制性缺陷，至少可以说，体制问题不是主要根源。第一，在市场经济条件下，受信息不对称以及外在环境的变化等因素的制约，任何市场主体都难以根据有限的信息做出完全准确的投资预期，投资与生产行为肯定存在一定程度的盲目性，这很正常。无论是地方政府、国有企业、民营企业或者外资企业，都概莫能外。第二，改革开放伊始，经济体制改革就一直围绕着如何进一步加强市场在资源配置中的作用而进行。20世纪90年代中期以后，政府对市场微观主体的直接

① 《北大〈中国民生发展报告（2015）〉：1%家庭占全国1/3财产》，中商情报网，http：//www.askci.com/news/chanye/2016/01/19/14422vp2i.shtml，2016年1月19日。

② Piketty, T., Yang, L. and Zucman, G., "Capital Accumulation, Private Property and Rising Inequality in China: 1978–2015", NBER Working Paper, No. 23368. http://www.nber.org/papers/w23368.

干预与之前相比，已大为减少，但是，产能过剩的发生却越来越频繁。

我们不否认，政府应该对产能过剩的发生承担一部分责任，但是，核心问题不在于政府干预过度，而在于调控力度不足和方式不当。从根本上说，没有哪一个政府会有意促成产能过剩，因为过剩会引发经济增速下滑、失业恶化、通货紧缩等一系列的经济社会问题。改革开放以来，我国根据经济实践的发展形势不断调整政府与市场的职能和边界，市场调节的范围和深度不断增加，总体来看，政府调节的力度和范围逐年降低，而且调控方式日益成熟，因此，越来越少、越来越成熟的政府调控不可能成为产能过剩的根源。如果回顾中国经济运行的历史，可以看到，大规模的产能过剩并非始于政府力量最强的计划经济管理时期，恰恰是20世纪90年代以来，随着政府从市场领域大规模退出，产能过剩的调控难度越来越大。

前面已经指出，本轮产能过剩由出口和投资急剧萎缩引发，且受有效消费需求不足的掣肘，因此，地方政府不是本轮产能过剩的主要推手。相反，若把需求萎缩引发的产能过剩归咎于地方政府，进而在制度设计中弱化地方政府的发展职能，在顶层设计上主动向"大市场、小政府"模式看齐，将使社会主义市场经济的独特制度优势不复存在，这样的改革就如同"把婴儿和洗脚水一起倒掉"。笔者认为，比较可取的做法是进一步完善地方政府推动经济发展的激励约束机制，既要发挥党和地方政府在推动经济发展方面的主观能动性，也要避免出现那种没有经过深入调查而靠拍脑袋做出的经济决策。政府和国有企业的投资项目必须着眼于国民经济的长远发展，必须遵循经济规律、生态规律和社会规律，如果能够遵循这些原则，在不久的将来，政府所推动的重复投资和过度投资就会越来越少。

（四）市场化能否彻底解决当前的产能过剩？

基于把供给侧问题归因于政府干预过度的认识，一些学者提出，防范和治理产能过剩需要进一步简政放权和发挥市场的决定性作用，还有学者甚至主张私有化和市场化要协同推进。我们不禁要问：单纯依靠市场调节能否防范和化解产能过剩？搞市场经济也必须对市场调节的弊端保持清醒的认识，从全球来看，没有哪一个纯粹依靠市场调节的国家能够规避产能过剩的困扰。

首先，市场价值规律对经济的调节总是一种被动调节方式。市场经济中企业生产和投资具有盲目性，社会生产的无政府状态占统治地位，供求平衡是相对和暂时的，不平衡是绝对的。因此，各部门之间的比例关系失衡和整体经济发展失调是常态，这种失衡发展到一定程度，就需要一场危机来解决，危机"只是使已经破坏的平衡得到瞬间恢复的暴力的爆发"①，危机通过破坏现有的生产力而强制恢复比例关系的平衡。有学者指出，我国钢铁产业的产能分散问题比产能过剩问题更严重：经工信部认可的产能在 100 万吨以上的钢铁业联合企业有 305 家，若以单工序钢厂计算则超过 2000 家。行业集中度低，产业布局分散，滋长了企业间恶性竞争和地方政府保护。② 事实上，市场调节的盲目性和滞后性恰恰是形成产能过剩的直接根源。一般来说，在资源配置的微观层次上，市场价值规律可以发挥非常重要的作用，但是，对于供需总量的综合平衡、部门和地区的比例结构等宏观层次的资源配置，存在很多缺陷和不足。③

其次，市场调节难以规避社会生产无限扩大的趋势与劳动人民有支付能力的需求相对缩小之间的矛盾。资本与劳动的关系是市场经济的本质关系，资本的每一步发展都必须以雇佣工人的贫困为前提。④当今我国收入差距扩大的要害就在于劳动和资本在收入分配中所占比重存在较大差异，所有差距都是围绕着"劳动者与各种形式的生产资料占有者之间的差距"⑤ 这一轴心旋转，但是，要克服这一矛盾困难阻碍重重。改革开放以来，居民收入和财产不平等状况日趋加重，收入分配格局呈现倒"金字塔"式结构，"富者累巨万，而贫者食糟

---

① 《资本论》第三卷，人民出版社 2004 年版，第 277 页。

② 李若谷：《对我国钢铁产能过剩问题的思考》，《经济导刊》2016 年第 6 期。

③ 刘国光、程恩富：《全面准确理解市场与政府的关系》，《毛泽东邓小平理论研究》2014 年第 2 期。

④ 陶德麟等：《当代中国马克思主义若干重大理论与现实问题》，人民出版社 2012 年版，第 200、206 页。

⑤ 同上书，第 139 页。

糠"，财产差距增大延缓了收入的流动性，制约了消费市场的扩大。从长远来看，弥合生产与消费的鸿沟只能依靠消灭旧的社会分工和私有制经济制度。①

最后，产能过剩与一个行业的竞争程度并非严格相关。就目前而言，无论是竞争性行业还是非竞争性行业都出现了较严重的产能过剩问题。例如，房地产业是一个竞争比较充分的行业，全国的房地产开发企业数以万计，但仍然避免不了产能过剩。而钢铁、煤炭、电解铝、船舶等重化工业属于典型的资本密集型行业，把它们划入竞争性行业未免有些牵强，但是，这些行业存在大量难以流动的固定资本，资产专用型比较强，一旦进入不易退出，所以，一旦出现过剩，就很难刹车。

正是由于政府与市场关系失衡，才未能有效预防，甚至加剧了某些行业的产能过剩。

第一，由于政府监管缺失，造成消费能力外溢。一些轻工业产品，尤其是食品领域的安全和质量问题频频发生，"三聚氰胺"事件便是典型例证。为什么中国消费者非要跑到国外购买马桶盖、电饭煲、奶粉等普通日用消费品？并非国内企业不能生产这些产品，而是消费者对国货缺乏信任，所以，很多人在海外疯狂扫货而视国内产品为低质低端产品。在这种情况下，未来企业要主动对产品进行升级换代，提高产品质量，优化品种结构，更好地适应需求的变化。质量监管部门和媒体要加强对产品生产和流通环节的管理和监督，打击假冒伪劣商品，提升本土产品和本土品牌的知名度。

第二，地方政府为追求短期利益和局部利益，在某种程度上陷入了"囚徒困境"。例如，像平板玻璃行业，由于环保部门未能严格执行环境标准，导致市场准入条件偏低，使大量企业依靠低成本优势盲目进入。究其根源，在于一些地方政府只追求短期利益和区域经济增长，但是，对某一地区经济发展有利的产业，可能会导致整个国民经

---

① 鲁保林、赵磊：《转变经济发展方式：三个命题》，《马克思主义研究》2011 年第 1 期。

济的产业布局不协调。由于缺乏长远、全局和整体的发展目标，地方政府之间的 GDP 竞赛导致它们在某种程度上也陷入了"囚徒困境"。未来政府和市场要从长远出发，坚决淘汰高污染、高耗能、技术落后、效益低下、扭亏无望的企业。事实上，一些企业破产或兼并重组是经济发展过程中正常的"新陈代谢"现象，有利于推动资产、劳动、技术、管理等生产要素流向高效率的企业，要素重新配置有助于增进资源的配置效率。

第三，住房出现大量库存和空置完全是市场化过度直接造成的。房地产业本身就不应该是一个过度市场化的行业，因为住房和其他商品相比有很大的差异，住房兼具投资品和消费品双重属性，作为投资品，住房与一般的需求规律相悖，当住房价格上升到超出其实际价值时，其需求量不仅不会下降，还会涌现大量的投资性和投机性购买，进而价格与需求量螺旋上涨，导致价格泡沫越吹越大。作为消费品，住房是每个家庭安身立命的居所，若房价持续过高，会对其他消费支出造成挤出效应，从而总的消费量可能不增加，而且高房价也会形成"马太效应"，极易成为社会不稳定的诱因。因此，构建防范和化解产能过剩的长效机制，既要尊重市场规律，也要更好地发挥政府的作用；既要规避市场失灵，也要克服政府失灵和政策失效。

综合以上分析，从诱发因素和供求关系来说，萧条和衰退导致的国内外需求萎缩是引发当前我国产能过剩和经济下滑的导火索，萎缩的需求和既定的产能供给不匹配，导致供需出现失衡，进而形成过剩。

三　当前产能过剩的性质

当前的产能过剩是否呈现绝对性？市场是否还存在一定的消化能力和消化空间？有学者认为，过剩行业的供给已绝对超过了市场需求，化解产能过剩的手段只能是削减产能。胡荣涛（2016）认为，目前部分行业出现的产能过剩是由于生产者供给过多、超过市场需求产生的。[①] 韩国高（2013）提出，我国钢铁、水泥、有色、平板玻璃、

---

① 胡荣涛：《产能过剩形成原因与化解的供给侧因素分析》，《现代经济探讨》2016 年第 2 期。

石化等传统行业的产能远远超过市场需求和发展需求，市场已经没有足够的消化能力。① 如果从供给的绝对量来看，我国城市的存量住房已经达到了户均一套的水平，能够满足所有人的居住需求了。同样，钢铁、水泥、汽车等220多种工业品产量居世界第一位，似乎也需要压缩一部分产能，以适应当前的需求，但是，直接削减产能来强制实现供需平衡，往往会造成人力、物力和财力的巨大损失以及社会资源的严重浪费，这种人力、财力、物力的浪费能否避免呢？

（一）目前的过剩仍属产能相对过剩

判定当前的产能过剩属于绝对过剩，需要有一定的前提条件，基本前提是我国绝大多数民众的消费需求和消费欲望都得到了充分满足，不存在两极分化对消费能力和经济增长的掣肘。显然，这一前提条件在现阶段还根本不具备。前已述及，当前的产能过剩主要由需求萎缩引发，并受有效消费需求不足的制约。马克思曾指出："只要社会上相当大一部分人的最迫切的需要，或者哪怕只是他们最直接的需要还没有得到满足，自然绝对谈不上产品的生产过剩（在产品量超过对产品的需要这个意义上讲）。"② 因此，当前我国的结构性产能过剩在某种意义上说只能算作产能相对过剩，即相对于居民的购买力和资本的利润率来说，现有的供给、投资和生产显得过度了，它并不意味着居民和社会对"过剩产品"不需要。

（二）如何打通"过剩产能"向"有效产能"转化的通道？

如果用动态、发展、协调的眼光来看问题，当前的过剩产能依然存在巨大的消化空间。史正富（2016）指出，如果着眼于国民安居乐业的长期需要和我国长期发展潜能的塑造，将现有产能与补短板更紧密地结合起来，通过补短板来"用"产能，今天的过剩产能就能直接转化为"有效产能"。③

第一，还有相当一部分低收入阶层的吃住行基本需求还未得到彻

---

① 韩国高：《我国当前产能过剩的发展形势及对策选择》，《科技促进发展》2013年第6期。

② 《马克思恩格斯文集》第八卷，人民出版社2009年版，第266—267页。

③ 史正富：《用结构性投资化解结构性产能过剩》，《经济导刊》2016年第2期。

底解决，消费能力的提升仍有广阔空间。截至 2014 年年底，我国仍有贫困标准（按 2010 年不变价，年人均纯收入 2300 元）以下贫困人口 7017 万，"他们的温饱问题还没有完全解决，基本消费需求还无法得到满足"。① 刘诗白曾指出，需求直接取决于分配机制，在占有和分配机制存在缺陷下，创造了供给，也会有有效需求的不足。② 如果说增加新供给能够创造需求，那么缩小收入差距更能开发大多数中低收入民众的需求潜力，尤其是能够拓展中西部落后地区的发展空间。从住房需求来看，我国还有相当多城市居民的刚性和改善性购房需求依然没有得到满足，仍有 1 亿多人蜗居在棚户区，低收入家庭的住房条件亟须改善。此外，一线、二线城市房价普遍偏高，令不少年轻人和农民工望房兴叹，并且高房价已成为推动劳动力成本上升的主要因素之一。现阶段如果能够推动民生导向的住房制度改革，消除投机和资产泡沫，使房价收入比回归到合理水平，楼市的需求潜力将会得到极大的释放，并且住房压力的解除也会刺激教育、旅游等其他发展型消费需求的增长。

第二，我国国民经济发展的短板还有很多，过剩资本仍有广阔投资空间。我国的教育、医疗、文化、卫生、科技、生态环境保护、无公害绿色有机农产品等的供给仍然不足。我国幅员辽阔，区域发展不平衡，中西部地区至少比沿海地区落后 15 年以上③，农村地区的经济社会发展还比较落后，农业基础仍比较薄弱，生产能力不高。因此，加快推进中西部地区的社会主义新农村建设，推进区域均衡发展和城乡一体化，可以消化相当一部分的过剩资本和钢铁、水泥、建材、汽车、工程机械等产品。新农村建设涉及的土地平整、土壤改良、村庄整合，文化娱乐设施以及农村道路、农村饮水工程、灌溉排水设施的修建和完善等，投资量巨大，可以有效地利用当前的过剩产能。对这些民生短板进行投资和开发，可以改善居民生活质量，促进人力资本

---

① 方福前：《供给侧结构性改革需回答的两个问题》，《理论探索》2016 年第 3 期。
② 刘诗白：《经济转轨与增加有效供给》，《学术月刊》2000 年第 4 期。
③ 姚洋：《供给侧改革与中国经济赶超》，《经济导刊》2016 年第 3 期。

积累，提升我国的长期发展潜力，形成对经济升级和可持续发展的有力支撑。

第三，我国人均基础设施水平与发达国家的一般水平相比仍有较大差距，基础设施的"瓶颈"制约依然存在，投资空间还比较大。我国正处在快速工业化和城市化的特定阶段，与发达国家在同一阶段的人均消耗相比，仍处于相对较低水平。以钢铁为例，截至 2014 年年底，美国、英国的人均钢铁累计产量为 26—28 吨，工业化晚一些的日本为 41.4 吨，而我国的人均累计钢铁产量仅为 6.4 吨，远远低于发达国家的水平（见表 6-4）。我国人口是美国和日本人口总和的 3 倍，目前尚处于工业化、城镇化快速发展的过程中，房屋、基础设施建设、工业化发展需要消耗更多的钢铁。

表 6-4　　　　　　　　主要经济体钢铁生产情况对比

	美国	英国	日本	中国
总产量（亿吨）	84.4	16.8	53.8	88.2
人口（亿）	3.2	0.6	1.3	13.7
人均存量（吨）	26.4	28.0	41.4	6.4

资料来源：李若谷：《对我国钢铁产能过剩问题的思考》，《经济导刊》2016 年第 6 期。

世界经济论坛 2015 年 9 月发布的《2015—2016 年全球竞争力报告》显示，我国总体基础设施质量在全球 140 个经济体中排在第 51 位，其中，公路质量排在第 42 位，铁路基础设施质量排在第 16 位，港口基础设施质量排在第 50 位，民航基础设施质量排在第 51 位[1]，整体而言，我国的基础设施建设水平还有很大的提升空间。因此，推进大中小城市之间，城乡之间的基础设施互联互通，打造"畅通中国"，也可以消化相当一部分当前的过剩产能。总之，在国内外需求疲软、制造业投资形势低迷、发展前景不明朗的背景下，打通"过剩

---

[1]　World Economic Forum, *The Global Competitiveness Report* 2015 – 2016, http：//reports. weforum. org/global – competitiveness – report – 2015 – 2016/.

产能"向"有效产能"转化的通道，强化增加有效供给的"聪明投资"，把"无效产能"转化为"有效产能"，既可以提振需求，防止经济运行出现断崖式下跌，为调结构赢得时间和积累资金，也可以补齐长期以来国民经济发展的短板，增强发展的协调性，培育长期发展潜力。我们认为，相对于直接削减产能，这一方案能够极大地降低对现有生产力的破坏，较为积极稳妥。关键之处在于如何打通"过剩产能"向"有效产能"转化的通道。

第三节　结构性产能过剩治理的思路与对策

治理当前的产能过剩离不开结构性改革，这一点已成学界和官方的共识，争议并不多，但是，怎样推进结构性改革，结构性改革的理论依据是什么，改革的目标和手段是什么，对于这些问题的回答恐怕是仁者见仁、智者见智。

一　结构性产能过剩治理的着力点

化解产能过剩被列为我国供给侧结构性改革的首要任务，那么强调供给侧结构性改革对治理产能过剩的重要作用，是否意味着需求侧管理不再起作用呢？不可否认，需求管理在刺激经济扩张的副作用和后遗症有时候比较大，例如，在经济低迷时，单纯依靠信贷扩张，维持银根宽松，去刺激投资和消费增加，会导致非金融企业部门和家庭部门的杠杆率进一步升高，债务和信用违约风险进一步累积，管控不好极易引发一场系统性的金融危机。实际上，供给侧管理和需求侧管理并非截然对立，水火不容。例如，"三驾马车"中的投资在本期来看就是需求，到了下期就形成供给，决定着生产能力和技术水平的高低。习近平总书记指出："放弃需求侧谈供给侧或放弃供给侧谈需求侧都是片面的，二者不是非此即彼、一去一存的替代关系。"[1]

---

[1]　习近平：《在省部级主要领导干部学习贯彻党的十八届五中全会精神专题研讨班上的讲话》，《人民日报》2016 年 5 月 10 日第 2 版。

　　笔者认为，当前应着眼于提振旧需求和创造新需求，坚定不移地推进供给侧结构性改革，不失时机地解决供需失衡带来的产能过剩问题。治理产能过剩应从供需两侧同时发力，调节供求关系。一方面，增加有效供给，适应和引领需求结构转型；另一方面，扩大有效需求，支撑和带动供给能力提升。供给侧结构性改革绝不意味着放弃需求侧管理，更不意味着有供给就能创造需求，其核心要义在于企业要主动适应需求结构的转变，调整供给结构，提高供给的精准性和供给体系的效率。

二　里根和撒切尔"供给革命"的教训与启示

　　20 世纪 80 年代的"里根革命"和"撒切尔新政"由于比较多地采纳了供给经济学的政策建议，而被称为"供给革命"。"供给革命"确实为英美两国克服"滞胀"危机发挥过积极作用，特别是如果站在资本的立场来看，"里根革命"和"撒切尔新政"的确取得了成功，但是，如果站在劳动的立场以及一个国家经济社会的长远发展来看，它们只能算作失败的样板。因为"里根革命"和"撒切尔新政"的供给主义政策实践导致资本逻辑在经济增长和财富分配中占据支配地位，它们遗留的问题丝毫不比解决的问题少。这些问题主要表现为：财政赤字不断膨胀，债务不断累积；政府的权力被资本绑架，沦为资本牟利的工具；收入分配两极分化；实体经济被稀释，虚拟经济不断做大，金融资本像吸血的魔鬼吞噬实体经济和普通民众的收入。结果经济增长演变为一种依靠资产泡沫和债务拉动的"贫血式增长"，这种增长模式最终以 2008 年国际金融危机的爆发而暂告一段落。

　　第一，"去监管"导致资本权力膨胀。"里根革命"破坏了战后形成的"大企业、大工会、大政府"模式，导致其蜕变为"大资本、小工会、小政府"模式。由于政府权力被资本绑架，资本逻辑在经济增长和财富分配中占据支配地位，破坏了经济社会的长远稳定发展。在市场经济条件下，"资本和劳动"的关系是一切经济关系的核心，如果"资本和劳动"的矛盾能够在政府的介入下得到有效协调，劳方的利益得到尊重和保障，资本的任性得到约束，就有助于形成一种"收入增长—产出扩张—生产率上升—工资递增"的平稳发展路径。

相反，如果信奉"市场决定一切"，任由"无形的手"在劳资关系领域发挥决定性作用，那么资本积累的逻辑只可能带来严重的两极分化。有人提出，"当年里根和撒切尔用一场思想革命将'大政府'送入历史，中国也同样需要一场发展思想的革命"。笔者认为，若按此思路进行经济体制改革，最大的可能就是把社会主义市场经济制度的独特优势送入历史，其后果也将不堪设想。越来越多的人已经认识到，党政有为是社会主义市场经济体制优越性的重要体现，因此，共产党领导的政府不能仅仅满足于充当"守夜人"的角色，还应强化顶层设计和宏观调控，调动一切积极因素，摒弃消极因素，为实现中华民族的伟大复兴而奋斗。在社会主义市场经济条件下，社会主义因素越多，市场自发作用造成的失灵和负面影响就越少。

第二，"去工业化"导致实体经济与虚拟经济失调。20 世纪 70年代以来，"去工业化"导致纺织、服装、造船、炼钢、家电、汽车等产业开始衰退，新兴高技术产业发展缓慢，产业结构中缺少带头产业。由于实体产业空心化，产业供应链无法形成，资本循环难以实现，投资无法得到回报，投资乏力必然成为常态，无论政府如何刺激都无济于事。① 一旦实体经济的发展走向衰退，财富创造能力枯竭，资本就要涌入虚拟经济做大做强。20 世纪 70 年代以来，金融资本变为万能的主宰者，相对于实体资本处于主导和支配地位，金融业超过实体经济的步伐畸形发展。大量的社会资本"脱实向虚"，金融创新层出不穷，导致英美等国经济增长的根基被削弱。实际上，实体经济是国民经济发展的根基，也是虚拟经济发展的基础和前提，如果两者的关系被颠倒过来，本末倒置，就会导致根基不稳。2008 年国际金融危机表明，依靠刺激虚拟经济拉动经济增长，最终会难以为继，贻害无穷。国际金融危机的爆发本质上是虚拟经济过度膨胀，偏离了合适的比例而被强制纠偏的表现。近年来，中国经济出现了明显的"脱实向虚"现象，大量的资源追求短期投机，而不是长期投资，大量资本

---

① 何自力：《去工业化、去周期化与经济停滞常态化——一个认识当代资本主义的新视角》，《华南师范大学学报》（社会科学版）2015 年第 4 期。

追逐房地产泡沫，而不是踏踏实实在制造业领域创新创业。在经济形势不明朗、实体经济缺乏经济增长点的环境下，如何推动更多资本在实体经济领域创新创业是一个尚待深化的重大理论与实践问题。我们一定要摆正虚拟经济发展与实体经济发展的关系，只有实体经济，才是创造价值和解决就业的部门，实体经济的创新是驱动整体经济增长的发动机，虚拟经济部门不创造价值，只是再分配价值。

第三，"涓滴效应"名不副实。如果从"供给革命"的后果来看，"涓滴理论"所鼓吹的可以通过提高效率来促进公平改善，不过是骗人的谎言。实际上，"新马派"的理论已经证明，"经济活动的制度、权利、机会和结果等方面越是公平，效率就越高；相反，越不公平，效率就越低。"① 实践的教训启发我们，效率提高不需要，也不能以收入两极分化为代价。因为收入两极分化势必会导致消费疲软，内需不足，甚至于撕裂整个社会的公平与公正，最终会抑制效率潜能的发挥。对中国而言，如果说在改革开放之初，秉持效率优先原则，适度拉大收入差距，确实有助于提高人的积极性，克服"平均主义"思想，那么随着效率问题的解决，缩小贫富差距在今天则更有利于调动社会各阶层的积极性，既能促进公平正义的实现，也能推动经济效率的进一步改善，更能体现社会主义的本质。目前，我国基尼系数仍处于高位，劳资关系比较紧张，社会不平等在扩大。社会流动性减慢让一部分低收入阶层对未来感到很渺茫。社会贫富差距扩大使广大中低收入群体无力消费，既不可能促进公平的实现，也不利于推动经济效率的改善。所以说，收入分配失衡的解决具有紧迫性、全局性和长期性。我国要在实践中以调整收入分配结构为抓手，积极推进政治、经济和社会各领域的制度调整来促进生产效率的更大提高。

三 供给革命对当前我国推进供给侧结构性改革的警示

2015 年，中央提出，在适度扩大总需求的同时，着力加强供给侧结构性改革。我们认为，当前推进供给侧结构性改革，一定要吸取

---

① 程恩富：《现代马克思主义政治经济学的四大理论假设》，《中国社会科学》2007 年第 1 期。

"里根革命"和"撒切尔新政"的教训，对我国来说，要警惕以下四种倾向。

第一，警惕把"产能过剩"完全归因于政府干预。有学者认为，出现产能过剩的根本原因在于中国的市场化不彻底，政府干预过多，要想摆脱产能过剩，必须搞"小政府、大市场"。实际上，改革开放以来，中国经济高速增长，综合国力显著增强。究其原因，中国共产党的正确领导和强大的政府力量在其中扮演了关键的角色。市场有效，党政有为，是中国经济成功的一个秘诀。① 党政有为是社会主义市场经济体制的根本优势，推进供给侧结构性改革不能没有党的正确领导，也不能削弱各级政府的积极性，否则，我们就丢掉了社会主义市场经济的独特优势。就制度特征来说，中国道路能够获得成功，离不开以公有制经济为主体的所有制结构，离不开以按劳分配为主体的分配方式，离不开国有经济的主导作用以及政府的长远规划。开拓新局面，迈向新常态，要求我们既要总结 40 年来我国成功发展的经验，也要总结 40 年来国外新自由主义一败涂地的教训。如果照搬照抄西方供给经济学那一套理论，我们极有可能复制美国近 30 年所走的道路。有些学者不去深入研究和总结中国"超常增长"的历史经验，却要为美国失败的道路和错误的理论以及政策唱赞歌，如果不是揣着明白装糊涂，那一定是别有用心，故意是非不分、颠倒黑白。

第二，警惕把"僵尸企业"直接等同于国有企业。"僵尸企业"占用了过多的社会资源，要想化解产能过剩，必须清理"僵尸企业"，这是毫无疑问的。有学者认为，清理"僵尸企业"，主要事涉国有企业。因为民营企业经营不善，市场就会自动出清。② 这实际上是把"僵尸企业"扣在国有企业的头上，这样一来，打着清理"僵尸企业"的旗号就可以顺理成章地消灭国有企业了。但是，国有企业是共产党执政的经济基础，没有国有企业，社会主义和共产党何以立足，何以存

---

① 张宇：《党政有为是社会主义市场经济的本质要求》，《经济导刊》2014 年第 5 期。
② 张卓元：《清理"僵尸企业"成为国企改革重头戏》，《上海证券报》2016 年 3 月 9 日第 2 版。

在？皮之不存，毛将焉附？

第三，警惕把"降成本"等同于"减税＋降低工人的工资和福利"。适度降低企业的税费、融资和物流等成本，可以让企业减轻盈利能力不足的困境。既能使企业减税也能降低企业的负担，但是减税容易增税难，税收减免势必会带来财政收入减少，如果政府的刚性开支没有减少，就会导致政府债务不断累积。劳动工资涉及居民收入和消费增长，不宜降低，而且低劳动成本会降低企业转型升级的压力和动力。中国的劳资失衡状况本身比较严重，收入分配差距也比较大，且有固化趋势，已经影响了消费需求的扩大和消费结构升级，这也是当前出现产能过剩的重要根源。要真正降低企业成本，最终还是要依靠技术创新、产品创新、管理创新和制度创新，依靠创新培育和壮大我国的实体经济。

第四，警惕以增强用工灵活性、改善劳动供给的名义修改《中华人民共和国劳动合同法》。有人提出，现行《中华人民共和国劳动合同法》对企业保护不足，偏袒劳动者，影响了用工灵活性。其实，《中华人民共和国劳动合同法》构筑了一道保护工人利益的法律屏障，强调用工要规范化，企业对待劳工不能像之前那么"任性"。如果修改《中华人民共和国劳动合同法》中保护工人利益的条款，工人的议价能力将进一步被削弱，这实际上是以工人利益为代价，为资本打造"黄金降落伞"，来度过产能过剩和经济萧条的寒冬。

四　马克思主义视角的治理思路

如同以前的英美及其追随者日本、德国，以及"亚洲四小龙"一样，中国正面临资本剩余如何吸收的难题。哈维早就预见了这一时刻的到来，他在《新帝国主义》中写道："日本在 20 世纪 60 年代开始了空间修复进程……韩国在 20 世纪 80 年代突然转向外部，中国台湾地区在 20 世纪 80 年代后期也接踵而至……甚至那些最近成功的资本主义发展的追随者也很快就发现它们需要时间—空间修复，以解决它们资本过度积累的问题。……中国大陆由于以国外直接投资的形式从日本、韩国和中国台湾地区吸收了大量盈余，在很多生产和出口领域正在快速地取代上述国家和地区。"① 一个接一个新的"时间—空间修复"过程不断开启，剩余资本得到了暂时性的吸收。② 如同20世纪70年代的英美以及那些最近成功的追随者一样，中国需要启动"时间—空间修复"过程，以解决自身的资本过度积累问题。

自2008年年底至今，中国政府采取了类似于哈维所说的"时空修复"手段来吸收过剩的资本和劳动。一方面是对物质和社会的基础设施进行超常投资。尤其是在经济形势特别糟糕的年份，加大投资剂量，2008年年底政府出台了高达4万亿元投资规模的扩张性计划，主要用于加快民生工程、基础设施、生态环境建设和灾后重建等十个方面。2014年第四季度发改委共审批35个项目，总投资超1.4万亿元。其中11个项目涉及铁路、公路、机场、码头、港口。另一方面是剩余资本的空间转移。例如，前不久中国提出"一带一路"倡议，牵头设立亚洲基础设施投资银行及丝路基金，以推进基础设施建设。林毅夫指出，"一带一路"倡议可以扩大中国外汇储备的使用范围；促进"一带一路"沿线国家的发展，培育我国出口增长点；"一带一路"沿线有许多资源丰富的国家，这一倡议也有利于中国获得发展所需的资源。③ 尽管中国谋求和平崛起，并希望为其他国家的发展搭建平台，但是，在一个充满竞争和博弈的全球经济中，如何做到以合作促发展、以合作化争端？况且，中国因为其庞大的经济总量以及特殊的社会经济制度和社会主义意识形态，一定会成为以美国为核心的世界霸权体系重点遏制的对象。

由于国内经济失衡尚未得到根本改善，中国的资本过度积累问题解决起来非常棘手，这表现在以下三个方面：（1）传统产业的升级之路非常艰辛，房地产业的暴利与实体经济的低盈利水平相互作用造成"实冷虚热"。（2）资本和劳动的矛盾越来越突出，收入差距亟待改

① ［英］大卫·哈维：《新帝国主义》，初立忠、沈晓雷译，社会科学文献出版社2009年版，第98页。

② 同上书，第90页。

③ 林毅夫：《"一带一路"需要加上"一洲"》，观察者网，2015年1月19日，http：//www. guancha. cn/LinYiFu/2015_ 01_ 19_ 306718. shtml。

善。（3）政府与市场，投资与消费的关系亟须调整。从当前的经济形势来看，深层次矛盾依然很多，中国时空修复措施的效果及其可持续性仍然有待观测。

笔者认为，治理当下的产能过剩，若把希望寄托于新自由主义的私有化、市场化和金融化自由化，不仅前景未必光明，而且中国经济社会能否成功跨越"中等收入陷阱"都要打一个大大的问号。显然，解决中国的问题不能简单复制英美当年的新自由主义改革方案，必须探索新的思路。因为新自由主义改革方案只能让资本盈余和劳动盈余得到"暂时性的吸收"，英美等国推行的新自由主义改革方案在促进利润增长和资本积累的同时，留下了许多难以克服的隐患和棘手难题，并未让其经济完全迈入可持续发展轨道。新自由主义改革方案导致了国内储蓄率大幅下降、资本"去工业化"、贫富差距扩大以及虚拟经济过度膨胀，进而导致以美国为首的发达国家经常项目持续逆差，全球经济失衡不断加剧。若采用新自由主义理念下的方案，从长远来看，将会使中国经济不仅难以避免和化解产业"空心化"、经济泡沫化和收入分配两极分化的风险，而且会引发新的全球经济失衡，留下的后遗症也会层出不穷。

我们认为，在当前中国经济改革亟待推进的复杂形势下，供给侧结构性改革不能偏离共同富裕的轨道，同时要继续发挥党的正确领导、各级政府的积极作用以及社会主义市场经济的制度优势，不断壮大实体经济，调节收入分配，加强民生建设，确保普通百姓共享经济进步创造的成果，把经济增长确实建立在实体经济的活力和居民收入水平持续改善的基础上，更好地体现社会主义的本质。如此一来，中国的经济增长步伐方能更加坚实，增长速度也更可持续。

20 世纪 80 年代的"里根革命"和"撒切尔新政"已经为我们提供了前车之鉴，其经验有之，但教训更多。相反，马克思政治经济学为治理产能过剩提供了宝贵的思想资源，有待进一步挖掘。在《经济学手稿（1857—1858）》中，关于如何扩大绝对剩余价值和相对剩余价值的生产，马克思有一段精彩的论述，尽管马克思的论述是基于资本主义经济语境，但是，依然可以为治理当下的产能过剩提供参考。

马克思指出，在绝对剩余价值生产的条件下，资本的趋势是：不断扩大流通范围；在一切地点把生产变成由资本推动的生产。① 生产相对剩余价值则要求：（1）"在量上扩大现有的消费"；（2）"把现有的消费推广到更大的范围来造成新的需要"；（3）"生产出新的需要，发现和创造出新的使用价值。""要探索整个自然界，以便发现物的新的有用属性；普遍地交换各种不同气候条件下的产品和各种不同国家的产品；采用新的方式（人工的）以便赋予它们以新的使用价值。加工自然物……要从一切方面去探索地球，以便发现新的有用物体和原有物体的新的使用属性……因此，要把自然科学发展到它的最高点；同样要发现、创造和满足由社会本身产生的新的需要。培养社会的人的一切属性，并且把他作为具有尽可能丰富的属性和联系的人，因而具有尽可能广泛需要的人生产出来——把他作为尽可能完整的和全面的社会产品生产出来"。② 马克思的这段论述，对治理当前的产能过剩极具启发意义。

第一，努力为富余产能扩大市场需求。国际金融危机以来，贸易保护主义盛行不断，我国与其他国家的贸易争端越来越多，外部需求对中国经济增长的贡献越来越弱。尽管我国有一个庞大的国内市场，但是，发展很不均衡，城乡差距、地区差距以及行业差距都很大。因此，为破解需求不足的顽症，当前需要在量上挖掘现有的消费潜力，并把现有的消费推广到更大的范围来造成新的需要。这就要求缩小贫富差距，提高劳动份额，提升广大民众的消费能力。③ 同时，随着城市工业化的迅速推进，农村剩余劳动力向城市现代部门的转移逐渐枯竭，我国经济发展开始进入刘易斯转折区间。无论是由于农村过剩劳动力减少产生的倒逼效应，还是出于还民生欠账，扩大公平正义的需要，提高工资、增加福利，以及为工人提供更为全面的社会保障已经

---

① 《马克思恩格斯文集》第八卷，人民出版社 2009 年版，第 89 页。
② 同上书，第 89—90 页。
③ 哈维指出，越是把财富集中到一小部分人手中，通过富人的消费来扩大需求的效果就越不明显。参见［美］哈维《资本之谜：人人需要知道的资本主义真相》，陈静译，电子工业出版社 2011 年版，第 110 页。

形成共识。而且，通货膨胀所致的生活成本增长、教育医疗费用的增长也意味着不增加工资，工人的劳动力再生产就难以保障。特别是"二代农民工"，他们对工作条件、薪资水平的要求已经明显不同于父辈一代，他们的受教育水平更高，对薪资的要求也更高。当前我国城乡收入差距比较大，基尼系数仍比较高，还有5500多万人口尚未脱贫，广大中低收入群体消费能力不足，阻碍了消费市场扩大和消费结构升级，因而改善收入分配结构，可以扩大消费需求，释放消费潜能。此外，适度降低商品价格，也能扩大社会需求；推进制度创新，减少流通环节的费用，降低交易成本，能够扩大流通范围，拓展市场潜力；我国区域发展不平衡，要大力开发中西部比较落后的地区，挖掘落后地区发展潜力，把这些地区自给自足的生产方式转变为商品化生产方式。

第二，对外进行资本和商品输出，积极开拓新兴市场。后危机时代，全球经济复苏乏力，发达国家贸易保护主义倾向变得日趋严重，阻碍了全球经济复苏的步伐。从全球层面来看，全球终端市场的重心正逐渐由北方国家向南方国家转移。因而治理产能过剩还应具有全球化视野，要有开发国际市场，在全球范围内配置资源的自信。当下南方经济体人均收入水平比较低，更倾向于廉价商品，我国可以依托"一带一路"倡议与比自己落后的南方国家建立更密切的经贸关系，推动投资和贸易便利化，向更为落后的南方国家转移劳动密集型产业，实现"腾笼换鸟"。[①] "一带一路"的沿线国家70%是钢材进口国，比如印度、蒙古等国，这些国家工业发展薄弱，基础设施建设不完善，参与"一带一路"沿线国家基础设施建设如高铁、能源、核电、油气管道、输电网等，可以大大拉动我国的钢铁、建材、工程机械等产品的需求。同时，成套技术装备与工程总承包"走出去"也能有效化解建材的产能过剩。[②] 因此，当前要依托"一带一路"倡议开

---

① 沈梓鑫、贾根良：《南方国家终端市场："一带一路"战略的新机遇》，《河北经贸大学学报》2015年第6期。

② 徐则荣、宋秀娜：《供给侧结构性改革力促企业"走出去"化解过剩产能》，《海外投资与出口信贷》2016年第2期。

展国际产能合作，特别是要挖掘发展中国家的需求潜力，并在国际上大力倡导和谐、合作、共赢的发展模式，联合发展中国家和地区推动国际经济秩序朝着更加公平合理的方向发展。①

第三，发展劳动分工和科技创新，培养消费和投资新增长点。改革开放以来，我国企业通过引进和模仿的方式进行跟随创新，工业制造业在某些领域与世界技术前沿的距离越来越近，同时，在其他一些领域仍处于价值链的低端环节，对国外核心技术的依赖还相当严重，我国的技术创新能力严重不足。"长期以来，我国一些产业的发展面临着核心技术受制于人的'瓶颈'，重要的装备、核心部件以及控制系统等主要依靠进口。比如，2012 年，我国进口芯片约 1650 亿美元，超过了进口石油的金额；我国新能源产能增长很快，但是装备的关键部件主要依赖进口。为了解决产业发展的核心技术'瓶颈'问题，我国先后实行了'市场换技术''股权换技术'等多种手段，实际的结果是市场和股权让出去了，技术却难以换得到。"② 当前要想进一步提高劳动生产率，只能依靠自主创新，可是冰冻三尺，非一日之寒，从模仿创新向自主创新转变必然会经历一个凤凰涅槃的过程。技术进步离不开投资，许多新产品和新的生产方式本身需要投资来实现。要通过税收减免或研发补贴鼓励企业开展技术改造和工艺创新，提高劳动生产率，降低单位产品的生产成本，促进企业产品创新和价值链升级。要引导资金更多地流向能够提高长期增长潜力的实体经济，而不是在股市、房市等虚拟经济领域套利。近些年来，虚拟经济的高风险、高收益吸引了过多的投资投机资本，然而，大量的社会资本"脱实向虚"会削弱经济增长的根基。而且，实体经济的"去工业化"趋势会不利于创新氛围的形成。虚拟经济是"钱生钱"的经济活动模式，20 世纪 90 年代以来，这种经济模式深受资本的青睐，因为它最符合资本的本性。由于实体经济与虚拟经济冰火两重天，实体产业

---

① 鲁保林：《资本积累、新自由主义与 20 世纪 70 年代以来的全球经济失衡》，《教学与研究》2015 年第 10 期。

② 陈宝明：《在开放合作中提升创新能力》，《经济日报》2013 年 11 月 27 日第 16 版。

"空心化"日趋严重。实业是立国之本，创新乃强国之路。技术创新与制造业为主体的实体经济发展息息相关。据调查，在美国，制造业部门占私人部门研发的比例超过 2/3，有约 70% 的国家研发人员从事与制造业相关的工作。[①] 分工深化和科技创新是国民财富不断增长的源泉，更是推进结构性改革的主要抓手。分工创新和技术创新往往相互作用、互为因果，重大产品创新以及相关新兴产业的发展可以通过创造新的需求和扩大社会分工来刺激资本加速积累并带动经济迅速增长。[②] 走出当前的困境，除增加研发投入，提高研发强度外，还亟须破除阻碍分工扩展和制约科技创新的体制机制。要引导更多的资本流向战略性新兴产业和生产性服务业。因为这些行业产生迂回式分工的能力很强，附加值更高。

第四，促进人的全面自由发展。要落实以人为本，以人民为中心的发展思想，促进人的全面自由发展，培养具有高度文明的人，造就"具有尽可能丰富的属性和联系的人，因而具有尽可能广泛需要的人"，生产的目的是为了消费，随着分工的发展，产品质的差别范围不断扩大，这就要求培养"具有尽可能广泛需要的人"与之匹配。从当前来说，要强化教育、科技和人力资本投资，为建设创新型国家提供技术和人才支撑。制造业的创新投资和教育、科技以及人力资本投资在短期内能扩大需求，在长期内能够推动生产力水平实现整体跃升。

五　小结

改革开放 40 年来，我国与世界其他国家的相互依赖程度日益加深，我们当前正处于"全球性的生产过剩时期和市场问题结构性恶化时期"，欲走出产能过剩和资本积累困境，恐怕要突破技术、市场和制度三重制约，但是，从短期来看，"寻求新的技术突破，调整现有的制度关系，积极扩大市场和创造新的社会需求"[③] 都不是一蹴而就

---

① 李伟：《美国制造业是在衰退还是复兴》，《北京日报》2016 年 4 月 26 日第 15 版。
② 高峰：《产品创新与资本积累》，《当代经济研究》2003 年第 4 期。
③ 高峰：《20 世纪世界资本主义经济的发展与演变》，《政治经济学评论》2010 年第 1 期。

的事情。尽管历史资本主义的发展可以一次次突破技术和市场的制约，并且能对旧的制度和体制进行边际调整，为生产力进一步发展开辟新的空间，但是，它始终跳不出周期性和结构性经济危机的窠臼。

展望未来几年，我国制造业生产成本可压缩空间有限，资源环境压力日渐增大，资源禀赋特别是人口红利已在减弱，这三个因素不断侵蚀"中国制造"的比较优势，而国内国际需求的疲软给产品价格的上升施加了沉重的压力。同时，欧美"再工业化"战略以及跨国公司正把一部分将生产基地转移至生产成本更低的东南亚地区，犹如前狼后虎，迫使制造业必须转型升级，实体经济的供给质量和能力必须提升。当前，能否修复实体经济的盈利能力，既是实体经济走出困境的关键一环，也是我国能否在激烈的国际竞争中继续保持竞争优势，拓展发展空间的唯一出路。

2008年国际金融的危机表明：20世纪80年代兴起的信息技术革命引领经济发展的动力不足，走出当前困境需要培育新的经济增长点。演化经济学家卡萝塔·佩蕾丝指出："当一种范式的潜力达到极限，它所开拓的空间受到限制的时候，生产率、增长和利润就会受到严重的威胁。这样一来，新的解决方案和重大创新的必要性及有效需求就出现了，人们希望从熟悉的路径中走出来。"[①] 一些预言家指出，新能源、新材料和智能制造是未来产业发展的方向。虽然某些新兴技术已经萌芽并展示出前所未有的魅力，如3D打印技术，但是，整个产业结构的再造和经济关系的调整远非朝夕即可完成。从长波周期的视角来看，当前世界经济正处于新旧产业的分化时期。一方面，传统产业处于衰落之中，需要注入新的元素；另一方面，新的产业还尚未形成气候，不足以引领性一轮的增长热潮。因此，大批中国制造业要实现凤凰涅槃仍需假以时日，降低税费固然能减轻企业负担，但是，要重现传统制造业前30年的活力似乎已不大可能，如果不大力推进结构性改革，降成本的办法只能治标却难以治本。当然，如果"降成

---

① ［美］卡萝塔·佩蕾丝：《技术革命与金融资本泡沫与黄金时代的动力学》，田方萌等译，中国人民大学出版社2007年版，第36页。

本＋自主创新"，并配合一个更加旺盛稳定的内需市场，吸引更多资本流向实体经济。同时，失衡的经济关系也能够得到较好的纠正，那么，实体经济可望从传统的经济产业结构中脱胎换骨，摆脱对低端制造的"路径依赖"，形成新的增长点和竞争优势，进而为我国经济的新一轮扩张开辟新的路径。

由于国内经济失衡尚未得到根本改善，中国目前的产能过剩、劳动过剩以及资本过剩等问题解决起来困难重重。显然，从根本上解决上述问题，中国需要进一步深化改革，重塑新的发展模式。这包括：在发展目标上更好地体现社会主义本质，扩大公平正义，促进共同富裕；在发展动力上更加注重"多轮驱动"，充分调动中央与地方，国企与民企的积极性，打造政府与市场"双引擎"。在发展形式上更加注重平衡发展，和谐发展，动态调整投资与消费，实体经济与虚拟经济的关系。把更多资本投向中西部和农村地区，缩小贫富差距以提升居民消费水平，在国际上倡导和谐、合作共赢的发展模式，联合发展中国家和地区推动国际经济秩序朝着更加公平合理的方向发展。当前全球经济正处于重大技术创新酝酿期、经济关系调整阵痛期和市场争夺白热化时期，我国能否率先杀出这"三重门"，化解产能过剩，持续引领全球经济增长，从短期来看，关系到四年后能否顺利实现全面小康社会建设；从中期来看，关系到能否成功实现产业升级和经济增长方式转型；从长期来看，关系到我们能否为人类社会制度的探索提供更好的中国方案。

参考文献

一　中文部分

1. ［法］埃尔多干·巴基尔、艾尔·坎贝尔：《新自由主义、利润率和积累率》，《国外理论动态》2011 年第 2 期。

2. ［美］保罗·巴兰：《增长的政治经济学》，蔡中兴、杨宇光译，商务印书馆 2000 年版。

3. ［美］保罗·考克肖特：《为马克思利润率下降理论辩护》，《当代经济研究》2013 年第 8 期。

4. 曹明福、李树民：《全球价值链分工的利益来源：比较优势、规模优势和价格倾斜优势》，《中国工业经济》2005 年第 10 期。

5. 曾尔曼：《技术进步（贡献）率的本质》，《中国科技论坛》2014 年第 8 期。

6. 常健：《美国大选尽显金钱政治本质》，《人民日报》2016 年 4 月 18 日第 21 版。

7. 常云昆：《新自由主义的兴起与华盛顿共识的终结》，《人文杂志》2004 年第 5 期。

8. 陈彪如：《吉尔曼〈利润率的下降〉一书评论综述》，《现代外国哲学社会科学（文摘）》1961 年第 4 期。

9. 陈波：《经济金融化与劳资利益关系的变化》，《社会科学》2012 年第 6 期。

10. 陈弘：《当前金融危机与当代资本主义停滞趋势》，《国外理论动态》2009 年第 7 期。

11. 陈恕祥：《论一般利润率下降规律》，武汉大学出版社 1995 年版。

12. 陈信主编：《〈资本论〉学习与研究》，东北财经大学出版社 2004

年版。

13. 陈学明：《〈资本论〉对当今中国的意义》，《南京政治学院学报》
    2014 年第 3 期。

14. 成思危：《虚拟经济探微》，《南开学报》（哲学社会科学版）
    2003 年第 2 期。

15. 程恩富：《现代马克思主义政治经济学的四大理论假设》，《中国
    社会科学》2007 年第 1 期。

16. 崔焕金：《全球价值链分工与中国产业结构演化研究》，东北师范
    大学出版社 2015 年版。

17. 崔学东：《金融危机是美国劳资关系的转折点吗?》，《教学与研
    究》2011 年第 10 期。

18. ［英］大卫·哈维：《新帝国主义》，初立忠、沈晓雷译，社会科
    学文献出版社 2009 年版。

19. ［美］大卫·科茨：《目前金融和经济危机：新自由主义的资本
    主义的体制危机》，《当代经济研究》2009 年第 8 期。

20. ［美］大卫·科茨：《全球化与新自由主义》，《当代思潮》2001
    年第 3 期。

21. ［美］大卫·科茨、童珊：《利润率、资本循环与经济危机》，
    《海派经济学》2012 年第 4 期。

22. 丁为民：《新自由主义体制下经济增长的矛盾与危机——对当前
    金融危机的再思考》，《经济学动态》2009 年第 3 期。

23. 丁晓钦：《对公平与效率的再认识》，《重庆邮电学院学报》（社会
    科学版）2004 年第 6 期。

24. 丁晓钦、尹兴：《积累的社会结构理论述评》，《经济学动态》
    2011 年第 11 期。

25. 杜传忠、宁朝山：《我国两轮大规模产能过剩特征的比较与启
    示》，《现代经济探讨》2016 年第 11 期。

26. ［英］法因、哈里斯：《重读〈资本论〉》，魏埙等译，山东人民
    出版社 1993 年版。

27. 范方志、鲁保林、胡梦帆：《利润率下降规律视角下的中国经济

增长动力分析》，《毛泽东邓小平理论研究》2012 年第 10 期。

28. 方福前：《供给侧结构性改革需回答的两个问题》，《理论探索》
    2016 年第 3 期。

29. 高德步、王珏：《世界经济史》，中国人民大学出版社 2011 年版。

30. 高峰：《"新经济"，还是新的"经济长波"》，《南开学报》（哲学
    社会科学版）2002 年第 5 期。

31. 高峰：《产品创新与资本积累》，《当代经济研究》2003 年第
    4 期。

32. 高峰：《20 世纪世界资本主义经济的发展与演变》，《政治经济学
    评论》2010 年第 1 期。

33. 高峰：《关于当前全球金融—经济危机的几点看法》，《经济学动
    态》2010 年第 2 期。

34. 高峰：《资本积累理论与现代资本主义：理论的和实证的分析》，
    社会科学文献出版社 2014 年版。

35. 高连奎：《中国需要新需求主义》，《检察风云》2013 年第 21 期。

36. 高梁：《以产业升级转变发展方式》，《南风窗》2013 年第 19 期。

37. 高伟：《中国国民收入和利润率的再估算》，中国人民大学出版社
    2009 年版。

38. ［美］戈拉德·A. 爱泼斯坦：《金融化与世界经济》，《国外理论
    动态》2007 年第 7 期。

39. ［美］古里尔莫·卡尔凯迪、［美］迈克尔·罗伯茨：《当前危机
    的长期根源：凯恩斯主义、紧缩主义和马克思主义的解释》，《当
    代经济研究》2015 年第 4 期。

40. 管清友：《供给学派的实践典范》，《金融博览》2013 年第 6 期。

41. 郭熙保：《发展经济学的马克思主义新发展——〈分工与创新：
    发展经济学的马克思主义复兴〉评介》，《经济论坛》2015 年第
    11 期。

42. ［美］哈维：《资本之谜：人人需要知道的资本主义真相》，陈静
    译，电子工业出版社 2011 年版。

43. ［英］哈耶克：《自由秩序原理》（下册），邓正来译，生活·读

书・新知三联书店 1997 年版。

44. 韩国高：《我国当前产能过剩的发展形势及对策选择》，《科技促进发展》2013 年第 6 期。

45. 何秉孟：《美国金融危机与国际金融垄断资本主义》，《中国社会科学》2010 年第 2 期。

46. 何自力：《对"大市场，小政府"市场经济模式的反思：基于西方和拉美国家教训的研究》，《政治经济学评论》2014 年第 1 期。

47. 何自力：《去工业化、去周期化与经济停滞常态化——一个认识当代资本主义的新视角》，《华南师范大学学报》（社会科学版）2015 年第 4 期。

48. 贺强、徐云松：《"钱荒"溯源》，《价格理论与实践》2013 年第 7 期。

49. 洪银兴：《准确认识供给侧结构性改革的目标和任务》，《中国工业经济》2016 年第 6 期。

50. 胡钧、沈尤佳：《资本生产的总过程：利润率趋向下降的规律》，《改革与战略》2013 年第 8 期。

51. 胡荣涛：《产能过剩形成原因与化解的供给侧因素分析》，《现代经济探讨》2016 年第 2 期。

52. 胡莹：《从收入分配看"美国式"的公平效率观——以里根时期美国的收入分配政策为例》，《马克思主义研究》2013 年第 6 期。

53. 胡莹、田曦：《关于马克思利润率下降趋势理论的论战及评析》，《海派经济学》2015 年第 2 期。

54. 胡渊、陈继勇：《当前全球经济失衡的主要成因、可持续性及其调整——一个文献综述》，《国际商务》（对外经济贸易大学学报）2012 年第 4 期。

55. 黄茂兴：《对新自由主义及新帝国主义的深入分析与逻辑批判——大卫・哈维〈新自由主义简史〉、〈新帝国主义〉评析》，《当代经济研究》2016 年第 10 期。

56. ［美］J. G. 施瓦茨：《资本主义的精妙剖析》，魏埙等译，山东人民出版社 1992 年版。

57. ［美］吉尔曼、郭家麟、陈彪如：《利润率的下降》，《国外社会科学文摘》1961 年第 1 期。

58. 简新华：《中国经济结构调整和发展方式转变》，山东人民出版社2009 年版。

59. 蒋宏达、张露丹：《布伦纳认为生产能力过剩才是世界金融危机的根本原因》，《国外理论动态》2009 年第 5 期。

60. 蒋建军、齐建国：《当代美国知识经济与"三率"变化分析》，《数量经济技术经济研究》2002 年第 10 期。

61. ［美］杰克·拉斯姆斯：《投机资本、金融危机以及正在形成的大衰退》，王姝译，《马克思主义与现实》2009 年第 3 期。

62. 金碚：《中国工业改革开放 30 年》，《中国工业经济》2008 年第5 期。

63. ［美］卡萝塔·佩蕾丝：《技术革命与金融资本泡沫与黄金时代的动力学》，田方萌等译，中国人民大学出版社 2007 年版。

64. ［美］考斯达斯·拉帕维查斯：《金融化了的资本主义：危机和金融掠夺》，《政治经济学评论》2009 年第 1 期。

65. 科茨：《金融化与新自由主义》，《国外理论动态》2011 年第11 期。

66. ［美］克莱曼：《大失败：资本主义生产大衰退的根本原因》，中央编译出版社 2013 年版。

67. ［美］克鲁格曼：《美国怎么了?》，中信出版社 2008 年版。

68. ［美］克鲁格曼：《中国经济软着陆路径》，《财经国家周刊》2012 年第 6 期。

69. 课题组：《当前我国产能过剩的特征、风险及对策研究——基于实地调研及微观数据的分析》，《管理世界》2015 年第 4 期。

70. 李帮喜、王生升、裴宏：《置盐定理与利润率趋向下降规律：数理结构、争论与反思》，《清华大学学报》（哲学社会科学版）2016 年第 4 期。

71. 李博：《体系积累周期的比较及对中国经济发展的影响研究——基于世界体系的马克思主义视角》，博士学位论文，西南财经大学，2012 年。

72. 李春兰：《私有化与资本主义的金融化》，《国外理论动态》2007
年第 9 期。

73. 李民骐、朱安东：《世界资本主义经济发展简史（1870—1973）》，
《高校理论战线》2005 年第 6 期。

74. 李民骐、朱安东：《新自由主义时期的世界经济》，《高校理论战
线》2005 年第 7 期。

75. 李其庆：《金融全球化的成因与特征》，《马克思主义与现实》
2002 年第 4 期。

76. 李其庆：《法国调节学派评析》，《经济社会体制比较》2004 年第
2 期。

77. 李若谷：《对我国钢铁产能过剩问题的思考》，《经济导刊》2016
年第 6 期。

78. 李松玉：《全球化与新自由主义》，《国外理论动态》2003 年第
9 期。

79. 李晓华：《后危机时代我国产能过剩研究》，《财经问题研究》
2013 年第 6 期。

80. 李雪荣、杨新华：《自然分工、劳动分工与市场起源及其演变》，
《河北师范大学学报》（哲学社会科学版）2013 年第 3 期。

81. 李亚平：《中国制造业利润率变动趋势的实证分析》，《经济纵横》
2008 年第 12 期。

82. 李亚伟、孟捷：《如何在经验研究中界定利润率——基于现代马
克思主义文献的分析》，《中国人民大学学报》2015 年第 6 期。

83. 李扬、黄金老：《金融全球化研究》，上海远东出版社 1999 年版。

84. 李扬、卢瑾：《全球经济失衡形成机制研究新进展》，《经济学动
态》2010 年第 3 期。

85. 李忠杰：《论社会发展的动力与平衡机制》，《中国社会科学》
2007 年第 1 期。

86. 廖清成、冯志峰：《供给侧结构性改革的认识误区与改革重点》，
《求实》2016 年第 4 期。

87. 《列宁专题文集：论马克思主义》，人民出版社 2009 年版。

88. 林毅夫：《李约瑟之谜、韦伯疑问和中国的奇迹——自宋以来的长期经济发展》，《北京大学学报》（哲学社会科学版）2007 年第 4 期。

89. 刘程：《中国工业部门资本利润率变动趋势及其省际差异性研究》，硕士学位论文，广东外语外贸大学，2013 年。

90. 刘国光、程恩富：《全面准确理解市场与政府的关系》，《毛泽东邓小平理论研究》2014 年第 2 期。

91. 刘洪钟、杨攻研：《全球经济失衡的调整及中国对策：一种政治经济解释》，《经济学家》2011 年第 5 期。

92. 刘骏民：《从虚拟资本到虚拟经济》，山东人民出版社 1998 年版。

93. 刘磊：《利润率下降危机理论的一个经验研究——〈大失败：资本主义生产大衰退的根本原因〉述评》，《中国人民大学学报》2014 年第 2 期。

94. 刘满平：《两轮生产资料价格持续下跌的对比分析》，《宏观经济管理》2013 年第 9 期。

95. 刘明宇、芮明杰：《价值网络重构、分工演进与产业结构优化》，《中国工业经济》2012 年第 5 期。

96. 刘瑞翔、安同良：《中国经济增长的动力来源与转换展望》，《经济研究》2011 年第 7 期。

97. 刘诗白：《经济转轨与增加有效供给》，《学术月刊》2000 年第 4 期。

98. 刘诗白主编：《马克思主义政治经济学原理》第三版，西南财经大学出版社 2008 年版。

99. 刘佑铭：《论公平与效率"互促同向变动"的内在关联性》，《华南师范大学学报》2011 年第 4 期。

100. 刘元琪：《资本主义发展的萧条性长波产生的根源——西方马克思主义经济学近期有关争论综述》，《国外理论动态》2003 年第 6 期。

101. 刘志国、边魏魏：《负向涓滴效应：经济增长与收入分配的恶化》，《南京财经大学学报》2013 年第 4 期。

102. 刘志明：《全球经济失衡原因析论：西方若干观点透视》，《开放导报》2011 年第 3 期。

103. 卢荻：《中国与"黄金时代模式"及其超越》，《经济导刊》2015 年第 1 期。

104. 鲁保林、赵磊：《转变经济发展方式：三个命题》，《马克思主义研究》2011 年第 1 期。

105. 鲁保林、赵磊、林浦：《一般利润率下降的趋势：本质与表象》，《当代经济研究》2011 年第 6 期。

106. 鲁保林、赵磊：《美国经济利润率的长期趋势和短期波动：1966—2009》，《当代经济研究》2013 年第 6 期。

107. 鲁保林：《利润挤压和利润非挤压：理论与实证》，《教学与研究》2013 年第 9 期。

108. 鲁保林：《资本积累、新自由主义与 20 世纪 70 年代以来的全球经济失衡》，《教学与研究》2015 年第 10 期。

109. 鲁品越：《利润率下降规律下的资本高积累——〈资本论〉与〈21 世纪资本论〉的矛盾及其统一》，《财经研究》2015 年第 1 期。

110. 陆磊：《"钱荒"的本质是结构失衡》，《中国农村金融》2013 年第 13 期。

111. 陆甦颖、王晓磊：《国际产品内分工的马克思主义经济学解释》，《毛泽东邓小平理论研究》2010 年第 11 期。

112. ［美］罗伯特·L. 海尔布隆纳：《资本主义的本质与逻辑》，马林梅译，东方出版社 2013 年版。

113. ［美］罗伯特·布伦纳：《繁荣还是危机——为世界经济把脉》，《政治经济学评论》2002 年第 1 期。

114. ［美］罗伯特·布伦纳：《繁荣与泡沫：全球视角中的美国经济》，王生升译，经济科学出版社 2003 年版。

115. ［美］罗伯特·布伦纳：《全球生产能力过剩与 1973 年以来的美国经济史（下）》，孙宗伟、许建康译，《国外理论动态》2006

年第 3 期。

116. ［美］罗伯特·布伦纳：《全球动荡的经济学》，郑吉伟译，中国人民大学出版社 2012 年版。

117. 骆桢：《对"置盐定理"的批判性考察》，《经济学动态》2010年第 6 期。

118. 骆桢：《有机构成提高导致利润率下降的条件及其背后的矛盾关系》，《当代经济研究》2016 年第 8 期。

119. ［英］M. C. 霍华德等：《马克思主义经济学史：1929—1990》，顾海良等译，中央编译出版社 2003 年版。

120. 马艳、李真：《马克思主义平均利润率变动规律的动态模型》，《海派经济学》2007 年第 2 期。

121. 毛晖：《供给学派的政策主张及启示》，《北方经济》2007 年第3 期。

122. 孟捷：《马克思主义经济学的创造性转化》，经济科学出版社2001 年版。

123. 孟捷：《新自由主义积累体制的矛盾与 2008 年经济—金融危机》，《学术月刊》2012 年第 9 期。

124. 孟捷、冯金华：《非均衡与平均利润率的变化：一个马克思主义分析框架》，《世界经济》2016 年第 6 期。

125. 孟捷、李亚伟：《韦斯科普夫对利润率动态的研究及其局限》，《当代经济研究》2014 年第 1 期。

126. ［英］莫里斯·道布：《政治经济学与资本主义》，松园、高行译，生活·读书·新知三联书店 1962 年版。

127. 牟振基等主编：《〈资本论〉专题研究与讲解》，吉林人民出版社1988 年版。

128. 宁殿霞：《破解〈21 世纪资本论〉之谜——皮凯蒂对马克思的误解及其辩证》，《当代经济研究》2015 年第 8 期。

129. 宁殿霞：《利润率下降规律：一个亟须破解的迷局》，《天津社会科学》2016 年第 5 期。

130. 牛文俊：《战后美国长期利润率变动研究》，博士学位论文，南开大学，2009 年。

131. 逢锦聚等主编：《政治经济学》，高等教育出版社 2009 年版。

132. 裴宏、李帮喜：《置盐定理反驳了利润率趋向下降规律吗?》，《政治经济学评论》2016 年第 2 期。

133. 彭必源：《对国外学者非议马克思利润率下降规律的分析》，《当代经济研究》2008 年第 1 期。

134. 彭必源：《评西方学者对马克思利润率下降趋势理论的分析》，《当代经济研究》2011 年第 3 期。

135. 彭必源：《用马克思理论分析"置盐定理"》，《湖北工程学院学报》2012 年第 6 期。

136. 钱箭星：《全球化时代发达国家劳资关系的演变及其新动向》，《社会主义研究》2009 年第 6 期。

137. 钱箭星、肖巍：《克莱曼对经济危机的马克思主义分析——利润率下降趋势规律的再证明》，《当代经济研究》2015 年第 5 期。

138. 乔晓楠：《结构性货币沉淀与中国式钱荒：一个政治经济学的解析》，《政治经济学评论》2015 年第 2 期。

139. ［英］琼·罗宾逊：《论马克思主义经济学》，纪明译，商务印书馆 1962 年版。

140. 邱海平：《马克思的生产社会化理论与分工的二元发展》，《社会科学研究》2004 年第 2 期。

141. ［美］热拉尔·迪蒙、［美］多米尼克·莱维：《新自由主义与第二个金融霸权时期》，《国外理论动态》2005 年第 10 期。

142. ［法］萨伊：《政治经济学概论》，陈福生、陈振骅译，商务印书馆 2011 年版。

143. ［美］塞缪尔·鲍尔斯、［美］理查德·爱德华兹、［美］弗兰克·罗斯福：《理解资本主义：竞争、统制与变革》，孟捷、赵准、徐华译，中国人民大学出版社 2013 年版。

144. 申丹虹：《劳动力市场与收入分配研究综述》，全国高校社会主义理论与实践研讨会第 25 届年会论文，沈阳，2011 年 9 月。

145. 沈越、张文：《新旧常态转换与政府行为调整——兼论供给侧改革》，《天府新论》2016 年第 3 期。

146. 沈梓鑫、贾根良：《南方国家终端市场："一带一路"战略的新机遇》，《河北经贸大学学报》2015 年第 6 期。

147. 史正富：《用结构性投资化解结构性产能过剩》，《经济导刊》2016 年第 2 期。

148. 宋小川：《西方学术界对贫富差距急剧扩大原因的探》，《经济学动态》2015 年第 2 期。

149. 宋则行、樊亢主编：《世界经济史》（下），经济科学出版社1994 年版。

150. 孙立冰：《论利润率趋向下降的规律及与资本主义经济危机的内在联系》，《当代经济研究》2009 年第 12 期。

151. 陶德麟等：《当代中国马克思主义若干重大理论与现实问题》，人民出版社 2012 年版。

152. ［爱尔兰］特伦斯·麦克唐纳、［美］迈克尔·里奇、［美］大卫·科茨主编：《当代资本主义及其危机：21 世纪积累的社会结构理论》，童珊译，中国社会科学出版社 2014 年版。

153. ［美］托马斯·I. 帕利：《金融化：含义和影响》，《国外理论动态》2010 年第 8 期。

154. ［美］托马斯·皮凯蒂：《21 世纪资本论》，巴曙松等译，中信出版社 2014 年版。

155. 外国经济学说研究会：《现代国外经济学论文选》第 15 辑，商务印书馆 1992 年版。

156. 汪海波：《中华人民共和国工业经济史》，山西经济出版社 1998年版。

157. 汪民安编：《色情、耗费与普遍经济：乔治·巴塔耶文选》，吉林人民出版社 2011 年版。

158. 王栋贵：《全球经济失衡原因论争综述——被忽视的基于美国视角的解释》，《经济评论》2013 年第 1 期。

159. 王峰明：《〈资本论〉与历史唯物主义微观基础》，《马克思主义研究》2011 年第 11 期。

160. 王俊：《透支消费与现代资本主义社会再生产中的剩余价值实现——兼论资本主义危机的原因与后果》，《长白学刊》2015 年第 4 期。

161. 王庭笑：《资本主义一般利润率变动的长期趋势》，《南开学报》1988 年第 4 期。

162. 王伟光、程恩富、胡乐明：《西方国家金融和经济危机与中国对策研究》（上、下），《马克思主义研究》2010 年第 7—8 期。

163. 王小广：《供给侧结构性改革：本质内涵、理论源流和时代使命》，《中共贵州省委党校学报》2016 年第 2 期。

164. 王旭琰：《新自由主义全球资本积累结构与美国金融危机》，《海派经济学》2008 年第 4 期。

165. 王智强：《按照马克思的思想研究"置盐定理"》，《当代经济研究》2011 年第 9 期。

166. ［美］威廉·K. 塔布、唐科：《当代世界资本主义体系面临四大危机》，《国外理论动态》2009 年第 6 期。

167. 魏旭：《马克思基于分工的报酬递增思想》，《当代经济研究》2010 年第 1 期。

168. 魏埙：《价值理论——资本主义经济理论体系的基础》，《政治经济学评论》2005 年第 1 期。

169. 吴茜：《新自由主义资本积累方式与国际金融危机》，《中国高校社会科学》2012 年第 7 期。

170. 吴茜：《新自由主义资本积累方式与金融垄断帝国主义》，《国外社会科学》2016 年第 5 期。

171. 吴苑华：《"世界体系的马克思主义研究"述评》，《马克思主义研究》2011 年第 2 期。

172. 武力：《中华人民共和国经济史（下）》，中国时代出版社 2010 年版。

173. 肖斌：《金融化进程的资本主义经济运行透视》，博士学位论文，西南财经大学，2013 年。

174. 谢富胜：《控制和效率：资本主义劳动过程理论与当代实践》，

中国环境科学出版社 2012 年版。

175. 谢富胜、李安、朱安东：《马克思主义危机理论和 1975—2008 年美国经济的利润率》，《中国社会科学》2010 年第 5 期。

176. 谢富胜、李安：《技术创新背后的技术》，《学海》2009 年第 6 期。

177. 谢富胜、李直：《中国经济中的一般利润率：1994—2011》，《财经理论研究》2016 年第 3 期。

178. 谢富胜、汪家腾：《马克思放弃利润率趋于下降理论了吗——MEGA2 Ⅱ出版后引发的新争论》，《当代经济研究》2014 年第 8 期。

179. 谢宇等：《中国民生发展报告（2014）》，北京大学出版社 2014 年版。

180. 熊敏：《全球化时代与卢森堡"资本积累"理论的再认识》，《河北学刊》2009 年第 4 期。

181. 徐朝阳：《供给侧改革：里根的教训与朱镕基的经验》，载吴敬琏、厉以宁《供给侧改革》，中国文史出版社 2016 年版。

182. 徐建炜、姚洋：《国际分工新形态、金融市场发展与全球失衡》，《世界经济》2010 年第 3 期。

183. 徐则荣、宋秀娜：《供给侧结构性改革力促企业"走出去"化解过剩产能》，《海外投资与出口信贷》2016 年第 2 期。

184. 许崇正：《论马克思可持续发展经济思想》，《海派经济学》2008 年第 4 期。

185. 许召元：《我国两轮大范围产能过剩现象及其比较》，《中国国情国力》2016 年第 3 期。

186. 薛宇峰：《利润率变化方向是"不确定"的吗？——基于经济思想史的批判与反批判》，《马克思主义研究》2015 年第 7 期。

187. ［美］亚当·赫什：《美国经济的增长与停滞：基于政治经济学角度的分析》，《海派经济学》2011 年第 4 期。

188. ［英］亚当·斯密：《国富论》，谢祖钧等译，中南大学出版社 2003 年版。

189. 杨继国：《基于马克思经济增长理论的经济危机机理分析》，《经济学家》2010 年第 2 期。

190. 杨健生：《经济危机理论的演变》，中国经济出版社 2008 年版。

191. 杨介棒：《我国制造业继续保持领先地位的思考》，《宏观经济管理》2013 年第 6 期。

192. 杨青梅：《利润率趋向下降规律的理论与争论：一个批判性综述》，第十届中国政治经济学年会会议论文，北京，2016 年 10 月。

193. 杨善奇：《实体经济困境与思考——个平均利润率趋向下降规律的分析》，《经济学家》2016 年第 8 期。

194. 杨振：《激励扭曲视角下的产能过剩形成机制及其治理研究》，《经济学家》2013 年第 10 期。

195. 杨振：《供给侧结构性改革化解产能过剩》，《理论视野》2016 年第 1 期。

196. 姚洋：《供给侧改革与中国经济赶超》，《经济导刊》2016 年第 3 期。

197. 余斌：《平均利润率趋向下降规律及其争议》，《经济纵横》2012 年第 9 期。

198. 俞宪忠：《专业化分工的经济驱动效应》，《东岳论丛》2010 年第 4 期。

199. 袁镇岳、庄宗明：《对马克思的利润率下降倾向规律的"评论"的评论》，《中国经济问题》1983 年第 A 期。

200. ［美］约翰·贝拉米·福斯特：《资本主义的金融化》，《国外理论动态》2007 年第 7 期。

201. ［英］约翰·梅纳德·凯恩斯：《就业、利息和货币通论》，高鸿业译，商务印书馆 1999 年版。

202. ［美］约翰·罗默：《马克思主义经济理论的分析基础》，汪立鑫、张文瑾、周悦敏译，上海人民出版社 2007 年版。

203. ［美］詹姆斯·克罗蒂：《为什么全球市场会遭受长期的产能过剩？——来自凯恩斯、熊彼特和马克思的视角》，向悦文译，

《当代经济研究》2013 年第 1 期。

204. 张晨、马慎萧：《新自由主义与金融化》，《政治经济学评论》
　　　2014 年第 4 期。

205. 张峰：《基于分工的产业升级理论与对策》，《重庆工商大学学
　　　报》（社会科学版）2010 年第 1 期。

206. 张开、杨静：《危机后西方政治经济学新进展及其启示》，《教学
　　　与研究》2014 年第 10 期。

207. 张连城：《我国经济周期的阶段特征和经济增长趋势》，《经济与
　　　管理研究》1999 年第 1 期。

208. 张五常：《经济解释》，商务印书馆 2000 年版。

209. 张幼文、薛安伟：《要素流动的结构与全球经济再平衡》，《学术
　　　月刊》2013 年第 9 期。

210. 张宇：《党政有为是社会主义市场经济的本质要求》，《经济导
　　　刊》2014 年第 5 期。

211. 张宇、孟捷、卢荻主编：《高级政治经济学》，中国人民大学出
　　　版社 2006 年版。

212. 张宇、谢富胜、刘凤义：《中级政治经济学》，中国人民大学出
　　　版社 2016 年版。

213. 赵昌文等：《当前我国产能过剩的特征、风险及对策研究：基于
　　　实地调研及微观数据的分析》，《管理世界》2015 年第 4 期。

214. 赵峰：《新自由主义的资本主义经济增长》，载张宇《金融危机
　　　的政治经济学分析》，经济科学出版社 2009 年版。

215. 赵峰：《新自由主义与当前的经济危机：一个政治经济学分析》，
　　　《教学与研究》2009 年第 12 期。

216. 赵峰：《资本主义经济增长的逻辑》，经济科学出版社 2009
　　　年版。

217. 赵峰、姬旭辉、冯志轩：《国民收入核算的政治经济学方法及其
　　　在中国的应用》，《马克思主义研究》2012 年第 8 期。

218. 赵磊：《金融危机：为什么要重提马克思》，《马克思主义研究》
　　　2009 年第 6 期。

219. 赵磊：《当代资本主义危机与中国的改革发展》，《国外理论动态》2011 年第 12 期。

220. 赵磊、刘河北：《利润率下降与中国经济新常态》，《四川大学学报》（哲学社会科学版）2017 年第 1 期。

221. 赵磊、肖斌：《经济金融化何以可能——一个马克思主义的解读》，《当代经济研究》2013 年第 3 期。

222. 赵英杰：《利润率趋向下降与经济危机关系的新探索》，《兰州商学院学报》2014 年第 1 期。

223. 置盐信雄：《技术变革与利润率》，《教学与研究》2010 年第 7 期。

224. 《中国经济发展史》编写组：《中国经济发展史（1949—2010）》第一卷，上海财经大学出版社 2014 年版。

225. 钟春平、潘黎：《"产能过剩"的误区：产能利用率及产能过剩的进展、争议及现实判断》，《经济学动态》2014 年第 3 期。

226. 周绍东：《以劳动与分工为硬核的马克思经济发展理论研究》，《社会主义研究》2013 年第 1 期。

227. 周绍东：《"五大发展理念"的时代品质和实践要求——马克思主义政治经济学视角的研究》，《经济纵横》2017 年第 3 期。

228. 周思成：《欧美学者近期关于当前危机与利润率下降趋势规律问题的争论》，《国外理论动态》2010 年第 10 期。

229. 朱安东、［美］大卫·科茨：《中国的经济增长对出口和投资的依赖》，《国外理论动态》2012 年第 3 期。

230. 朱继东：《还原真实的撒切尔夫人——终生反对共产主义的新自由主义者》，《红旗文稿》2013 年第 9 期。

231. 朱钟棣：《西方学者对马克思主义经济理论的研究》，上海人民出版社 1991 年版。

232. 朱钟棣：《当代国外马克思主义经济理论研究》，人民出版社 2004 年版。

233. 朱钟棣：《国外马克思主义经济学新探》，上海人民出版社 2007 年版。

二 英文部分

1. Ajit Zacharias, "Competition and Profitability: A Critique of Robert Brenner", *Review of Radical Political Economics*, Vol. 34, No. 1, 2002.

2. Andrew Glyn and Bob Sutcliffe, *British Capitalism, Workers and the Profit Squeez*, London: Penguin Books, 1972.

3. Anwar Shaikh, "An Introduction to the History of Crisis Theories", in Union for Radical Political Economics ed. , *US capitalism in crisis*, New York: Economics Education Project of the Union for Radical Political Economics, 1978.

4. Anwar Shaikh, "Political Economy and Capitalism: Notes on Dobb's Theory of Crisis", *Cambridge Journal of Economics*, Vol. 2, No. 2, 1978.

5. Anwar Shaikh, "Marxian Competition Versus Perfect Competition: Further Comments on the So – called Choice of Technique ", *Cambridge Journal of Economics*, Vol. 4, No. 1, 1980.

6. Anwar Shaikh, "Explaining the Global Economic Crisis", *Historical Materialism*, Vol. 5, No. 1, 1999.

7. Bowles, S. , "Technical Change and the Profit Rate: A Simple Proof of the Okishio Theorem", *Cambridge Journal of Economics*, Vol. 5, No. 2, 1981.

8. Daphne T. Greenwood, Richard P. F. Holt, "Growth Inequality and Negative Trickle Down", *Journal of Economic Issues*, Vol. 44, No. 2, 2010.

9. Duménil, Gérard and D. Lévy, "Manufacturing and Global Turbulence: Brenner's Misinterpretation of Profit Rate Differentials", *Review of Radical Political Economics*, Vol. 34, No. 1, 2002.

10. Edward N. Wolff, "The Rate of Surplus Value, the Organic Composition, and the General Rate of Profit in the U. S. Economy, 1947 – 1967", *The American Economic Review*, Vol. 69, No. 3, 1979.

11. Edward N. Wolff, "The Productivity Slowdown and the Fall in the U. S.

Rate of Profit, 1947 – 1976", *Review of Radical Political Economics*, Vol. 18, No. 1 – 2, 1986.

12. Edward N. Wolff, "The Rate of Surplus Value, the Organic Composition, and the General Rate of Profit in the U. S. Economy, 1947 – 1967: Reply", *The American Economic Review*, Vol. 78, No. 1, 1988.

13. Edward N. Wolf, "What's behind the Rise in Profitability in the US in the 1980s and 1990s", *Cambridge Journal of Economics*, Vol. 27, No. 3, 2003.

14. Foster, John Bellamy, "Is Overcompetition the Problem?", *Monthly Review*, Vol. 51, No. 2, 1999.

15. Fred Moseley, "The Rate of Surplus Value, the Organic Composition, and the General Rate of Profit in the U. S. Economy, 1947 – 1967: A Critique and Update of Wolff's Estimates", *The American Economic Review*, Vol. 78, No. 1, 1988.

16. Fred Moseley, "The Decline of the Rate of Profit in the Postwar U. S. Economy: An Alternative Marxian Explanation", *Review of Radical Political Economics*, Vol. 22, No. 2 – 3, 1990.

17. Fred Moseley, "The U. S. Economic Crisis: Causes and Solutions", *International Socialist Rerview*, No. 64, 2009.

18. George Economakis, Alexis Anastasiadis and Maria Markak, "US Economic Performance from 1929 to 2008 in Terms of the Marxian Theory of Crises, with Some Notes on the Recent Financial Crisis", *Critique*, Vol. 38, No. 3, 2010.

19. Gérard Duménil, Mark Glick and Dominique Lévy, "Brenner on Competition", *Capital & Class*, Vol. 25, No. 2, 2001.

20. Gruber, Joseph and Kamin, Steven B., "Do Differences in Financial Development Explain the Global Pattern of Current Account Imbalances?", *Review of International Economics*, Vol. 17, No. 4, 2009.

21. Heinrich, M., "Crisis Theory, the Law of the Tendency of the Profit

Rate to Fall, and Marx's Studies in the 1870s", *Monthly Review*, Vol. 64, No. 11, 2013.

22. Howard Sherman, "A Marxist Theory of the Business Cycle", *Review of Radical Political Economics*, Vol. 11, No. 1, 1979.

23. Jens Christiansen, "Marx and the Falling Rate of Profit", *The American Economic Review*, Vol. 66, No. 2, 1976.

24. John Bellamy Foster and Robert W. McChesney, "Monopoly – Finance Capital and the Paradox of Accumulation", *Monthly Review*, Vol. 61, No. 5, 2009.

25. J. Robinson, "*The Falling Rate of Profit*", *Science & Society*, Vol. 23, No. 2, 1959.

26. J. Weeks, "Equilibrium Uneven Development and the Tendency of the Rate of Profit to Fall", *Capital & Class*, Vol. 6, No. 1, Spring, 1982.

27. Karl Beitel, "The Rate of Profit and the Problem of Stagnant Investment: A Structural Analysis of Barriers to Accumulation and the Spectre of Protracted Crisis", *Historical Materialism*, Vol. 7, No. 4, 2009.

28. K. K. Theckedath, "Once Again on the Falling Rate of Profit", *Social Scientist*, Vol. 29, No. 5 – 6, 2001.

29. Krippner, G. R., "The Financialization of the American Economy", *Socio – Economic Review*, Vol. 3, No. 2, 2005.

30. Lapavitsas, Costas, "Financialised Capitalism: Crisis and Financial Expropriation", *Historical Materialism*, Vol. 17, No. 2, 2009.

31. Maurice Dobb, "The Falling Rate of Profit", *Science & Society*, Vol. 23, No. 2, Spring, 1959.

32. Moseley, F., "The Rate of Surplus Value in the Postwar US Economy: A Critique of Weisskopf's estimates", *Cambridge Journal of Economics*, Vol. 9, No. 1, 1985.

33. Munley, F., "Wages, Salaries, and the Profit Share: A Reassessment of the Evidence", *Cambridge Journal of Economics*, Vol. 5, No. 2, 1981.

34. Obstfeld, Maurice and Rogoff, Kenneth S., "Global Current Account

Imbalances and Exchange Rate Adjustments", *Brookings Papers on E-conomic Activity*, No. 1, 2005.

35. Olivier Blanchard, Francesco Giavazzi, Filipa Sa, "The U. S. Current Account and the Dollar", *NBER Working Paper*, No. 11137, February, 2005.

36. P. M. Sweezy, "Some Problems in the Theory of Capital Accumulation", *International Journal of Political Economy*, Vol. 17, No. 2, 1987.

37. Raford Boddy and James Crotty, "Class Conflict and Macro – Policy: The Political Business Cycle", *Review of Radical Political Economics*, Vol. 7, No. 1, 1975.

38. Robert Brenner, "The Economics of Global Turbulence", *New Left Review*, No. 229, 1998.

39. Shaikh, A. , "The Falling Rate of Profit and the Economic Crisis in the US", Robert Cherry ed, *The Imperiled Economy*, New York: Union for Radical Political Economics, 1987.

40. Sweezy, P. M. , "The Triumph of Financial Capital", *Monthly Review*, Vol. 46, No. 2, 1994.

41. Thomas E. Weisskopf, "Marxian Crisis Theory and the Rate of Profit in the Postwar U. S. Economy", *Cambridge Journal of Economics*, Vol. 3, No. 4, 1979.

42. Thomas E. Weisskopf, "Wages, Salaries and the Profit Share: A Rejoinder", *Cambridge Journal of Economics*, Vol. 5, No. 2, 1981.

43. Thomas R. Micheal, "The Two – stage Decline in U. S. Nonfinancial Corporate Profitability, 1948 – 1986", *Review of Radical Political Economics*, Vol. 20, No. 4, 1988.

44. Weisskopf, T. E. , "The Rate of Surplus Value in the Postwar US Economy: A Response to Moseley's Critique", *Cambridge Journal of Economics*, Vol. 9, No. 1, 1985.

后　记

2016 年秋，我进入中国社会科学院马克思主义学院攻读"马克思主义理论骨干人才计划"博士，重新回归学生生活，让我得以有较多的时间来梳理和提升 2010 年以来的研究成果。

从严格意义上说，本书是一部建立在我过去几年的研究基础之上的成果。2010 年，我选择利润率下降趋势规律作为博士学位论文选题方向，2012 年 4 月，我完成了博士学位论文《一般利润率下降规律：理论与现实》的写作，围绕博士学位论文的写作，在核心期刊发表了多篇学术论文。2012 年 9 月，我进入贵州财经大学任教，并先后承担了多项与利润率下降规律有关的课题。例如，2013 年度贵州省教育厅高等学校人文社会科学研究青年项目"一般利润率下降规律与中国经济发展研究"、2014 年度贵州省哲学社会科学规划青年课题"分工演进、结构变迁与平均利润率下降趋势再探讨"、2016 年度贵州省教育厅高等学校人文社会科学研究青年项目"全球价值链分工与一般利润率下降规律研究"以及贵州省科学技术厅、贵州财经大学软科学联合基金项目"技术进步、专业化分工与贵州省产业升级内生动力机制研究"，主持和研究这些课题进一步深化了我在博士学习阶段对利润率下降规律的思考。

利润率下降规律理论是一个非常深奥、在学界争议很大的问题。尽管我在此领域已耕耘了六七年，但依然有很多迷惑和不解，中肯地说，我对某些问题的探讨仍然不够深入，研究视野仍然不够宽阔。这固然和此问题本身的"高、精、尖"有关，但可能更多的是因为本人的哲学、历史以及经济学功底不牢靠、知识面太狭窄、投入的精力不足、天资不聪颖，等等。因此，面对一些难啃的"硬骨头"，我常常感到心有余而力不足。

在本书即将付梓之际，我要衷心感谢西南财经大学赵磊教授和中国社会科学院马克思主义学部主任程恩富教授无私的关怀和学术指导！当被某些问题梗住时，他们的点拨常常让我有"山穷水尽疑无路，柳暗花明又一村"的感觉。衷心感谢所有关心、支持和帮助本书研究和出版的人！尤其要感谢贵州财经大学经济学院院长常明明教授和贵州财经大学刘明国教授。感谢2013级、2014级、2015级和2016级政治经济学专业的硕士研究生，在给他们上《〈资本论〉选读》课程时，他们的质疑、提问和思考均给我的研究提供了很多启发和灵感。我指导的硕士生闫新宇和孙雪妍同学在文献综述部分写作上做了一定的整理工作，并且两人在本书的格式修改和校对方面付出了辛苦的劳动。硕士生郭峰、张啸天、韩晓璇、魏嘉玉、孙雪妍、闫新宇、范志方和丁浩还就部分章节提出了很好的修改意见。中国社会科学院张鸿奇博士和叶晖博士阅读了部分章节的内容，并且提出了富有建设性的修改建议。2014级经济学专业本科生陈晓悦同学和投资学专业陈瑶同学为本书各章脚注格式的修改以及表格制作、数据录入投入了大量的劳动。可以说，没有他（她）们的帮助，本书就不可能得以顺利成稿。中国社会科学出版社卢小生编审为本书的出版付出了辛勤劳动，在此一并致谢。

由于本人资质愚钝且学识有限，本书难免存在不足之处。恳切期盼学界同人批评指正。

鲁保林

2017年5月于良乡